Educación

EL OFICIO DE DOCENTE:
VOCACIÓN, TRABAJO Y PROFESIÓN
EN EL SIGLO XXI

Compilado por
Emilio Tenti Fanfani

Siglo veintiuno editores Argentina s.a.
TUCUMÁN 1621 7° N (C1050AAG), BUENOS AIRES, REPÚBLICA ARGENTINA

Siglo veintiuno editores, s.a. de c.v.
CERRO DEL AGUA 248, DELEGACIÓN COYOACÁN, 04310, MÉXICO, D. F.

Siglo veintiuno de España editores, s.a.
C/MENÉNDEZ PIDAL, 3 BIS (28036) MADRID

El oficio de docente: vocación, trabajo y profesión en el siglo XXI / compilado por Emilio Tenti Fanfani - 1a ed. - Buenos Aires: Siglo XXI Editores Argentina, 2006.
   342 p. ; 23x16 cm. (Educación)

   ISBN 987-1220-65-0

   1. Docentes-Vocación. 2. Docentes-Profesión. I. Emilio Tenti Fanfani, comp.
   CDD 371.141 2

La Fundación OSDE tiene como uno de sus pilares la defensa del pluralismo, por lo cual el presente trabajo no necesariamente expresa las ideas de la misma, siendo el contenido de este ejemplar de exclusiva responsabilidad del autor.

Portada: Peter Tjebbes

© 2006, Siglo XXI Editores Argentina S. A.

ISBN-10: 987-1220-65-0
ISBN-13: 978-987-1220-65-6

Impreso en Artes Gráficas Delsur
Almirante Solier 2450, Avellaneda
en el mes de noviembre de 2006

Hecho el depósito que marca la ley 11.723
Impreso en Argentina - Made in Argentina

Índice

Prólogo
Margarita Poggi 9

Hacia una política nacional de jerarquización docente
Daniel Filmus 13

Identidad y desafíos de la condición docente
José M. Esteve 19

La construcción social de las identidades profesionales de los docentes en Francia. Enfoques históricos y sociológicos
Vincent Lang 71

Profesionalización docente: consideraciones sociológicas
Emilio Tenti Fanfani 119

Impactos de los cambios en el contexto social y organizacional del oficio docente
Inés Dussel 143

La pregunta por la enseñanza y el aprendizaje en el oficio docente
Gloria Calvo 175

El trabajo y el saber del docente: nuevos y viejos desafíos
Menga Lüdke 187

El nuevo profesionalismo: formación docente inicial y continua
Beatrice Avalos 209

Notas sobre formación y profesionalización docente
Inés Aguerrondo 239

Autonomía y regulación externa: tensiones en la profesionalización docente
Patricia Arregui 247

Nuevas tendencias en materia de políticas docentes: qué nos sugieren las reformas en Suecia, Inglaterra y Holanda
Yael Duthilleul 257

Salarios docentes en América Latina
Alejandra Mizala 275

Formación docente y el contexto de América Latina
Edgar Jiménez 289

La profesión docente en España: retos de futuro. Una perspectiva sindical
Isabel Galvin 303

A modo de conclusión. Una agenda de política para el sector docente
Juan Carlos Tedesco 329

Los autores 339

Prólogo

Toda agenda actualizada de políticas educativas seguramente incluye temas vinculados a los docentes: la compleja definición de su identidad, la formación inicial y continua, las características propias del ejercicio de esta práctica, las condiciones laborales y organizacionales, las normativas que regulan la carrera, las tradiciones del oficio en los distintos niveles del sistema educativo, las representaciones propias de ese colectivo y las que sobre él se construyen, son sólo algunas de las distintas facetas que podrían abordarse.

Unos de los ejes de las líneas de investigación del IIPE-UNESCO Buenos Aires ha sido promover tanto estudios nacionales como una reflexión comparada acerca de los docentes, con las diferentes miradas que ello supone. En este sentido, el Seminario Internacional "El oficio de docente: vocación, trabajo y profesión en el siglo XXI", al mismo tiempo que retomaba esta línea, permitió reunir otras experiencias y trabajos de distintos contextos, con la convicción de que para comprender qué nos sucede en América Latina se necesita compartir experiencias y situaciones que poseen resonancias comunes, a la vez que requiere el esfuerzo de precisar las características singulares propias de cada país de la región. Este libro presenta las ponencias de ese seminario, realizado en noviembre de 2005, siendo Juan Carlos Tedesco director del Instituto, como modo de dar a conocer a públicos más amplios las principales problemáticas que hoy se presentan en relación con la docencia.

Pocas veces en la historia del oficio docente éste ha enfrentado tantos cambios como los acontecidos en las últimas décadas, algunos sociales y culturales, y por lo tanto externos a los propios sistemas educativos; otros, más específicos. Entre los primeros, podrían mencionarse, sólo a modo de ejemplo, los requerimientos de la sociedad en relación con una formación cada vez más extensa, tanto por el proceso de aceleración en la producción de saberes que deben ser transmitidos a las nuevas generaciones, como por los requerimientos de la organización de la vida social y del ejercicio de la ciudadanía; las mutaciones en las estructuras productivas y en el mercado laboral, con efectos en términos de una distribución diferenciada de los recursos económicos; la transformación de las estructuras familiares, a través de la multiplicación de las formas en que se presentan; la mundialización con sus diversas manifestaciones del pluralismo y la diversidad cultural. Estos cambios y mutaciones de las sociedades, que por momentos adoptan una apariencia caótica, repercuten en forma directa sobre el ejercicio del oficio de enseñar, transforman tanto sus condiciones de acceso como su ejercicio y plantean desafíos para la carrera como para la construcción de una identidad.

Pero tampoco son menores los cambios producidos con el desarrollo de los sistemas educativos: grupos de alumnos cada vez más heterogéneos y diversificados (no sólo en cuanto a sus saberes e intereses culturales sino, principalmente, con relación al valor que le atribuyen a su formación en el sistema educativo); las múltiples influencias de otras agencias socializadoras; la incorporación de nuevas generaciones de docentes al tiempo que se expanden los sistemas, todo en el marco de una redefinición del papel de los estados (principalmente, aunque no de manera exclusiva, a través de los recursos que destinan a la educación) y con el desarrollo de nuevos modos de regulación de los sistemas escolares.

Cambios y mutaciones externos e internos que enmarcan un oficio ineludiblemente atravesado por una responsabilidad ética hacia las nuevas generaciones que toma a su cargo: la enseñanza está hoy confrontada al empobrecimiento de niños y jóvenes, al estallido de los modelos de autoridad, a sociedades que se "dualizan" no sólo en términos económicos sino también en relación con el acceso al conocimiento.

Todos los rasgos señalados, sean éstos externos o internos a los sistemas educativos, permiten afirmar que el trabajo de enseñar representa una actividad compleja y de alto nivel que no siempre es socialmente reconocida y que está siendo reconfigurada en las últimas décadas (sin que se tenga aún en claro todas las variables que intervienen en ese proceso y su grado de influencia).

Por ello, el IIPE-UNESCO Buenos Aires invitó a diversos investigadores, funcionarios y dirigentes sindicales preocupados por la temática, provenientes de varios países de América Latina y Europa, para ofrecer y discutir sobre algunos de los desafíos más relevantes para la formación y el ejercicio de la docencia. Esta publicación constituye, como otras de su producción, una nueva ocasión para difundir los principales debates que en el presente tienen lugar en América Latina (al tiempo que se recogen también otras experiencias internacionales) y ponerlos al alcance de públicos interesados por el tema y por las diversas perspectivas que en el libro se desarrollan.

Por último, cabe reiterar los agradecimientos hacia quienes nos acompañaron en este seminario: la Fundación OSDE, los conferencistas y panelistas y los asistentes, muchos de ellos provenientes de varios países de América Latina. Tanto con sus aportes como por sus reflexiones, contribuyeron a situar en el debate los principales aspectos históricos, culturales y sociales clave para el ejercicio de la docencia, al tiempo que delinearon algunos de sus aspectos prospectivos.

MARGARITA POGGI
Directora del Instituto Internacional de Planeamiento de la
Educación, IIPE-UNESCO, Sede Buenos Aires

Hacia una política nacional de jerarquización docente*

Daniel Filmus

En primer lugar quiero agradecer al IIPE-UNESCO Sede Regional Buenos Aires, particularmente a Juan Carlos Tedesco, la invitación a este seminario anual, que nos obliga, por lo menos una vez al año, a reflexionar acerca de temas de fondo y a compartir ideas. Es verdad que Freud dijo que uno de los imposibles es enseñar, pero yo agregaría otros dos imposibles: analizar y gobernar. Gobernar, entonces, a quienes enseñan es un imposible al cuadrado. Realmente es muy importante que el IIPE-UNESCO Sede Regional Buenos Aires sostenga este ámbito de reflexión, y quisiera destacar la propuesta de Tedesco acerca de la necesidad de analizar qué está sucediendo en nuestras realidades. A veces creemos que los únicos que tenemos problemas somos nosotros, y es muy saludable tomar conciencia de que otros países, inclusive con realidades muy diferentes a las nuestras, se están planteando los mismos interrogantes.

Yo quisiera ser muy breve. Aunque cada vez que abordamos un tema ese tema nos parece importante, trascendente y decisivo, el más trascendente, el más importante y el más decisivo es el del docente. Es probable que si desde el gobierno, desde la gestión, tomamos medidas acertadas, logremos resultados parciales importantes. Pero si nos equivocamos frente a los docentes, no llegaremos a transformar lo que sucede en las aulas. La única posibilidad de llegar al aula es el trabajo cotidiano de los docentes.

* El presente texto es una versión revisada de la exposición efectuada en la sesión de inauguración del Seminario Internacional por el Ministro de Educación, Ciencia y Tecnología de la República Argentina.

Varias investigaciones demuestran que algunas de las propuestas hechas durante la década de los noventa se tropezaron con la impermeabilidad de la realidad del aula y no superaron las barreras de la realidad cotidiana, quedando reducidas a pautas y a normas escritas en un papel. Aunque las normas son importantes, no transformaron la realidad del aula, y hoy nos queda una realidad deteriorada, atravesada por la peor crisis social que padeció la Argentina en toda su historia.

Ojalá, cuando termine esta reunión, ustedes nos ofrezcan tres o cuatro recomendaciones acerca de las políticas hacia los docentes. Quisiera abordar dos o tres cuestiones que me parecen fundamentales. Al leer los trabajos acerca de Suecia, Holanda, Inglaterra, Francia o España nos damos cuenta de que a ninguno de ellos les sobran los recursos para la educación, aunque sean mucho más ricos que nosotros. Las problemáticas son las mismas en buena medida, y ciertos desafíos, algunos vinculados a la vertiginosidad de las transformaciones sociales y al hecho de que los docentes deben enfrentar conflictos para los cuales no fueron formados, parecen universales.

Reconozco que si nuestros alumnos están comiendo con cincuenta centavos por día en la escuela, el trabajo en esas condiciones es muy especial y cualquier propuesta, por acertada que sea, tendrá que vérselas con esa circunstancia. Sin desconocer nuestra realidad latinoamericana, creo que algunos de nuestros problemas más graves son la fragmentación y la falta de continuidad de las políticas educativas.

En el caso argentino, es muy difícil elaborar políticas docentes nacionales, ya que las relaciones laborales, pero también los diseños pedagógicos, dependen de cada una de las veinticuatro jurisdicciones en que está dividido el país. Esto plantea otra imposibilidad, una dificultad adicional en la reconstrucción de un sistema educativo nacional.

Uno de los problemas que se repiten en todos los trabajos presentados aquí, quizás el más difícil de resolver y el de mayor impacto en las aulas, es el cambio en la composición social de los docentes y el hecho de que son docentes que provienen de un circuito educativo deteriorado. La mayor parte de quienes eligen la docencia proviene de sectores socioeconómicos que no accedieron al nivel superior.

A diferencia de lo que mostraban las estadísticas de los años cincuenta o sesenta, cuando la mayoría de las docentes eran mujeres de

Introducción

clase media que se destacaban en sus estudios y contaban con un importante capital cultural, ahora el sistema educativo no les está brindando ni una sólida formación general ni una educación de calidad a los sectores más bajos de la población. No se trata sólo de la formación docente sino de su formación inicial.

Se acaba de publicar en Estados Unidos un informe muy ilustrativo, *Superando la tormenta que se avecina*. No se refiere a los huracanes sino que se trata de un informe solicitado por el Congreso a todas las academias de ciencias norteamericanas, equivalente al que en su momento se conoció como *Una nación en peligro*. Vuelve a ser un gobierno conservador el que se plantea qué hacer para que Estados Unidos recupere la competitividad que está perdiendo frente a los países europeos y asiáticos.

Los especialistas formulan cuatro grandes propuestas, de las cuales tres son de carácter educativo, que pueden descomponerse en muchas otras medidas concretas. Una de ellas propone ofrecerles diversos incentivos económicos a los diez mil mejores estudiantes del país para que elijan la docencia, calculando que cada uno de ellos podrá formar a otros mil estudiantes. Al cabo de treinta años Estados Unidos tendrá diez millones de estudiantes formados por los diez mil mejores docentes. El informe hace hincapié en física, química, matemática, en las ciencias duras.

Menciono este ejemplo para demostrar que el tema de la capacitación, la formación y la selección de los docentes es vital para la fortaleza del sistema educativo, científico y tecnológico de cualquier país.

El rector de la Universidad de Buenos Aires, Jaim Etcheverry, suele escandalizar a auditorios como éste preguntando quién de los presentes tiene hijos que sigan la carrera docente. Y realmente no hay nadie que levante la mano cuando está hablando con sectores medios o altos de la población. Es válido preguntarnos entonces cómo recuperamos el prestigio de la carrera docente, cómo garantizamos que la elección de la carrera sea por vocación, no por descarte.

Las investigaciones hechas en la Facultad Latinoamericana de Ciencias Sociales (FLACSO), y las que hice yo mismo siguiendo la trayectoria de los egresados de la escuela media que no provienen de los sectores más empobrecidos de la población, demuestran que quienes eligen la carrera docente tienen rendimientos escolares muy bajos, no pudieron entrar en la universidad o eligieron la carrera docente para ingresar en la universidad después.

Los docentes, en las encuestas, plantean como prioritario el tema salarial, pero al mismo nivel que el prestigio profesional. A estas dos dimensiones deberíamos agregar la cuestión de la culpabilidad a la que aludía Tedesco. La sociedad ha cargado sobre las espaldas de los docentes hasta la violencia social, de la cual la escuela no está excluida pero de la que no es responsable.

Otro de los problemas que debemos abordar, que en el IIPE-UNESCO Sede Regional Buenos Aires se ha discutido bastante, es el problema de la pobreza. Aunque el índice de niños menores de 14 años sumergidos en la pobreza bajó del 62 al 53%, ese 53% sigue siendo pobre. En algunas provincias el 80 o el 90% de esos chicos asisten a las escuelas públicas. Estamos trabajando, entonces, con una realidad muy dura, y esto implica dos cuestiones que tienen que ver con las condiciones de educabilidad.

Por un lado no podemos desconocer que muchas veces trabajamos con chicos que lo único que comen en el día es el guiso que les ofrece la escuela. Pero como la contracara de esta realidad es la pérdida de confianza del docente respecto de la capacidad de aprendizaje de los alumnos, allí aparece otro debate. Es imprescindible recuperar la confianza en que los alumnos pueden aprender para vencer también la desconfianza de los docentes respecto de su propia capacidad de enseñar.

Es importante también el debate acerca de la cantidad de días de clase. Muchas veces se dice qué más da un día más o un día menos de clase, una semana más o menos de clase si lo que importa es la calidad. Se desvaloriza así el propio trabajo docente, la influencia que ese trabajo puede tener en los alumnos, la relación cotidiana y permanente entre los docentes y los alumnos. Relación que encierra una profunda discusión ideológica, que se vincula a la capacidad de transformación y la influencia que los docentes ejercen frente a los alumnos, aún en condiciones muy difíciles.

El tercer tema que querría abordar es de los resortes, los mecanismos que nos permitan trabajar para recuperar esa formidable capacidad de transformación que poseen los docentes. Y lo planteo desde

Introducción

la perspectiva de las políticas públicas: debemos resolver el dilema entre la necesidad de contar con el consenso adecuado para instrumentar políticas públicas eficaces y qué hacer, qué políticas instrumentar, mientras construimos ese consenso. Debemos discutir cuáles son los mejores mecanismos para que todos los docentes, para que todas las jurisdicciones, se sientan representados por las políticas implementadas. La tensión entre el debate permanente y la necesidad de tomar decisiones, entre decisiones inconsultas y autoritarias y medidas participativas es parte de la discusión que, supongo, ustedes tendrán aquí.

La Argentina inicia en estos momentos, después de la aprobación de la Ley de Financiamiento Educativo, una etapa en la que será posible prever durante los próximos cinco años el incremento en los presupuestos, tanto nacional como provinciales, que es uno de los principales factores para transformar las condiciones laborales y la carrera docente. La misma ley plantea, también por primera vez, la conformación de una comisión, acordada con los sindicatos nacionales, para discutir la carrera docente.

Como no se puede avanzar sobre otras legislaciones, será esta comisión la que proponga qué parámetros se podrán aplicar a nivel provincial, que aunque no sean obligatorios orientarán la discusión acerca de la carrera docente, que deberá contemplar no sólo la antigüedad sino también el desempeño y la capacitación permanente. Inclusive creemos conveniente separar la carrera docente propiamente dicha de la carrera directiva. (Recomiendo una investigación del IIPE-UNESCO Sede Regional Buenos Aires, dirigida por Emilio Tenti, que indaga sobre las razones que empujan a muchos docentes a abandonar las aulas, atraídos por los mejores sueldos directivos.) Muchas veces perdemos un buen docente para ganar un mal directivo...

Si podemos discutir estos temas a nivel nacional, si tenemos por delante otro horizonte y se empieza a cumplir la nueva Ley de Financiamiento; si hay una mejora genuina de las condiciones de trabajo y podemos debetir lo sustantivo de la carrera docente, quizá nos encontremos en una situación privilegiada. El país está creciendo en una magnitud que permite prever que todo esto es posible.

No sabemos qué pasaría si la Argentina no creciera, pero sí sabemos que si no se invierte más en educación el país no crecerá. Desde esta perspectiva, la inversión en educación es estratégica. El actual crecimiento tiene un techo, porque responde al viejo modelo de país, asentado en la exportación de productos primarios con escaso valor agregado. La alternativa de transformación social que planteamos tiene mucho que ver con una distribución más democrática del conocimiento, que es lo que se está discutiendo aquí.

Estamos en el año internacional de la física, que conmemora el nacimiento de Einstein. Einstein solía decir que el primer síntoma de locura es repetir muchas veces una acción y esperar que dé resultados distintos. Tal como venimos haciendo las cosas nos va mal, y si las repetimos de la misma manera nos irá mal nuevamente.

Hace falta un debate profundo, un debate sin prejuicios, sin considerar en qué posición nos encontramos frente al gobierno de turno sino frente a las ideas que nos permitan transformar la realidad. No hay ninguna posibilidad de cambio, no hay ninguna posibilidad de cambio profundo si no acertamos en las estrategias respecto de las políticas docentes. Ésta es una cuestión crucial en un país federal, con veinticuatro jurisdicciones.

La Argentina no tiene un sistema educativo. Tiene fragmentos, archipiélagos, islas, pero carece en este momento de un sistema que ni siquiera tenga comunicación clara entre sus distintas partes. Es necesario recuperar la capacidad de conducción del Estado nacional, que debe tener mayor presencia, un papel más responsable en un área tan estratégica como la educación.

Cuando nosotros tomamos decisiones –como el establecimiento de un salario inicial para todos los docentes del país–, nos dijeron que estábamos locos, que estábamos nacionalizando un problema que le correspondía a cada una de las jurisdicciones. Sin embargo, acabamos de crear una comisión nacional para discutir la formación docente, para nacionalizar nuevamente la problemática pedagógica de la formación docente... No hay otra manera de resolver la falta de un verdadero sistema educativo si no nacionalizamos, en el sentido más federal del término, los problemas que lo impiden.

Agradezco una vez más al IIPE-UNESCO Sede Regional Buenos Aires por la invitación a preocuparnos por estos temas.

Identidad y desafíos de la condición docente

José M. Esteve

En el momento actual, la enorme aceleración del cambio social modifica de una forma tan rápida nuestras formas de vida, introduciendo nuevas concepciones económicas, nuevos desarrollos científicos y tecnológicos y nuevos valores sociales, que no cabe esperar una tregua en las demandas de cambio de la sociedad sobre los sistemas educativos en los próximos años. Más bien, el cambio no ha hecho más que empezar. Colectivamente, los cuerpos de profesores obtienen éxitos históricos sin precedentes; individualmente, los profesores llevan el peso de reformas mal diseñadas por la falta de una visión de conjunto y de previsiones mínimas sobre los nuevos problemas emergentes. El sentimiento de estar desbordados afecta a la moral de los cuerpos de profesores, que se convierten en los primeros críticos de sus propios sistemas educativos, ya que desde el punto de vista social no se da gran importancia a los éxitos, que se interpretan como consecuencias naturales del desarrollo y del progreso, mientras que se magnifican las deficiencias como un desastre colectivo que está muy lejos de ser verdadero. El desarrollo de medidas tendientes a reafirmar la identidad profesional de los docentes y a devolverles el orgullo de serlo pasa necesariamente por una reforma en profundidad de los enfoques de la formación inicial y continua de nuestros docentes, abandonando el intento de formarlos para un sistema educativo que ya no existe, e intentando formarlos para las nuevas exigencias de la sociedad del conocimiento.

1. Cambio social y cambio educativo

El concepto de cambio social es el elemento central para entender los problemas de identidad que afectan a los docentes y los nuevos desafíos que éstos han de enfrentar en el ejercicio de su trabajo profesional. Hace casi veinte años, cuando intentaba explicar los primeros síntomas de la crisis internacional de los sistemas educativos que se había gestado a finales de la década de 1970, recurría la imagen de un actor que representa una obra de teatro clásico (Esteve, 1987). La escena está en penumbra, y él, vestido con ropajes de época, recita un monólogo en versos de rima consonante, cuando, sin previo aviso, los encargados del decorado dejan caer a su espalda un telón de fondo con la imagen del pato Donald y sus tres sobrinos, los encargados de la iluminación encienden tres rayos láser que cruzan el escenario, y los responsables de la tramoya sitúan en el escenario un maniquí vestido con una minifalda de cuero y el pelo teñido de naranja y verde. Nuestro actor, que aún no se ha dado cuenta de los cambios, continúa recitando en verso, y lo único que advierte es que el público se ríe de él; su primera reacción es de desconcierto: ¿por qué se ríen? La obra de teatro es buena, él es un gran actor, hasta ayer había obtenido siempre éxitos clamorosos, el público debería estar en silencio sobrecogido con la intensidad del drama; pero mira hacia el patio de butacas y lo único que ve es un barullo de comentarios diversos y grupos de espectadores que se ríen abiertamente. El mensaje que entonces pretendía comunicar con esta imagen es el de que si cambia el decorado y el actor sigue jugando el mismo papel, inevitablemente hará el ridículo. Aplicado al ejercicio de la profesión docente, esta imagen pretendía advertir a los profesores de la necesidad permanente de mirar a nuestra espalda para responder a los cambios de decorado, ya que defiendo la idea de que, en los últimos treinta años, los cambios han sido tan profundos que podemos calificarlos como una auténtica revolución educativa (Esteve, 2003), y lo que es aún más importante: los cambios educativos no han hecho más que comenzar, de tal manera que una tarea ineludible en la formación de docentes es la de prepararlos para enfrentar el cambio, y acostumbrarlos así a profesionalizar el análisis del cambio social y educativo como la primera tarea que deben asumir para desempeñar un trabajo educativo de calidad.

Identidad y desafíos de la condición docente

En efecto, el cambio social ha transformado profundamente el trabajo de los profesores, su imagen social y la valoración que la sociedad hace de los sistemas educativos, de tal forma que el sentido y los problemas actuales de la función docente no pueden valorarse con exactitud, más que situándolos en el proceso de cambio registrado en los sistemas educativos durante los últimos años (Meirieu, 1989).

Sin embargo, para entender el cambio educativo no podemos adoptar la actitud reduccionista de centrarnos sólo en el análisis del rol docente y en el estudio de los cambios que se han ido produciendo en el interior de las aulas.

El cambio educativo, como señalan Bowe y Ball (1992) se genera en tres contextos diferentes: en primer lugar, el contexto macro, que depende de la evolución de las fuerzas sociales, los grupos políticos y los sectores económicos y financieros, que plantean al sistema educativo continuas exigencias de adaptación al cambio social y a los nuevos sistemas de producción; en segundo lugar, encontramos el contexto político y administrativo, que pretende ordenar la realidad mediante leyes y decretos con una capacidad de cambio limitada, ya que no pueden modificar la mentalidad de los profesores ni el sentido de su trabajo en las aulas; por último, existe un tercer contexto práctico, que hace referencia al trabajo real de los profesores y de los centros educativos. Cualquier intento de reformar la educación que no tenga en cuenta los elementos determinantes de esos tres contextos está abocado al fracaso. El cambio educativo, como señala Cuban (1992), se produce siempre en la línea de las revoluciones silenciosas; ya que todas las transformaciones implican una reconstrucción dialéctica de lo existente. Por eso fracasan o se encuentran con serias resistencias todos los intentos de reformas que no tienen en cuenta la cultura profesional, las opiniones y las condiciones de trabajo de los profesores, ya que ellos y las instituciones escolares tienen sus propias tradiciones y estructuras de trabajo (Robalino, 2005). La transformación del trabajo cotidiano en las aulas depende de personas con una determinada sensibilidad, con una determinada historia personal, con una específica concepción de la enseñanza, y que se ha formado como docente en un determinado contexto histórico. El estudio de los contextos históricos se convierte, por tanto, en uno de los elementos imprescindibles para entender el estado del sistema educativo.

Los problemas de la educación en nuestras sociedades globalizadas aparecen con caracteres comunes, siguiendo grandes tendencias sociales, que van apareciendo con las mismas pautas en los distintos países conforme éstos van alcanzando los mismos escalones en el proceso de desarrollo de sus sistemas sociales. Es exactamente igual a lo que sucede con las tendencias económicas, que se rigen por ciclos internacionales con una profunda interdependencia. Si hoy cae la Bolsa de Tokio, mañana el movimiento se registra en el conjunto de las bolsas europeas y americanas; y si los movimientos de los responsables de las finanzas de un país concreto no tienen en cuenta estos procesos internacionales sus medidas acaban siendo inadecuadas.

Otras personas, peor aún, pretenden enfocar los problemas de la educación desde la foto fija de una ideología predeterminada; así, en lugar de partir del análisis de la realidad, pretenden amoldar la realidad a las concepciones establecidas en el ideario al uso. La consecuencia es que los problemas de la educación acaban enfrentándose con políticas erráticas, sin continuidad en las soluciones, y con las visiones fragmentarias de quienes intentan operar sobre los sistemas educativos sin entender su carácter de *sistemas*, es decir, de estructuras compuestas por elementos interrelacionados, en las que modificar un elemento provoca inmediatamente un cambio en cascada de otros elementos, produciendo así consecuencias muy distintas a las esperadas.

Para tomar decisiones sobre un sistema, primero hay que conocer su estado (Vázquez, 2002), y en particular la forma en que se interrelacionan sus elementos (Colom, 2002). Para ello, es importante partir del análisis de la evolución del sistema en los últimos años, e intentar aclarar la génesis de los problemas actuales y las causas que los desencadenan.

Desde las contradicciones generadas entre los tres contextos antes aludidos, podremos entender la situación actual de los sistemas educativos, en los que muchas personas estarían de acuerdo en aceptar la existencia de una profunda crisis; ya que, paradójicamente, en el momento actual, pese a disponer de unas inversiones y de unos medios en educación que no habíamos tenido nunca, pese a estar consiguiendo logros educativos sin precedentes, la imagen social de los sistemas educativos que transmiten los medios de comunicación es de desastre general, con la profesión docente en el ojo del huracán, los profesores puestos en cuestión socialmente, y una serie de disfunciones sin precedentes, que aparecen de forma casi idéntica en distintos países conforme éstos van alcanzando similares niveles de desarrollo social.

El punto de partida es dar respuesta a las preguntas: ¿por qué esta sensación de crisis ahora? ¿Por qué se produce en todos los países más o menos con los mismos síntomas? En efecto, quienes éramos profesores hace treinta años, tenemos una clara conciencia de la transformación de la educación en este período de tiempo, al convertirse nuestros sistemas educativos en una realidad distinta. Al estudiar esta transformación encontramos una secuencia temporal significativa: los primeros cambios comenzaron en Estados Unidos en la década de 1970, luego fueron extendiéndose por Europa, comenzando por Suecia y los países escandinavos, para ir afectando más tarde al resto de los países conforme éstos iban llegando a un determinado nivel de desarrollo económico, y consecuentemente, se producían nuevas tendencias sociales que modificaban valores y concepciones de vida, al mismo tiempo que se conseguía un grado de desarrollo educativo nunca antes alcanzado. Desde esta perspectiva, la supuesta crisis de los sistemas educativos aparece como una crisis de crecimiento, producida precisamente al conseguir metas educativas nunca antes alcanzadas; y, a la vez, como una crisis subjetiva, fruto del desconcierto individual de los mismos profesores que han hecho verdad esas metas, al descubrir cambios inesperados que, en realidad, son fruto de la transformación del sistema educativo que ellos mismos han protagonizado (European Commission, 2002).

2. La tercera revolución educativa. Una revolución silenciosa

Los profundos procesos de cambio social registrados en los últimos treinta años y la enorme transformación de nuestros sistemas educativos en una carrera inconclusa para intentar adaptarlos a la auténtica avalancha de cambio registrada a final del siglo XX, nos permiten hablar de una Tercera Revolución Educativa (Esteve, 2003). El alcance de esta revolución silenciosa puede justificarse con diferentes indicadores estadísticos, produciendo una secuencia de cambio educativo tan profunda que sólo puede compararse con las dos anteriores grandes revoluciones educativas: la creación de las escuelas en el Antiguo Egipto y la creación de la primera red estatal de escuelas en la Prusia del siglo XVIII.

Los cambios fundamentales que han afrontado o están afrontando los sistemas educativos en los últimos treinta años, y que nos permiten hablar de una Tercera Revolución Educativa, son los siguientes:

1. Extensión real de la educación primaria a todos los niños en edad de recibirla.
2. Declaración de la obligatoriedad del primer ciclo de la educación secundaria y aumento continuo de la escolarización en el segundo ciclo de secundaria.
3. Reconocimiento de la importancia de la educación preescolar, integrándola en las planificaciones educativas de los Estados.
4. El propósito de dar respuestas educativas a la diversidad, superando la pedagogía de la exclusión y desplazando la atención desde la enseñanza hacia el aprendizaje.
5. La intención explícita de reconvertir los sistemas de enseñanza en sistemas educativos, considerando la educación como un derecho y no como un privilegio.
6. Planificación social de la educación, utilizando indicadores estadísticos, y a partir de los conceptos de reserva de talento, sociedad del conocimiento y capital humano.
7. Por efecto de la extensión y democratización de la educación, ésta deja de estar reservada a las minorías, y, en consecuencia, sólo puede generar formación, aunque no asegura el valor de cambio anteriormente asociado a los grados educativos en términos de estatus social y económico.

El análisis de los datos estadísticos no deja lugar a dudas. En los últimos treinta años, los sistemas educativos han conseguido un avance espectacular en todos los indicadores, hasta hacer posible la afirmación de que, en el momento actual, tenemos los mejores sistemas educativos que hemos tenido nunca. ¿Cómo es posible entonces esta imagen social de crisis colectiva y la enorme pérdida de prestigio de la profesión docente? La tesis que defiendo es que, paradójicamente, los espectaculares avances de los sistemas educativos han planteado problemas nuevos que no hemos sido capaces de asimilar, probablemente por la falta de una visión de conjunto de los nuevos retos que están apareciendo tras ese profundo proceso de transformación que han vivido los sistemas educativos en los últimos treinta años (Commission Européenne, 2002).

A pesar de ello, frente al desconcierto y el malestar inicial producidos por esta profunda transformación de los sistemas educativos –que ha generado nuevos problemas en las aulas–, una mirada a la realidad práctica de la educación nos permite afirmar que los docentes comienzan a superar la auténtica crisis de identidad producida por los profundos cambios sociales y educativos que están en la génesis de esta Tercera Revolución Educativa. Cada día más, en sus propios centros educativos, un mayor número de profesores cambia su forma de ver los problemas actuales de la educación, abandonando las creencias, convicciones y planteamientos de la pedagogía selectiva en la que fueron educados, y descubren, en muchos casos con sorpresa, las absurdas limitaciones y la falta de justificación de antiguas tradiciones educativas que parecían intocables. En función de su propia capacidad de innovación y de adaptación al cambio, muchos profesores han ido haciendo, personal y colectivamente, sus propios análisis sobre el nuevo territorio que ahora nos toca recorrer, elaborando nuevas estrategias, poniendo en marcha nuevas soluciones, modificando su mentalidad y sus propuestas para adaptarse a los cambios sociales y educativos que hemos descrito. Cada vez es mayor el número de profesores que asume en su metodología de aula la idea de construir unas instituciones en las que la educación sea prioritaria sobre la enseñanza, y en las que todos los niños, sin exclusiones, tengan un lugar para aprender. Cada vez más, se extiende la idea de que nuestros sistemas de enseñanza tienen que plantearse como objetivo prioritario el aprendizaje como actividad centrada en los alumnos, y no la enseñanza, entendida como un mera actividad discursiva en la que los protagonistas son los profesores. Tras un período inicial, en el que ha predominado el malestar y el desconcierto, muchos profesores han comenzado a entender los nuevos problemas y a elaborar nuevas estrategias educativas para asimilar los profundos cambios que se han sucedido en los últimos años. Muchos profesores van aceptando la idea de que aún se producirán más cambios a medida que los sistemas educativos vayan alcanzando nuevas metas, no sólo por la aparición de otras expectativas sociales, sino por la misma dinámica interna de acomodación a situaciones no previstas y que exigen nuevas soluciones en el interior de las aulas. En el momento actual, comienza a extenderse entre los profesores la voluntad de dejar de mirar el pasado y de reconstruir los sistemas educativos en clave de futuro.

3. Los nuevos desafíos de la sociedad del conocimiento

En el momento actual, la enorme aceleración del cambio social modifica de una forma tan rápida las formas de vida, introduciendo nuevas concepciones económicas, nuevos desarrollos científicos y tecnológicos y nuevos diferentes sociales, que no cabe esperar una tregua en las demandas de cambio de la sociedad sobre los sistemas educativos (Michel, 2002). Muchos profesores están desorientados por los cambios que han tenido que asumir en los últimos treinta años, pero el cambio no ha hecho más que comenzar, el nuevo desafío de la integración del aprendizaje electrónico y de la enseñanza por Internet aún planteará profundas exigencias de cambio a los sistemas educativos en los próximos años (European Commission, 2001). Y, sobre todo las sociedades aún plantearán nuevas exigencias de adaptación, pidiendo a los sistemas educativos responder a las imprevisibles demandas de unas sociedades en las que el proceso de cambio social se ha acelerado. Aquí encontramos una justificación parcial a la crítica actual de la sociedad a los sistemas educativos. La aceleración del cambio social es tan rápida que provoca el siguiente proceso: la sociedad critica los sistemas educativos por no responder a las nuevas demandas sociales, pero como la capacidad de cambio de los sistemas educativos es más lenta, para cuando comenzamos a responder a las demandas sociales, éstas ya han vuelto a cambiar, justificando de nuevo que la sociedad los critique por no responder a las nuevas demandas sociales. Así, la veloz transformación de nuestras sociedades industriales hacia los últimos patrones de la sociedad del conocimiento plantea ya nuevas exigencias de adaptación a los sistemas educativos (Castells, 2000). La irrupción de las tecnologías de la información y la comunicación abre otras posibilidades y plantea nuevas exigencias para diseñar el aprendizaje del siglo XXI, basándonos no en tradiciones ancestrales sino en los análisis científicos de la psicología del aprendizaje y en los nuevos planteamientos metodológicos de las TIC.[1] Como plantea Raschke (2003, 113)

> muchos de nosotros aún continuamos siendo medievalistas cuando nos enfrentamos al aprendizaje. A pesar de que necesitaríamos aprender a convertirnos en postmodernos dispuestos a seguir la gran aventura intelectual que, a pesar de nuestra supuesta inclinación por la vida intelectual, hemos rehusado emprender.

Las nuevas metas de la educación en Europa, marcadas en los cinco criterios de referencia definidos en noviembre de 2002 por Viviane Reding[2], en aquel momento comisaria europea de Educación y Cultura, señalan el desafío de construir antes del 2010, con el apoyo de nuestros sistemas educativos, una economía del conocimiento más competitiva y dinámica; sin embargo, la mayor parte de los profesores, incluso en el ámbito universitario, y un buen número de las personas que toman decisiones sobre los sistemas educativos, no serían capaces de ofrecer una definición coherente sobre la economía del conocimiento y la relación entre la economía del conocimiento y la urgencia de emprender nuevos cambios en los sistemas educativos. Enredados en pequeñas disputas domésticas sobre horarios y asignaturas perdemos el sentido de conjunto, y con ello la capacidad de afrontar los retos que enfrentan nuestros sistemas educativos y de los que, en última instancia, provienen los nuevos problemas a los que han de hacer frente los profesores en las aulas.

Las sucesivas reformas educativas emprendidas desde el contexto político y administrativo de los sistemas educativos no ha intentado

---

[1] Llamo TIC a las nuevas tecnologías de la Información y la comunicación. Sobre las enormes posibilidades de las TIC para mejorar la educación se recomienda consultar: Raschke, C. A. (2003) *The Digital Revolution and the Coming of the Postmodern University*, Londres y Nueva York, Routledge and Falmer. Dutton, H. y Loader, B. D. (2002), *Digital Academe*, Londres y Nueva York, Routledge. Garrison, D. R. y Anderson, T. (2003,) *E-learning in the 21 st Century*, Londres y Nueva York, Routledge and Falmer; Carchidi, D. M. (2002), *The Virtual Delivery and Virtual Organization of Postsecondary Education*, Londres y Nueva York, Routledge and Falmer.
[2] Reding, V. (2002), *Cinq critères de référence européens pour les systèmes d'education et de formation*, Bruselas, Commisssion Européene. Véase: http://www.europa.eu.int/rapid/start/cgi.

más que responder a los nuevos desafíos planteados, intentando adaptarlas a nuestros sistemas educativos para una *sociedad del conocimiento* cuya dinámica de cambio social aún no ha hecho más que comenzar. Si analizamos los cambios de todo tipo acaecidos en nuestros países durante la segunda mitad del siglo XX, veremos que, en el espacio de una vida, al alcance de nuestra memoria individual, se acumula tal torrente de acontecimientos innovadores que no es posible encontrar otra etapa histórica que haya obligado a las personas a un esfuerzo semejante de acomodación y de adaptación a nuevas formas de vida. Sin llegar al brusco sobresalto de las revoluciones de los siglos anteriores, en la segunda mitad del siglo XX acontece una de las revoluciones silenciosas más profundas de la historia; ya que no sólo ha afectado a las costumbres, a las formas de producción y a nuestras relaciones políticas, sino que fundamentalmente ha modificado nuestra mentalidad. En sólo cincuenta años hemos visto primero un desarrollo espectacular de la ciencia, que ha venido luego seguido, como consecuencia, de un auténtico estallido de la tecnología, aplicando el impresionante avance de las ciencias a la producción de instrumentos y de máquinas de todo tipo que han cambiado las formas de vida, y mejoraron, como nunca antes, nuestra calidad de vida. Además, esta impresionante mejora en la calidad de vida no se ha visto reducida a las elites gobernantes o económicas, sino que, en los países más desarrollados, amparadas por la democracia y el concepto de Estado de bienestar, se ha extendido a amplias capas de la población. Basta con recordar que, hace sólo cincuenta años, todavía existían serios problemas de hambre en muchas zonas de Europa. Cuando analizamos las carencias de la población en temas como la sanidad pública o la educación, con altas tasas de analfabetismo en determinadas regiones, nos damos cuenta del enorme espacio que hemos recorrido en los últimos cincuenta años. Es evidente que jamás podríamos haber recorrido semejante camino sin el apoyo de la técnica. Es la aplicación de la tecnología la que nos ha salvado del hambre colectiva que aún continúa en los países menos desarrollados, tan endémica como lo era en la Europa de principios del siglo XX, desprovista de tecnología y pendiente del azar de las lluvias y las cosechas, incapaz de conservar los alimentos de los años buenos para evitar las hambrunas en las épocas de escasez. El desarrollo de la tecnología es la base de la mejora en la calidad de vida; por eso la tecnología se ha vuelto imprescindible en la sociedad contemporánea. Pero en cuanto la tecnología se hizo imprescindible, llegó una tercera etapa, en la que los esfuerzos se concentraron en mejorar continuamente la tecnología disponible: es la revolución que da origen a la expresión *sociedad del conocimiento*. En efecto, el avance de la ciencia básica sigue su curso, el desarrollo y la extensión de la tecnología establecida también se consolida y se extiende, pero la aparición de nuevas tecnologías capaces de romper viejas barreras se convierte en el nuevo motor de la economía. La investigación se organiza desde un modelo en espiral que incluye investigación, desarrollo tecnológico e investigaciones que producen nuevos desarrollos tecnológicos. Estos desarrollos tecnológicos se aplican luego a mejorar y hacer más efectiva la misma tecnología de la que depende la producción, tanto de productos básicos como de las máquinas-herramienta y de los sofisticados aparatos que posibilitan nuevas técnicas de investigación y de producción.

La espiral avanza en círculo, volviendo a pasar por los mismos puntos, pero cada vez más alto. Los países que no consigan seguir el ritmo de esta renovación tecnológica están condenados a trabajar con unos sistemas de producción que no pueden ser competitivos; así, los nuevos patrones de producción de la sociedad del conocimiento nos llevan a una *economía del conocimiento*. Por eso el actual sistema de desarrollo tecnológico está ahondando las distancias entre los países desarrollados y los del tercer mundo. Las nuevas tecnologías modifican nuestras formas de vida y nuestras formas de trabajo con un ritmo de cambio cada vez mayor, de tal forma que las nuevas Tecnologías de la Información y la Comunicación (TIC)[3] han permitido avances científicos espectaculares, difundidos a través de Internet y que jamás habrían sido posibles con el viejo sistema de comunicación entre científicos, basado en congresos. Sin la eficacia de la comunicación instantánea en Internet, la rápida lucha contra el sida, desarrollada forma simultánea y cooperativa por diversos equipos científicos en varios países, no habría sido posible. Es toda una parábola de los nuevos problemas de la sociedad del conocimiento: un problema nuevo que apa-

---

[3] Se utilizan las siglas españolas de la Tecnologías de la Información y la Comunicación (TIC), si bien en la bibliografía europea, las siglas más difundidas son las de ICT, correspondientes a la expresión inglesa de Information and Communication Technologies.

rece súbita e inesperadamente, sin precedentes en la historia,[4] al que se busca una respuesta rápida, aún no definitiva pero eficaz, en los países desarrollados, gracias al enorme avance de la ciencia y la tecnología, y al uso de las nuevas tecnologías de la comunicación. Mientras, el problema sigue su curso inexorable y terrorífico en los países que no disponen de un alto nivel científico y tecnológico. Como es obvio, el desarrollo de un alto nivel científico y técnico depende de un alto nivel de desarrollo económico; por tanto, son los países más pobres los que suman a su pobreza el problema añadido de una epidemia que en los países ricos tiene solución, como la tiene la producción y la conservación de alimentos que nos han salvado de las hambrunas colectivas que todavía encontrábamos en Europa y en Estados Unidos a principios del siglo XX.[5] Pero, igualmente, el desarrollo de un alto nivel científico y técnico depende de la existencia de un alto nivel de formación en el *capital humano* disponible. Sólo los países que tenían reservas de grupos de personas altamente cualificadas en la investigación sobre especialidades relativamente nuevas y minoritarias, como la inmunología o la virología, pudieron aportar algo a los problemas de carácter mundial que planteó la aparición de una enfermedad nueva.

Desde estos enfoques hay que diseñar el papel de la educación en el nuevo contexto de la sociedad del conocimiento. Por eso intentar volver a planteos selectivos en educación implica un suicidio social y económico a mediano plazo. La extensión de la educación pretende utilizar hasta el máximo la llamada *reserva de talento*, esto es, el número de personas inteligentes y capaces que no aportarán nada al desarrollo de la sociedad, simplemente por la falta de oportunidades educativas.

Este desarrollo en espiral de la sociedad del conocimiento produce tendencias que, si no se corrigen, son altamente peligrosas para la estabilidad de los países más desarrollados, ya que son una de las causas fundamentales de los movimientos migratorios masivos que plan-

---

[4] La aparición de las nuevas epidemias del virus ébola, o las más recientes de la neumonía asiática aguda (SRAS) o la gripe aviar podrían ser ejemplos similares, pero también peligros producidos por el mismo desarrollo tecnológico, tales como el calentamiento de la atmósfera o el aumento de la desertización.

[5] Para los que lo hayan olvidado, les recomiendo leer dos libros: *Hambre* y *Las uvas de la ira*, escritos por dos autores de la primera mitad del siglo XX, desde dos países ahora altamente desarrollados. Me refiero al noruego Knut Hamsun, Premio Nobel de Literatura 1920 y al estadounidense John Steinbeck, Premio Nobel de Literatura 1962.

tean nuevos problemas a los sistemas educativos, exigiéndoles un nuevo esfuerzo de adaptación que aún no hemos sido capaces de resolver con una respuesta de calidad. Conforme la espiral descripta, propia de la sociedad del conocimiento, sigue avanzando, ahonda más en los desequilibrios y abre nuevos abismos en la calidad de vida de los países del tercer mundo, y vuelve imparables los movimientos de población hacia los países más desarrollados. Nadie podrá poner fronteras a los jóvenes con los suficientes niveles de educación como para comprender el mecanismo de la espiral y las escasas expectativas de futuro en unos países en los que, por su propia experiencia, ya han dejado de creer, pues en su vida cotidiana aprecian retrocesos en la calidad de vida en todos los terrenos: alimentación, derechos humanos, sanidad, seguridad... El trabajo del profesor Izquierdo realizado en España sobre la base de la Encuesta de Población Activa (EPA) no deja lugar a dudas: los inmigrantes que llegan a Europa tienen unos niveles medios de estudios, superiores a los de la media de la población española[6] (Izquierdo, 2002). Es decir, llegan los mejores, los más preparados, los más activos, tal como cabía esperar por simple sentido común de quienes necesitan una alta dosis de iniciativa y de coraje para enfrentar la incertidumbre de la inmigración hacia un país desconocido. De esta forma ahondamos en los desequilibrios; ya que estamos atrayendo a los mejores activos del capital humano de los países del tercer mundo. Así, estamos creando desiertos de inteligencia, desiertos de organización y de iniciativas, desiertos de estructuras políticas y sociales capaces de defender los intereses de esos países y de sus gentes. Se ahonda así en la espiral contraria a la de la sociedad del conocimiento, dibujando una espiral descendente que genera una *sociedad de la desesperanza.*

Estos argumentos nos permiten entender que los procesos de cambio acelerado no han hecho más que comenzar y, además, ilustran la forma en que los problemas generados por la aceleración del cambio social plantean nuevos retos a los sistemas educativos. Justo cuando Europa ya parecía haber concluido la escolarización plena de los niños y comenzaba a plantearse como objetivo la mejora de la calidad de

---

[6] El 18,5% de los inmigrantes llegados entre 1992 y 1996 tenían estudios universitarios. El porcentaje desciende al 16,8% en el período 1997-2000, pero aún sigue siendo superior al de españoles con esa fomación, que se sitúa en el 11 %. El porcentaje de inmigrantes con título de secundaria se sitúa en el 42,3 % mientras que el de españoles es del 41,9%. *Fuente*: EPA 2º trimestre (1992-2000) C.I.S.

los sistemas educativos, nos estamos encontrando con el nuevo desafío de la integración intercultural de una población de niños cada vez mayor, procedente de una inmigración masiva generada por los fenómenos sociales y económicos descriptos. Si nos limitamos a mirar las estadísticas de los sistemas educativos europeos, al observar datos objetivos como el pobre dominio de la lengua en numerosos alumnos, el retroceso en habilidades matemáticas o el aumento del número de niños que fracasan en su escolaridad, podemos llegar a la conclusión de que los sistemas educativos están empeorando, o, peor aún, de que nuestros profesores son los responsables de semejantes tendencias estadísticas, sin entender los nuevos problemas a los que éstos tienen que hacer frente con la llegada a España en el curso de 2004-2005 de 50.000 niños inmigrantes, hasta completar un contingente total de 497.525 alumnos extranjeros que previsiblemente no dominan la lengua de enseñanza, y que, en consecuencia, tendrán problemas de aprendizaje en todas las materias. Poder integrar a todos esos niños en las escuelas supone un logro importante, pero exige un esfuerzo inesperado de profesores y administradores, y una visión diferente de los indicadores de calidad del sistema. Las tasas de escolarización, superiores al 100% de la población infantil en muchos países de la Unión Europea, tienen este sentido: no sólo hemos escolarizado a todos nuestros niños, sino también a un número importante de niños inmigrantes.

Sin embargo, la maquinaria oficial de los sistemas educativos europeos reacciona con extraordinaria lentitud frente a estos problemas emergentes, de tal forma que, para cuando se desarrollan nuevas estructuras capaces de afrontar los nuevos retos, ya aparecen otras tendencias sociales que plantean nuevas exigencias de adaptación a los sistemas educativos. Entre tanto, las primeras medidas de urgencia han sembrado el desconcierto entre los profesores, que comienzan a solucionar los problemas más urgentes a base sólo de buena voluntad e iniciativa individual de los maestros y profesores con mayor creatividad, sentido práctico y capacidad de adaptación al cambio (Esteve, 2000). Colectivamente, los cuerpos de profesores obtienen éxitos sin precedentes; individualmente, los profesores llevan el peso de unas reformas mal diseñadas por la falta de una visión de conjunto y de unas previsiones mínimas sobre los nuevos problemas emergentes. El sentimiento de estar desbordados afecta la moral de los cuerpos de profesores, que se convierten en los primeros críticos de sus propios sistemas educativos. Mientras, desde el campo social, no se da gran importancia a los éxitos, que se interpretan como consecuencias naturales del desarrollo y del progreso, al mismo tiempo que los medios de comunicación magnifican las deficiencias como un desastre colectivo que está muy lejos de ser verdadero. La simple exposición pública de estas ideas y su difusión en los medios de comunicación permitiría romper el desconcierto y el desánimo, situando el trabajo de los profesores en un nuevo contexto histórico, social y económico en el que todas sus acciones cobran un nuevo sentido, al situarse en el marco de un esfuerzo común al que ellos pueden estar orgullosos de contribuir, pues las dificultades se asumen siempre con mayor energía cuando se entiende el sentido de la tarea que se realiza, y se tienen claros cuáles son los objetivos conseguidos y los que aún falta conseguir. En definitiva, rescatar a los profesores de la crítica social indiscriminada y recuperar su moral pasa necesariamente por plantear un debate en profundidad sobre la realidad actual de los sistemas educativos, sobre los éxitos conseguidos y las profundas transformaciones que han sufrido en los últimos años. Igualmente, es necesario anticipar los retos más importantes a los que aún tendremos que hacer frente en el futuro; ya que sabemos que éstos se van a presentar conforme se vayan alcanzando determinados indicadores de desarrollo social.

4. Principales elementos de cambio que afectan la identidad profesional del docente

En los últimos treinta años, diversos cambios sociales, políticos y económicos han configurado un panorama social tan distinto, que cuando hablamos a nuestros alumnos o a nuestros hijos de cómo era la sociedad a principios de los años setenta, apenas si encuentran referentes en el mundo actual para entender nuestro discurso, pues han cambiado profundamente los valores sociales y las formas de vida. El recuerdo de cómo era hace treinta años el sistema educativo y la comparación con el presente arrojan el mismo balance. La dinámica del cambio social ha penetrado profundamente en las instituciones escolares hasta convertirlas en una realidad distinta.

En el momento actual, los profesores se enfrentan a la incertidumbre de unos sistemas educativos que están en plena transición entre la escuela selectiva, en la que nos educamos los adultos del presente, y una nueva escuela que aún no ha acabado de estabilizarse tras los profundos cambios que hemos descripto como propios de la Tercera Revolución Educativa. Conforme nos vamos adentrando en este nuevo horizonte, nunca antes explorado, que pretende construir una escuela sin exclusiones, descubrimos que no tenemos procedimientos, que no sabemos qué hacer con los chicos más difíciles; pues cuando preguntamos qué se ha hecho siempre con esos niños, no encontramos más que una respuesta única: los expulsábamos. Sin embargo, es imposible intentar trabajar en las nuevas condiciones y con esos alumnos que antes expulsábamos de nuestras aulas, intentando mantener los procedimientos y las condiciones de trabajo del sistema educativo basado en la pedagogía de la exclusión. El desconcierto, la falta de formación para afrontar los nuevos retos y el intento de mantener rutinas ancestrales que ya no tienen sentido, lleva a muchos profesores a hacer mal su trabajo, enfrentándose además a una crítica generalizada, que, sin analizar las nuevas circunstancias, considera a los docentes los responsables universales de todos los fallos del sistema de enseñanza. La expresión *malestar docente* (Esteve, 1987) aparece entonces como un *leitmotiv* en la la literatura pedagógica con el que se quiere resumir el conjunto de reacciones de los profesores como un grupo profesional desconcertado por el cambio social.

El cambio acelerado del contexto social ha influido fuertemente sobre el papel a desempeñar por el profesor en el proceso de enseñanza, sin que muchos profesores hayan sabido adaptarse, ni las administraciones educativas hayan diseñado estrategias de adaptación en los programas de formación de profesorado, que no se han aplicado sistemáticamente para responder a las exigencias planteadas por dichos cambios. El resultado más patente, como hemos visto, es el desconcierto de los profesores sobre el sentido y el alcance del trabajo que realizan.[7] Veamos los indicadores más importantes.

---

[7] Sobre la transformación del papel del profesor ya publiqué un trabajo más extenso, del que ahora resumo los indicadores de cambio más importantes. Véase Esteve, J. M. (2000), "The transformation of Teachers' Role at the End of Twentieth Century: New Challanges for the Future", *Educational Review*, 52, 2, pp. 197-208.

4.1. Cambios registrados en el contexto macro. Evolución de los valores y concepciones sociales

4.1.1. El paso del concepto de enseñanza al de educación supone afrontar nuevas responsabilidades en la actuación del docente

Hay un auténtico proceso histórico de aumento de las exigencias que se hacen al docente, pidiéndole asumir cada vez mayor número de responsabilidades. En el momento actual un profesor no puede afirmar que su tarea se reduce simplemente al ámbito cognoscitivo (enseñanza). Además de saber su materia, hoy se le pide que sea un facilitador del aprendizaje, que establezca una relación educativa con los alumnos, que sea un organizador del trabajo del grupo, y que además de atender la enseñanza, cuide el equilibrio psicológico y afectivo de sus alumnos, la integración social, su formación sexual, etc. A todo ello pueden sumarse un par de alumnos especiales integrados en el aula y cuatro o cinco alumnos inmigrantes que requieren una atención específica.

Desde el contexto político y administrativo se proyectan incesantemente nuevas responsabilidades sobre las instituciones educativas utilizando el siguiente principio: cada vez que hay un problema político o social difícil de resolver, se declara públicamente que se trata de un problema educativo y se sitúa uno de los ejes centrales de su resolución en el interior de las escuelas. Así si aparece el sida se pide que las escuelas hagan educación para la salud, si aumentan los accidentes de tráfico se pide que asuman la educación vial, cuando preocupa la cohesión social se pide integrar una educación para la ciudadanía, ante la nueva llegada de inmigrantes se pide hacer una educación intercultural, etc. Sin embargo, desde el contexto político-administrativo no se delimitan claramente las responsabilidades que se deben asumir en cada uno de estos nuevos ámbitos, porque hacerlo supondría pronunciarse sobre temas políticamente muy controvertidos, como es el caso de la educación sexual.

4.1.2. Abandono de la responsabilidad educativa fuera de la escuela

Paralelo a este proceso de exigencia de mayores responsabilidades educativas sobre el profesor, se registra en los últimos treinta años un proceso de inhibición en las responsabilidades educativas de otros agentes de socialización. Fundamentalmente de la familia, por la incorporación masiva de la mujer al trabajo, la reducción en el número de sus miembros (casi desaparecen los abuelos como agentes educativos) y la consiguiente reducción en el número de horas de convivencia. Como consecuencia de ello, cada vez se extiende más la idea de que *toda* la labor educativa debe hacerse en la escuela, produciéndose auténticas lagunas si la institución escolar descuida un campo educativo, aunque se trate de valores básicos, tradicionalmente transmitidos en el ámbito familiar. No está nada claro que la institución escolar deba ser la única responsable a la hora de enseñar el valor de la honradez o la importancia del respeto a los demás, mientras el resto de las instituciones sociales se inhibe tranquilamente, considerando que la escuela es la única responsable del mantenimiento de esos valores. Como ya he desarrollado en otra publicación, el modelo de la educación concebida como libre desarrollo se ha extendido en muchas familias, por efecto de una mala interpretación de las teorías psicoanalíticas, generalizándose entre muchos padres la idea de que no deben corregir a sus hijos, bien para no coartar la creatividad de su libre desarrollo, o bien para evitar los males de un trauma psicológico de consecuencias imprevisibles (Esteve, 2003).[8]

4.1.3. Los nuevos medios de comunicación como fuentes de información alternativas

En los últimos años, la aparición de potentes fuentes de información alternativas, desarrolladas básicamente por los medios de comunicación de masas, y muy particularmente por la televisión e Internet, está forzando y aún forzará más al profesor a modificar su papel como transmisor de conocimientos (Vaillant y Marcelo, 2001). Cada día se hace más necesario integrar en clase la presencia de estos medios de comunicación, aprovechando la enorme fuerza de penetración de los

---

[8] El modelo de la educación como libre desarrollo tuvo su máximo exponente en el libro de Benjamin Spock titulado *Baby and Child Care*, que se estuvo editando desde 1940 hasta 1985, se tradujo a treinta y nueve idiomas y vendió más de treinta millones de ejemplares. Sobre el modelo educativo que en él se propone para la educación familiar, y su crítica, puede leerse Esteve, J. M. (2003), *La tercera revolución educativa*, pp. 134-151.

materiales audiovisuales. El profesor que pretenda mantenerse en el antiguo papel de única fuente de transmisión oral de conocimientos tiene la batalla perdida. Además, desde los conocimientos adquiridos en estas fuentes de información alternativas, el alumno dispone de otros materiales con los que discutir la información recibida. El profesor debe reconvertir su trabajo en clase hacia la facilitación del aprendizaje y la orientación del trabajo del alumno. Intentar una lección magistral sobre un tema del que previamente los alumnos se han informado a través de la televisión o Internet es enfrentarse a un fracaso estrepitoso. La capacidad de motivación de una presentación de televisión o de apendizaje electrónico no puede ser igualada por una exposición oral del profesor. El profesor se enfrenta ahora a la necesidad de integrar en su trabajo el potencial informativo de la nuevas TIC, modificando su papel tradicional.

4.1.4. Diferentes modelos educativos en las sociedades interculturales. Del crisol a la ensaladera

En los últimos treinta años se rompe el consenso social sobre los objetivos que deben perseguir las instituciones escolares y sobre los valores que deben fomentar. Aunque este consenso no fue nunca muy explícito, sí había un acuerdo básico sobre los valores a transmitir por la educación. De esta forma, la educación reproducía núcleos de valores ampliamente aceptados, tendientes a una socialización convergente, basada en la unificación e integración de los niños en la cultura dominante. Es el modelo educativo del "crisol", desarrollado en Estados Unidos por John Dewey, cuando a ese país llegaban cientos de emigrantes a los que se trataba de "fundir" en la cultura de raíz anglosajona, basada en la idea de la democracia (Dewey, 1916).

En el momento actual nos encontramos ante una auténtica socialización divergente: por una parte, vivimos en una sociedad pluralista, en la que distintos grupos sociales, con potentes medios de comunicación a su servicio, defienden modelos contrapuestos de educación, en los que se da prioridad a valores distintos cuando no contradictorios; por otra parte, la aceptación en educación de la diversidad propia de la sociedad multicultural y multilingüe, cada vez más extendida, nos fuerza a la modificación de los materiales didácticos y a la diversificación de los programas de enseñanza. El modelo del crisol ha sido sustituido por el de la "ensaladera", en la que se mezclan diversos ingredientes, con la idea de que cada uno de ellos aporte su toque original a un conjunto que se caracteriza por la diversidad de sus componentes (Toffler, 1990).

La escolarización del ciento por ciento de nuestra población infantil supone además la incorporación a nuestras aulas de alumnos con sensibilidades culturales y lingüísticas muy diversas y con una educación familiar de base que ha fomentado valores muy distintos desde diferentes subculturas. No es de extrañar, por tanto, el desconcierto y las dificultades de los profesores situados en las zonas geográficas donde la diversidad cultural es más patente: territorios bilingües, zonas suburbanas con población de aluvión, zonas con altas tasas de inmigración... etc. No es casualidad que la guerra del chador en Francia haya tenido como campo de batalla a las instituciones escolares. Explicita una de las múltiples aporías que enfrentan nuestros profesores en los contextos multiculturales: si se deciden por una enseñanza que defienda la igualdad de la mujer, serán acusados de no respetar la cultura originaria de las niñas musulmanas y de pretender imponerles los valores de la cultura dominante; si se deciden por el respeto a sus tradiciones culturales serán acusados de perpetuar la desigualdad entre los sexos, permitir el machismo y producir en las niñas una educación para la sumisión y la subordinación al varón. Simplemente, no hay consenso sobre los modelos culturales que orienten la acción educativa, y esto supone colocar al docente ante la permanente posibilidad de ser puesto en cuestión.

Cada vez más, el profesor se encuentra en clase con los diferentes modelos de socialización que coexisten en una sociedad multicultural y multilingüe. El censo escolar de 1983 recogía en Londres la presencia de 50.000 niños escolarizados que hablaban en sus casas una lengua distinta del inglés, contabilizándose hasta 147 lenguas diferentes, siendo las tres más importantes el bengalí, turco y gujratí (I.L.E.A., 1985).

El momento actual exige del profesor pensar y explicitar sus valores y objetivos educativos. El proceso de socialización convergente en el que se afirmaba el carácter unificador de la actividad escolar en el terreno cultural, lingüístico y de comportamiento ha sido barrido por un proceso de socialización netamente divergente que obliga a una diversificación en la actuación del profesor; y esto, no sólo por efecto de la emigración, sino también por el fortalecimiento del sentimiento de la propia identidad en diversos grupos minoritarios autóctonos y en diferentes subculturas. Echar un vistazo a una clase de enseñanza secundaria en una escuela de las afueras de una gran ciudad equivale a observar a diferentes elementos integrantes de las más variadas tribus urbanas: rockeros, punkies, raphtas, nuevos románticos, skinheads... Y debajo de cada una de esas modernas tribus no sólo hay una peculiar manera de vestir, hay también una concepción de la vida orientada desde la perspectiva de un conjunto de valores específicos. Sin embargo, no es fácil para el profesor entender a los alumnos que las componen, ya que esas subculturas y tribus urbanas, nacen, florecen y desaparecen cada vez a un ritmo más rápido.

Algunos profesores añoran los buenos y felices tiempos en los que sólo accedían a las aulas, sobre todo en la enseñanza secundaria, los niños de clase media y alta. El hecho de que, por primera vez en nuestra historia, en los últimos treinta años, se haya logrado la escolarización plena del 100% de la población infantil, ha borrado la ventaja de la uniformidad que suponía el acceso a la enseñanza de una elite social, tanto más restringida cuanto más se avanzaba en los distintos escalones del sistema escolar. En el momento actual, muchos profesores necesitan criticar su propia mentalidad para aceptar la presencia en las aulas de niños formados en sus primeros años en procesos de socialización dispares, a veces marginales, y claramente divergentes. En muchos casos, además, el docente debe asumir labores educativas básicas de las que el alumno ha carecido en el medio social del que proviene. Esto hace que, ante la diversidad, se diversifique, necesariamente, la labor a desarrollar en la función docente. No es exagerado afirmar que la labor del profesor de primaria que enseña en medios sociales desfavorecidos está más cercana al trabajo tradicional de un asistente social que al rol tradicional de un profesor.

Los problemas educativos de la socialización divergente plantean al profesor nuevas situaciones difíciles de resolver. Como ya señalaba Merazzi al comenzar el proceso de cambio social (1983), ahora es importante preparar a nuestros docentes para asumir situaciones conflictivas. Entre tanto, es injusto reprocharles socialmente que no estén a la altura de los desafíos que plantea un mundo en rápida transformación, especialmente si no disponen de los medios que ellos necesitan para afrontarlos.

4.1.5. La necesidad de elaborar nuevas estrategias de aula ante la presencia de modelos educativos contrapuestos

En los últimos treinta años, y en buena medida por la ruptura del consenso sobre la educación, han aumentado las contradicciones del profesor en el ejercicio de la función docente, ya que no se ha logrado todavía integrar en las escuelas, sin mayores conflictos, las numerosas exigencias contrapuestas derivadas del difícil equilibrio que se pretende mantener entre los valores de modelos educativos diferentes. De esta forma, elija el profesor el modelo educativo que elija, siempre podrá verse contestado desde la postura de quienes defienden otros modelos educativos. Y esto vale tanto en el aspecto valorativo como en el terreno metodológico. No son de extrañar, por tanto, las disputas en los claustros, las críticas entre diferentes grupos de profesores, o la perplejidad de muchos de ellos al encontrarse atrapados en situaciones y actuaciones educativas con las que distan mucho de identificarse.

El problema se agudiza, además, cuando el profesor no ha hecho una elección clara y consciente del tipo de educación que desea producir, y pretende ejercer su profesión sin definir explícitamente qué valores le parecen educativos, cuáles va a fomentar y cuáles otros, por el contrario, desea inhibir o combatir abiertamente. Al menos, el profesor que ha perfilado una línea clara de educación, aunque sea contestado, tiene la salvaguarda de saber lo que busca y lo que pretende y, habitualmente, en el esfuerzo de explicitación y objetivación de sus modelos educativos, suele elaborar un armazón suficientemente coherente, desde sus propias opciones, como para defender su actuación ante las críticas externas. Por ello, como veremos más adelante, la definición de la propia identidad profesional se hace ahora más necesaria que nunca.

Siempre la educación ha exigido la búsqueda de un difícil equilibrio entre aspiraciones contrapuestas. El profesor se encuentra frecuentemente con la necesidad de compaginar diversos roles contradictorios, que le exigen mantener un equilibrio muy inestable en varios terrenos. Así, nos encontramos con la exigencia social de que el profesor desempeñe un papel de amigo, de compañero y de ayuda al desarrollo del alumno, que es incompatible con las funciones selectivas y evaluadoras que también se le encomiendan El desarrollo de la autonomía de cada alumno puede ser incompatible con la exigencia de integración social, cuando ésta implica el predominio de las reglas del grupo, o cuando la institución escolar funciona al dictado de las exigencias sociales, políticas o económicas del momento. Se trata de viejas contradicciones, inscriptas quizás en la esencia misma del quehacer docente, pero, en el momento actual, el cambio acelerado del contexto social ha acumulado las contradicciones de los sistemas educativos, pues, como señalaba Faure (1973), por primera vez en la historia, la sociedad no pide a los educadores que preparen a las nuevas generaciones para reproducir los estilos de vida de la sociedad actual, sino para hacer frente a las exigencias de una sociedad futura que aún no existe.

4.1.6. Depreciación de la rentabilidad social de la educación

En los últimos treinta años —como ya se ha comentado— ha cambiado radicalmente la configuración del sistema educativo, pasando de una enseñanza de elite, basada en la selectividad y la competencia, a una situación de educación universal y comprensiva, mucho más flexible e integradora. Sin embargo, el aumento del número de egresados hace que nuestra sociedad no pueda asegurar ahora en todas las etapas del sistema educativo un trabajo acorde con el nivel de titulación alcanzado por el alumno. Así ha descendido, al mismo tiempo, la motivación del alumno para estudiar y la valoración que hace la sociedad del sistema educativo, pero, sobre todo, la que hacen los padres de los alumnos. Mientras que, hace treinta años, una titulación académica aseguraba un estatus social y unas retribuciones económicas acordes con el nivel obtenido, en el momento actual los títulos académicos no aseguran el futuro de los hijos. Simplemente porque, aunque a todos nos parece bien la extensión de la enseñanza obligatoria, nadie parecía haberse parado a pensar que, en una sociedad de mercado, cualquier cosa pierde valor cuando la tiene todo el mundo.[9] Hace treinta años, un título de enseñanza secundaria aseguraba un buen trabajo con un buen sueldo, simplemente por que eran muy pocos quienes tenían ese grado académico. En la sociedad actual, ni siquiera un título universitario garantiza el futuro de los hijos; por tanto, los padres ya no tienen la confianza ciega de antaño en el sistema educativo.

De esta forma, la evolución del contexto social ha hecho cambiar el sentido mismo de las instituciones escolares, con la consiguiente necesidad de adaptación al cambio por parte de alumnos, profesores y padres, que deben cambiar su mentalidad respecto de lo que, ahora, pueden esperar del sistema de enseñanza. Obviamente, como señala Ranjard (1984), es absurdo mantener en una enseñanza masificada los objetivos de un sistema diseñado para una enseñanza de elite y, en este sentido, por la fuerza de los hechos, los sistemas de educación se han diversificado y vuelto más flexibles; pero, ahora, sobre todo en términos de rentabilidad social, no podemos esperar de ellos los resultados que se obtenían en la antigua configuración de sistemas que atendían a una elite, tanto más restringida cuanto más se avanzaba en los escalones selectivos del sistema.

4.1.7. El juicio social al profesor y la crítica generalizada al sistema de enseñanza

En buena medida por la situación descripta en el punto anterior, se ha modificado el apoyo del contexto social hacia los sistemas educativos. Por una parte, el sistema educativo ha defraudado a los padres con respecto al futuro de sus hijos, por otra, la realidad ha demostrado que su extensión y masificación tampoco ha producido los resultados que se esperaban respecto de la igualdad y la promoción social de los más desfavorecidos, probablemente, no tanto por culpa del sistema educativo, sino por la existencia de otros mecanismos selectivos del sistema social

El resultado ha sido la retirada del apoyo unánime de la sociedad y el abandono de la idea de la educación como promesa de un futu-

---

[9] Naturalmente nos referimos a valor de mercado. La formación tendrá siempre un valor en términos de desarrollo humano, pero en nuestra sociedad actual, muchos padres preferirían algo menos de valor formativo a cambio de algo más de valor de mercado.

ro mejor. Buena parte de la sociedad, algunos medios de comunicación e incluso algunos gobernantes, han llegado a la conclusión simplista y lineal de que los profesores, como responsables directos del sistema de enseñanza, son también los responsables directos de cuantas lagunas, fracasos, imperfecciones y males hay en él.

Como han señalado Patrice Ranjard (1984) en Francia y Martin Cole (1985, 1989) en Inglaterra, la valoración negativa del profesor como chivo expiatorio y responsable universal de todos los males del sistema es uno de los signos de nuestro tiempo. Mientras que hace treinta años, los padres estaban dispuestos a apoyar al sistema de enseñanza y a los docentes ante las dificultades del proceso de aprendizaje y de la educación de sus hijos, en el momento actual encontramos una defensa incondicional de los alumnos, sea cual sea el conflicto y sea cual sea la razón que asista al profesor. Paradójicamente, la falta de apoyo y de reconocimiento social de su trabajo comenzó a hacerse patente a mediados de la década de 1980 en los países que, por aquella época, iban alcanzando los mejores logros en el desarrollo de sus sistemas educativos.

Desde el sistema educativo francés, Ranjard (1984) resumía el contenido de su interesante ensayo *Los enseñantes perseguidos*, afirmando que los docentes, cuando se habla de su trabajo, se sienten agredidos y viven, colectivamente, bajo el imperio de un auténtico sentimiento de persecución. Este sentimiento, según Ranjard, no carece de fundamentos objetivos, ya que "los enseñantes son perseguidos por la evolución de una sociedad que impone profundos cambios en su profesión". Y, no sólo han aparecido cambios que afectan al papel del profesor, también en el contexto social en donde se ejerce la docencia se han modificado las expectativas, el apoyo y el juicio sobre los enseñantes de ese contexto social.

Martin Cole (1985), desde la perspectiva del sistema educativo inglés, nos hablaba de lo que él llama el *juicio social contra el profesor*, en un trabajo que lleva el significativo título de: "Una crisis de identidad: los profesores en una época de cambios políticos y económicos". Como ejemplo, cita la intervención de Margaret Thatcher, en la televisión británica, inculpando a los profesores y al sistema de enseñanza, al considerar que el abandono de los valores tradicionales de la educación británica estaba detrás de los actos vandálicos de los hinchas ingleses en el estadio Heysel de Bruselas.

El juicio social contra el profesor se ha generalizado. Desde los políticos con responsabilidad en materia de enseñanza y los medios de comunicación hasta los propios padres de los alumnos, todos parecen dispuestos a considerar al profesor como el principal responsable de las múltiples deficiencias y del general desconcierto de un sistema de enseñanza fuertemente transformado por el cambio social y del que, los enseñantes, son, paradójicamente, las primeras víctimas.

De hecho, la valoración de la labor del profesor en su puesto de trabajo sólo se realiza en un sentido negativo. Si un profesor hace un trabajo de calidad dedicándole un mayor número de horas extras de las que configuran su jornada laboral, pocas veces se valora expresamente este esfuerzo supletorio; sin embargo, cuando la enseñanza fracasa, a veces por un cúmulo de circunstancias ante las que el profesor no puede operar con éxito, el fracaso se personaliza inmediatamente, haciéndolo responsable directo de todas las consecuencias. Si todo va bien, los padres piensan que sus hijos son buenos estudiantes. Pero, si van mal, piensan que los profesores son malos educadores.

4.1.8. Una cuestión ideológica: La valoración social del profesor en una sociedad materialista

Se ha modificado, igualmente, la consideración social del profesor. Aún no hace muchos años se reconocía tanto al maestro y mucho más al profesor de secundaria con titulación universitaria, un estatus social y cultural elevado. Se estimaba en ellos su saber, su abnegación y su vocación. Sin embargo, en el momento actual, nuestra sociedad tiende a establecer el estatus social sobre la base del nivel de ingresos. Las ideas de saber, abnegación y vocación han caído en picada en la valoración social. Para muchos padres, el que alguien haya elegido ser profesor no se asocia con el sentido de una vocación, sino como una coartada de su incapacidad para "hacer algo mejor", es decir, para dedicarse a otra cosa en la que se gane más dinero. Por eso el salario de los profesores se convierte en un elemento más de la crisis de identidad que los afecta.

Al mismo tiempo, el aumento del nivel cultural medio de la población hace que los docentes ya no sean el referente cultural de antaño, cuando el maestro era una figura social relevante, sobre todo en el

Identidad y desafíos de la condición docente

medio rural, o cuando los profesores de secundaria eran, a menudo, figuras literarias y científicas sobre las que pivotaba la vida cultural de muchas ciudades. Hace treinta años, los docentes eran unánimemente respetados y socialmente considerados. Sin embargo, en el momento actual, extendidos los valores del filisteísmo, pocas personas están dispuestas a valorar el saber, la abnegación en el trabajo con niños y adolescentes o el cultivo callado de las ciencias. Extendida la consigna contemporánea de "buscad el poder y enriqueceos", el profesor aparece ante la mentalidad de mucha gente como un pobre tipo que no ha sido capaz de buscar otra ocupación mejor retribuida. Interiorizada esa mentalidad, muchos profesores abandonan la docencia buscando su promoción en otros campos. No es de extrañar que cunda la desmoralización y que en los países más desarrollados, como Francia, Alemania, Suecia e Inglaterra, donde hay otras alternativas laborales, empiece a escasear el profesorado y a hacerse difícil el reclutamiento de jóvenes en ciertas especialidades. Si no se mejora su imagen social y la valoración que la sociedad hace de su trabajo, y no se promociona salarialmente a los profesores *en el interior de la docencia*,[10] la batalla de las reformas de nuestros sistemas de enseñanza podemos darla por perdida en manos de un ejército desmoralizado. Es indiscutible la primacía de la motivación del personal sobre la abundancia de medios materiales.

4.2. Cambios en el contexto del aula
4.2.1. La necesidad de revisar los contenidos curriculares

El extraordinario avance de las ciencias y las variaciones en las demandas sociales exigen un cambio en profundidad de muchos de los contenidos curriculares. Por poner sólo un ejemplo, se puede citar la desaparición del francés, considerado en los años sesenta como la segunda lengua, mayoritaria en nuestro sistema de enseñanza, y en el momento actual prácticamente barrido por la demanda del inglés.

---

[10] En este sentido hay que resaltar las indicaciones desarrolladas en el informe europeo sobre la profesión docente, que ha dedicado sus volúmenes III y IV a la propuesta de medidas para mejorar la valoración social y salarial de los docentes. Véase *The teaching profession in Europe: Profile, trends and concerns*, Report III: Working conditions and pay, y *Keeping teaching attractive for the 21st century*, Report IV, European Commision, Eurydice, 2004.

No se trata sólo, como siempre se ha dicho, de que el profesor deba poner al día las materias que explica para no reproducir unos conocimientos desfasados; sino que, mucho más allá, en el momento actual, el dominio de cualquier materia se hace extraordinariamente difícil hasta el punto de afectar la seguridad del profesor en sí mismo. ¿Quién puede estar seguro, en el momento actual, de enseñar lo último conocido? O, peor aún, ¿quién podría estar seguro de que lo que enseña no podría ser sustituido por otros conocimientos más útiles para esos alumnos a los que estamos intentando preparar para una sociedad que aún no existe?[11] El deseo de incorporar nuevos contenidos que se perfilan como imprescindibles para la sociedad futura tiene como límite la necesidad de seleccionar y de abandonar algunos de los contenidos tradicionalmente transmitidos por las instituciones escolares.

La incorporación de nuevas materias, planteadas como auténticas demandas sociales, como es el caso de la informática, ha de suponer cambios o diversificaciones en el contenido del curriculum. Aquí aparece otra de las razones que, con mayor peso, avala la oportunidad de las reformas que se plantean en nuestros sistemas educativos.

Sin embargo, desde la perspectiva de las actitudes del profesor, no deben extrañarnos inseguridades y desconfianzas ante la modificación de los contenidos curriculares. Algunos se oponen al cambio por pereza, desde una actitud inmovilista, ya que no están dispuestos a abandonar viejos temas que han venido explicando desde siempre y a tener que preparar otros nuevos que ni siquiera se habían desarrollado cuando ellos concluyeron sus estudios. Otros observan con recelo los cambios curriculares, temiendo que detrás del abandono del francés, del latín y del griego, ya situados como asignaturas decorativas, se siga una política de abandono de las humanidades, convirtiendo a nuestro sistema de enseñanza en un sumiso servidor de las demandas económicas y profesionales del sistema productivo.

El buen funcionamiento de los sistemas de formación permanente del profesorado debe garantizar una adecuada comprensión de los objetivos y de las reformas curriculares que se proponen, fomentando el cambio metodológico imprescindible para enfrentar los nuevos

---

[11] Sobre la falta de sentido de muchas de las materias que se explican en las aulas puede consultarse el resultado de una investigación financiada por el Ministerio de Educación de España en: Vera, J. y Esteve, J. M. (2000), *Un examen a la cultura escolar*.

Identidad y desafíos de la condición docente

problemas que ahora enfrenta el docente en el aula, y evitando la desinformación y la inseguridad de los profesores ante los cambios que se nos imponen por las nuevas exigencias del contexto social y por las reformas promovidas desde el contexto político y administrativo.

4.2.2. La necesidad de modificar las condiciones de trabajo en las escuelas y los planteamientos metodológicos en el interior de las aulas

La incorporación masiva de todos los alumnos a las aulas, propia de la generalización de la escolaridad obligatoria, hace que los sistemas escolares mantengan allí a un cierto número de alumnos con serias dificultades para seguir el ritmo de la enseñanza, a alumnos con serias lagunas de aprendizaje y a otros que declaran abiertamente que no quieren estar en clase. Muchos profesores, sobre todo en el nivel secundario, identifican a estos niños como causantes de todos los problemas del aula, y fundamentalmente de la indisciplina y la violencia escolar. Normalmente, estos profesores argumentan que, con esos niños, las clases se hacen imposibles, los acusan de colapsar la enseñanza y aseguran que con ellos no hay nada que hacer. En parte tienen razón: el tipo de enseñanza que quieren usar es absolutamente imposible con esos niños; también les doy la razón cuando afirman que esos niños rompen todos sus esquemas de enseñanza, haciéndolos fracasar estrepitosamente. El problema está en que, por su formación inicial, sólo son capaces de entender un esquema y una estrategia para enfocar la enseñanza: el modelo de clase expositiva con el que ellos mismos han sido formados. La reacción de los profesores con un menor compromiso educativo es volver a excluir a los alumnos más conflictivos para poder obtener éxito con la única estrategia de enseñanza que saben utilizar. Desde este planteamiento, no están dispuestos a secundar el esfuerzo de los sistemas educativos que están intentando ahora, por primera vez en la historia, dejar de emplear la pedagogía de la exclusión, acabando con la idea de que estudiar es un privilegio y que los alumnos maleducados o sin cualidades deben dejar las plazas escolares a otros mejor dotados. En los últimos treinta años del siglo XX, los sistemas educativos cortaron la tradición excluyente con la que funcionaban las instituciones de enseñanza, proponiendo una nueva concepción de los sistemas educativos, en los que se pretende retener en sus aulas a toda la población infantil. El primer esfuerzo, de carácter cuantitativo, ya se ha completado en los países más desarrollados; ahora, para conseguir una educación de calidad en la nueva situación, necesitamos planificar una formación de profesores adecuada para que los docentes puedan atender con éxito a esos niños que plantean nuevas dificultades en el interior del aula, e igualmente, extender las estrategias didácticas y las nuevas formas de trabajo que son necesarias para atender a estos niños: ahí está la clave del nuevo desafío de calidad para los sistemas educativos. Una buena parte de nuestros fracasos escolares proviene del intento de seguir enseñando con los antiguos esquemas didácticos de la educación selectiva en una situación en la que ya no podemos suponer que los alumnos estén motivados o tengan los conocimientos previos que se les debería suponer.

En esta nueva etapa, el trabajo de los profesores es mucho más difícil de lo que ha sido nunca. Frente a una situación anterior en la que el profesor daba una clase expositiva, con un nivel de conocimientos marcado de antemano, porque se suponía una cierta homogeneidad entre los alumnos según el grado escolar, la situación actual hace que la mayor parte de los profesores se enfrenten a un grupo de alumnos realmente muy diferentes entre sí. Ahora, afrontar una clase heterogénea plantea numerosos problemas al profesor, que debe ajustar y reorganizar su metodología didáctica. Carol Tomlinson (2001), en su libro *El aula diversificada*, propone como estrategia general la del "*think versus sink approach*", es decir, plantearse "pensar en lugar de hundir" al alumno que no tiene los conocimientos que se le suponen. En su libro podemos encontrar estrategias prácticas para organizar una clase en la que el profesor tiene que trabajar con alumnos de diferentes niveles de aprendizaje y de diferentes aptitudes e intereses.

Los antiguos maestros de las escuelas unitarias rurales hacían diversificación curricular cada día, o tal como dice Tomlinson, hacían una "clase diferenciada". Y esto suponía partir del hecho de que en el aula había niños de niveles muy diferentes, a los que había que atender simultáneamente. Para hacerlo, los maestros de las escuelas unitarias partían de un principio básico: preparar sus clases programando no lo que ellos iban a hacer el día siguiente, sino lo que los alumnos iban a hacer el día siguiente. Es decir, planificar la educación en términos

Identidad y desafíos de la condición docente

de las *actividades de aprendizaje* que deben realizar los alumnos, y no en términos de las *actividades de enseñanza* que va a desarrollar el profesor. En definitiva, el objetivo final es que el alumno aprenda, y esto puede lograrse con múltiples actividades de aprendizaje, algunas de las cuales no exigen una actividad de enseñanza directa por parte del profesor. Este cambio, aparentemente poco relevante, supondría una modificación radical y muy positiva en las estrategias docentes de una gran parte de esos profesores que dicen estar sobrepasados ante la diversidad de sus alumnos. La formación permanente de profesores tendría que centrarse en una formación específica de reciclaje para conseguir que éstos, formados para el antiguo sistema académico, puedan hacer frente a los requerimientos de la masificación y democratización de la enseñanza, que exige de los profesores una labor mucho más educativa y mucho menos académica. Son los alumnos los que tienen que aprender. Ellos sólo aprenden cuando se implican en una actividad de aprendizaje; por tanto, hay que programar para ellos actividades de aprendizaje. El discurso expositivo puede ser una actividad de aprendizaje, pero los alumnos se implican más fácilmente en esas actividades cuando, tras una introducción del profesor que marca el sentido de la actividad a realizar, son ellos quienes la realizan. Además, los maestros de las escuelas unitarias utilizaban como recurso didáctico una estrategia tan antigua como el *aprendizaje mutuo*. El principio es igualmente sencillo y avalado por el sentido común. Ante la imposibilidad de supervisar simultáneamente a distintos grupos que trabajan con diferentes niveles en el interior de la misma sala de clase, empleaban a los alumnos más avanzados para ayudar y supervisar a los pequeños grupos que aprendían en niveles inferiores. Esta actividad, aparentemente sencilla, implica una serie de valores educativos y organizativos muy importantes: para empezar ocupa a los más avanzados en una tarea de ayuda y de solidaridad con los más lentos; sirve de repaso y afianza el conocimiento de los más avanzados, ayudándolos además en el esfuerzo por explicar algo, a encontrar nuevas relaciones del saber adquirido; da valor ante el grupo a los niños que dominan un aprendizaje; ofrece a los más atrasados una explicación hecha por un compañero que tiene muy recientes las dificultades que él tuvo para aprenderlo y que es capaz de traducir a las claves de su propio lenguaje la organización de lo aprendido; divide a la clase en grupos más manejables; y, naturalmente, permite trabajar en grupos simultáneos con tantos niveles de aprendizaje como sea preciso. La formación permanente de profesores, planificada desde el contexto político y administrativo, debería centrarse en el desarrollo de estas nuevas estrategias de enseñanza, permitiendo a toda una generación de profesores que comenzó trabajando en un sistema de enseñanza que ya no existe, acomodarse a las exigencias educativas de una enseñanza no selectiva, centrada en la formación de los alumnos y no en su exclusión del sistema educativo.

Dar calidad a la educación, hoy, supone elevar la calidad del trabajo educativo manteniendo a todos los niños en las aulas; no puede significar elevar la calidad de los que queden después de volver a marginar a los que tienen dificultades, a los niños más conflictivos, a los que no pueden seguir el ritmo de trabajo de otros compañeros, a los que no tienen otro sitio al que ir ni otra fuente de cultura y valores que la escuela. Frente a los profesores que añoran el viejo sistema selectivo, en el que sus clases eran mucho más fáciles, porque sólo tenían que preocuparse de preparar una disertación académica, ya han ido elaborándose experiencias de integración y de diversificación curricular capaces de elaborar respuestas prácticas, en un sistema complejo pero factible, capaz de atender a todos, a los más avanzados y a los que ni siquiera están preparados para empezar a aprender. Frente a la idea generalizada de que los sistemas educativos no funcionan, yo tengo la percepción contraria: hay equipos que están haciendo maravillas, grupos que elaboran materiales curriculares valiosísimos que han costado cientos de horas de esfuerzo,[12] experiencias innovadoras que alcanzan el éxito, grupos de profesores que se implican en su trabajo mucho más allá del cumplimiento razonable del deber. Sin embargo, su trabajo no se da a conocer, queda en el recuerdo de varias generaciones de alumnos y luego se pierde, en general por la falta de continuidad de unos equipos de profesores que pocas veces llegan a trabajar verdaderamente en equipo.

---

[12] La utilización de secuencias de aprendizaje electrónico interactivo (E-learning) aparece como una nueva posibilidad metodológica que ya está modificando muy profundamente las estrategias de trabajo en las aulas. Estoy convencido de que la generalización de su uso solucionará muchos de los problemas que plantea la diversificación curricular. Pueden verse un par de ejemplos en la web de la Universidad de Málaga, en las direcciones: http://octaedro.satd.uma.es y en http://www-rayos.medicina.uma.es/eao/PaseoRX.htm.

4.2.3. Autoridad y disciplina en la relación educativa

En los últimos treinta años también han cambiado en nuestro sistema de enseñanza, y bastante profundamente, las relaciones entre profesores y alumnos. Hace treinta años había una situación en la que el profesor era generalmente respetado, a veces sobre la base de una relación injusta en la que el docente tenía todos los derechos y el alumno sólo tenía deberes y podía ser sometido a las más diversas vejaciones. En el presente, observamos otra situación, igualmente injusta, en la que el alumno puede permitirse con bastante impunidad diversas agresiones verbales, físicas y psicológicas, a los profesores o a sus compañeros, sin que en la práctica funcionen los mecanismos de arbitraje teóricamente existentes. Las relaciones en los centros de enseñanza han cambiado, haciéndose más conflictivas, y muchos profesores y claustros no han sabido buscar nuevos modelos de organización de la convivencia y nuevos modelos de orden, más justos y con la participación de todos.

En la realidad, el problema de la violencia en los centros escolares es minoritario, aislado y esporádico. No más que el reflejo, en las instituciones escolares, del ambiente social del barrio o de las grandes ciudades, que también se ha hecho más violento. Sin embargo, psicológicamente, el efecto del problema se multiplica por cinco, llevando a numerosos profesores que nunca han sido agredidos y que probablemente no lo sean nunca, a un sentimiento de intranquilidad, de malestar más o menos difuso, que afecta a la seguridad y confianza de los profesores en sí mismos (Melero, 1993).

Kallen y Colton (1980), en el informe que redactaron para UNESCO al comenzar esta situación, relacionaban el aumento de la conflictividad en la enseñanza con el aumento de la escolaridad obligatoria. La idea que defienden es que la violencia institucional que se ejerce sobre los alumnos, obligándolos a asistir a un centro escolar hasta los 16 o los 18 años, acaba exteriorizándose y canalizándose hacia el profesor, como representante más cercano de la institución en la que se los obliga a permanecer, a veces en contra de su voluntad manifiesta. Desde esta perspectiva, habría que considerar que el aumento de la escolaridad hasta los 24 años, previsto en las líneas de convergencia europea para el año 2010, va a suponer un nuevo esfuerzo a los profesores, fundamentalmente en las zonas más desfavorecidas y con mayores tasas de fracaso escolar. En ellas, habrá que diversificar las opciones ofrecidas a los alumnos, con más personal y mejores medios, planteando mapas realistas de zonas de educación compensatoria, para evitar que el aumento de los años de escolaridad suponga, para muchos niños, unos años más de estancia inútil en el sistema escolar, convirtiendo a sus profesores en vigilantes de su permanencia formal en la aulas.

4.2.4. La fragmentación del rol docente

Por último, en los pasados treinta años, la actividad del profesor se ha fragmentado con tal diversificación de nuevas responsabilidades que muchos profesores hacen mal su trabajo, no porque no sepan hacerlo mejor, sino porque no tienen tiempo para atender las diversas tareas que se les ha ido encomendando. Además de las clases, deben empeñarse en labores de administración; reservar tiempo para programar, evaluar, reciclarse, investigar en el aula, orientar a los alumnos y atender a las visitas de sus padres; organizar actividades extraescolares, asistir a claustros, variadas reuniones de coordinación entre seminarios, ciclos y niveles, quizá vigilar edificios y materiales, recreos y comedores.

Al menos siete diferentes trabajos de investigación coinciden en señalar la *falta de tiempo* para atender a las múltiples responsabilidades que se han ido acumulando sobre el profesor, como la causa fundamental de su agotamiento. La idea que se repite en todos estos autores es la de que el profesor está sobrecargado de trabajo, y se lo obliga a realizar una actividad fragmentaria, en la que, simultáneamente, debe batirse en distintos frentes, atendiendo a tal cantidad de elementos diferentes que resulta imposible dominar los distintos roles que se le pide que asuma.

La fragmentación del trabajo del profesor es uno de los elementos de los problemas de calidad de nuestro sistema de enseñanza, paradójicamente en una época dominada por la especialización, como requisito imprescindible para la calidad del trabajo. No disponemos de profesores especialistas en diversas materias, notablemente en inglés, física, matemáticas, educación física, educación musical y dibujo. Además los problemas burocráticos de cobertura de las plazas vacantes suponen, con demasiada frecuencia, que en nuestros centros de enseñanza secundaria, un licenciado en lingüística acabe enseñando filosofía, o un matemático se acabe encargando de la química. La mayor parte de las veces a costa de los profesores más jóvenes e inexpertos, que se inician así en la enseñanza en condiciones particularmente difíciles.

4.3. Cambios en el contexto político y administrativo
4.3.1. Los sucesivos intentos de reforma de los sistemas educativos

Se supone que desde el contexto político y administrativo debían haberse ido tomando medidas legislativas para adaptar los sistemas educativos a los nuevos retos planteados por esa avalancha de cambios sociales que tan profundamente han modificado los objetivos del sistema educativo, el funcionamiento de las aulas y el tipo de alumnos que ahora acceden a ellas. Sin embargo, las inercias de los sistemas y los costos políticos a asumir en cualquier reforma educativa han hecho que, en la mayor parte de los países, no se tomaran medidas para solucionar los nuevos problemas más que cuando ya eran evidentes y llevaban varios años enfrentándose desde la provisionalidad y la buena voluntad de los docentes más creativos e innovadores. Entre las inercias del sistema no puede ocultarse la actitud conservadora de muchos docentes que, sin entender los profundos cambios que estaban sucediendo en la sociedad del conocimiento, pretendían continuar trabajando en las aulas como si nada hubiera cambiado en los últimos treinta años, intentando mantener las mismas estrategias didácticas y enfrentar las nuevas reformas con escasa cooperación, cuando no con un enfrentamiento declarado.

Tampoco puede ocultarse que muchas de las reformas educativas se han hecho exportando legislaciones elaboradas en otros países, y que se adaptaban mal a las estructuras, las costumbres y la cultura docente del país al que se intentaban aplicar. Quizá, la crítica más importante que cabe hacer al contexto político y administrativo es la de no haber conseguido explicar a los profesores el sentido y la necesidad de las reformas legislativas que se emprendían, hasta lograr su colaboración; sin caer en la cuenta de que finalmente son los docentes quienes deben instrumentarlas (Robalino, 2005). La falta de realismo de algunos intentos de reforma ha exigido elaborar legislaciones complementarias para adaptarlas sobre la marcha a las dificultades que iban surgiendo en el proceso de aplicación, de tal forma que la impresión de cambio continuo en los marcos legislativos contribuyó a aumentar el desconcierto de los profesores. La consideración de los sistemas educativos como auténticos *sistemas* (conjuntos de elementos interrelacionados), y el estudio simultáneo de los tres contextos que generan el cambio educativo (contexto social, contexto político-administrativo y contexto del aula) son imprescindibles para diseñar normativas políticas acertadas que no exijan modificarlas sobre la marcha (Vaillant, 2005).

4.3.2. Diseño de políticas de formación inicial y permanente del profesorado

A pesar de que nuestra sociedad exige a los docentes que asuman los nuevos papeles y que enfrenten los nuevos retos que hemos descripto, aceptando trabajar en unas situaciones de enseñanza mucho más complejas, en muchos países no se ha cambiado la formación inicial que los profesores reciben para hacer frente a estas nuevas exigencias. En muchas ocasiones, los profesores de primaria siguen siendo formados en los viejos modelos normativos, a los que no se han incorporado los descubrimientos de los últimos treinta años de investigación en didáctica y psicología del aprendizaje. En algunos países, los profesores de secundaria se forman en facultades universitarias que pretenden hacer académicos o investigadores especialistas, y que, ni por asomo, se plantean formar profesores. No es de extrañar, por tanto, que sufran auténticos "choques con la realidad" al pasar sin mayor preparación de la investigación sobre química inorgánica o de su tesis de licenciatura sobre un tema de alta especialización, a plantearse cómo ilusionar a cuarenta niños de un barrio conflictivo en los conocimientos más elementales de la química o la filosofía.

Como resultado de este aumento de exigencias sobre los profesores, se ha producido un aumento de la confusión respecto a la capacitación que el profesor necesita, y respecto de la compleja y extensa función que se le encomienda (Goble y Porter, 1980). Por ello, Merazzi (1983) defendía la tesis de que, en las actuales circunstancias, uno de los aspectos más importantes de la competencia social de los enseñantes es la capacidad para asumir situaciones conflictivas, planteándose como una nueva exigencia de la formación de profesores el prepararlos para asumir y mediar en situaciones de conflicto. Siguiendo esta idea, en los últimos años se han desarrollado diversas metologías de formación de profesores para desarrollar destrezas sociales en situaciones potencialmente conflictivas (Esteve, 1986, 1989ª, 1989b).

Vale la pena, pues, concluir estas reflexiones con algunas ideas sobre las líneas maestras para reconstruir la identidad de los docentes y diseñar procesos de formación de profesores que respondan a las exigencias de los cambios descriptos.

5. Formar docentes para enfrentar los desafíos de la sociedad del conocimiento

5.1. Cuatro grandes objetivos para la formación de profesores

Los planteamientos tradicionales parten de un objetivo único en el que se concentran todos los esfuerzos de la formación inicial de profesores. Se trata de ofrecer al futuro profesor un conocimiento profundo y sólido de los contenidos de las materias científicas que posteriormente ellos van a explicar. Nada más. El resto se fía a la suposición, científicamente demostrada como falsa, de que el candidato debe tener "cualidades adecuadas para la enseñanza". Setenta años de investigación pedagógica demostraron que no existen tales cualidades, que los buenos profesores no tienen un perfil de personalidad determinado que los hace buenos profesores, sino que, por el contrario, son tan diversos entre sí respecto de sus cualidades personales como lo son los profesionales de cualquier otro sector (Esteve, 1997). Además, por muy lógico y evidente que parezca, tampoco hay una lista de cualidades específicas que permitan obtener éxito en la enseñanza. Cuando se investigó en serio la cuestión, las diversas listas no ofrecían denominadores comunes y los supuestos rasgos de personalidad que permitirían dominar la enseñanza se difuminaban y desaparecían, dejándonos como única pista varias referencias coincidentes en la capacidad de entender y analizar las complejas situaciones sociales en las que se construye la enseñanza. La investigación nos llevó entonces a una perspectiva situacional de la formación de profesores, adoptando enfoques ecológicos que seguían los planteamientos de las ciencias de la naturaleza. En efecto, la ecología nos advierte que un *sistema* funciona siempre sobre la base de delicados equilibrios entre los elementos interrelacionados en dicho sistema. Por esa razón es posible que un profesor, con las mismas cualidades personales, obtenga éxito en una determinada situación de enseñanza y fracase estrepitosamente en otra. Las situaciones son diferentes, como lo son los distintos sistemas que funcionan en diferentes contextos sociales o educativos. Una clase de preescolar constituye un sistema ecológico tan distinto de una clase universitaria que no cabe esperar que los recursos a poner en juego por dos profesores en uno y otro contexto hayan de tener denominadores comunes. Sin embargo, en estos dos contextos tan distintos, ambos profesores deben tener en común la capacidad para entender la situación específica en la que enseñan, para valorar la influencia de los cambiantes elementos que rigen la vida de uno y otro grupo social, y la capacidad para elegir adecuadamente los recursos que deben emplear en cada momento al orientar el aprendizaje de los alumnos. Desde esta perspectiva, la formación de profesores adopta un enfoque situacional —que constituye la base de preparación del docente para enfrentar y profesionalizar el cambio social—, en el que se considera prioritaria la capacidad para analizar distintas situaciones de interacción, y la adquisición de destrezas sociales relevantes para encauzar las complejas dinámicas sociales en diferentes grupos humanos.

Es obvio que el dominio de las materias científicas que el profesor va a enseñar constituye la base imprescindible sin la cual es imposible construir una formación de profesores sólida. Además, considero que esta formación científica no debe reducirse a los rudimentos de las ciencias, pensando que no hacen falta conocimientos extraordinariamente sólidos para enseñar luego a niños de primaria o de secundaria. Desde luego que defiendo una formación científica amplia y de nivel universitario, con una visión humanista de las ciencias, capaz de entender no sólo los conocimientos científicos básicos, sino, sobre todo, el valor humano del conocimiento que transmitimos a los estudiantes. Sin embargo, no puedo estar de acuerdo con determinados enfoques universitarios que incluyen en la formación de profesores aspectos metodológicos o planteamientos muy especializados que pueden resultar imprescindibles para el científico, pero que son irrelevantes para el futuro profesor. Considero que todo profesor de historia debe tener una formación sólida sobre la historia de las antiguas civilizaciones de Egipto, de forma tal que comprenda las aportaciones fundamentales de éstas a la historia de la humanidad, su influencia sobre otras civilizaciones y la herencia que los sistemas egipcios de organización social y sus espléndidas obras de arte nos han legado, pero me parece improcedente intentar formar profesores con cursos especializados de paleografía egipcia, escritura simbólica, epigrafía o arqueología, siguiendo la argumentación que defienden algunos profesores universitarios de que sin esas materias es imposible entender cabalmente la cultura egipcia.

Para ayudar a los futuros profesores a cumplir estas metas, es necesario organizar nuestros sistemas de formación de tal manera que consigan cubrir cuatro objetivos esenciales en los que el profesor se juega el éxito o el fracaso en la enseñanza.

5.1.1. Elaborar la propia identidad profesional

El primer objetivo consiste en elaborar la propia identidad profesional. Esto implica conseguir que el futuro docente cambie de mentalidad, desde la posición del alumno que ha sido durante todo el proceso de su propia formación, hasta ser capaz de asumir en solitario las responsabilidades en las que consiste el trabajo cotidiano en las aulas. Y aquí aparecen los primeros problemas, porque hay docentes que no entienden el verdadero sentido de su trabajo. Las dificultades suelen ser distintas para unos y otros.

Para algunos, sobre todo en la primaria, el peor problema es la idealización: se enfrentan a la enseñanza con una imagen en la que predominan los modelos idealizados sobre lo que el buen profesor "debe hacer", lo que "debe pensar" y lo que "debe evitar", pero sin aclarar en términos prácticos cómo actuar, cómo enfocar los problemas reales y cómo eludir las dificultades más comunes. Han aprendido, mejor o peor, los contenidos de enseñanza a transmitir, pero no saben cómo organizar una clase, ni cómo ganarse el derecho a ser escuchado (González Sanmamed, 1994). Así, han aceptado en su interior, como dogma de fe, la importancia de la motivación para el aprendizaje significativo: "el buen profesor debe motivar a sus alumnos", pero nadie se ha preocupado de que aprendieran de forma práctica diez técnicas específicas de motivación. Por estos caminos, al llegar al trabajo práctico en la enseñanza, el profesor novato se encuentra con que tiene más claro lo que *no* quiere hacer en clase que lo que va a hacer cuando no haga eso que ha decidido no repetir. Tiene un modelo de profesor ideal, pero no sabe cómo hacerlo realidad, ya que en pocos centros de formación se trabajan las destrezas sociales prácticas que le permitirían tener confianza en sí mismo. Tiene claro lo que debería hacer en clase, pero no sabe cómo hacerlo. El choque con la realidad (Vonk, 1983;Veenman, 1984) dura dos o tres años; en ellos el profesor tiene que solucionar los problemas prácticos que implica entrar en una clase, cerrar la puerta y quedarse a solas con un grupo de alumnos. En este aprendizaje por ensayo y error, uno de los peores caminos es el de querer responder al retrato robot del profesor ideal; quienes lo intentan descubren la ansiedad de comparar, cada día, las limitaciones de una persona de carne y hueso con el fantasma etéreo de un estereotipo ideal. Desde esta perspectiva, si las cosas salen mal es porque *yo* no valgo, porque *yo* no soy capaz de dominar la clase, y, de esta forma, los profesores se ponen a sí mismos en cuestión. A veces, cortan los canales de comunicación con los compañeros que podrían ayudarles: ¿cómo reconocer ante otros que *yo* tengo problemas en la enseñanza, si el "buen profesor" no "debe" tener problemas en clase? Como señala Fernández Cruz (1995), la identidad profesional se alcanza tras consolidar un repertorio pedagógico y tras un período de especialización, en el que el profesor tiene que volver a estudiar temas y estrategias de clase, ahora desde el punto de vista del profesor práctico, y no del estudiante que se prepara para ser docente.

Para otros profesores, el problema de la identidad profesional es mucho más grave. Como señala Corbalán:

> La inmensa mayoría de los profesores de secundaria nunca tuvimos una vocación clara de educadores, al contrario de los de primaria. Estudiamos una carrera para ser otra cosa: matemático profesional, químico, físico. (1998,73)

Algunos centros de formación del profesorado presuponen que el simple dominio de la materia permite obtener éxito enseñándola. Al parecer, nadie se ha puesto a pensar en el problema de identidad que descoloca a nuestro profesor cuando se enfrenta a una clase repleta de estudiantes que están bastante lejos de sentir el más mínimo entusiasmo por la materia que uno debe explicar. El sentimiento de error y de autocompasión se apodera de algunos de los docentes y, a veces, perdura hasta el final de su vida profesional. Él se considera a sí mismo un académico y un investigador, un especialista universitario, ha pasado dos veranos en un archivo preparando su tesis entre documentos originales escritos en una lengua perdida que él es capaz de descifrar. ¿Por qué le obligan ahora a enseñar historia general a niños de quince años? Y, además, descubre horrorizado que los alumnos no tienen el menor interés por la historia, y que aspectos claves de su especialidad —como el apasionante tema de su tesis— se despachan con dos párrafos en la mayor parte de los libros al uso. Para colmo, los profesores de secundaria se dan cuenta de que no saben cómo organizar una clase, cómo lograr un mínimo orden que permita el trabajo, y cómo ganarse la atención de los alumnos. Aquí, el problema de perfilar una identidad profesional estable pasa por un auténtico proceso de reconversión, en el que el elemento central consiste en comprender que la esencia del trabajo del profesor es estar al servicio del aprendizaje de los alumnos. ¡Qué duro resulta comprender esto a la mayor parte de nuestros profesores de secundaria, y más aún a los de universidad! Ellos son investigadores, especialistas, químicos inorgánicos o físicos nucleares, medievalistas o geólogos, ¿por qué van ellos a rebajar sus niveles de conocimientos a la mentalidad de un grupo de adolescentes bárbaros? ¡Hay que mantener el nivel!, gritan exaltados, y ello significa, en la práctica, que dan clase para dos o tres privilegiados, mientras el resto de los alumnos van quedando descolgados. Y además, hasta el fin de sus días, vivirán la enseñanza rumiando la afrenta de que la sociedad los obligue a abandonar el Olimpo de la ciencia y la investigación para trabajar con un grupo de adolescentes. Por contra, como es más frecuente entre los docentes de primaria, algunos profesores consiguen estar a gusto en su trabajo, y descubren que eso pasa, necesariamente, por una actitud de servicio hacia los alumnos, por el reconocimiento de la ignorancia como el estado inicial previsible, por aceptar que la primera tarea es encender el deseo de saber, por aceptar que el trabajo consiste en reconvertir lo que se sabe para hacerlo accesible a un grupo de adolescentes. Hace falta un cierto sentido de humildad para aceptar que el propio trabajo consiste en estar a su servicio, en responder a sus preguntas sin humillarlos, en esperar algunas horas en la sala de profesores por si alguno quiere una explicación extra, en buscar materiales que les hagan asequible lo esencial, y en recuperar lagunas de años anteriores para permitirles acceder a los nuevos conocimientos. Lo único verdaderamente importante son los alumnos. Ésa enorme empresa que es la educación no tiene como fin nuestro lucimiento personal; a los profesores nos pagan para transmitir la ciencia y la cultura a las nuevas generaciones, para transmitir los valores y las certezas que la humanidad ha ido recopilando con el paso del tiempo, y advertir a nuestros alumnos del alcance de nuestros grandes errores y fracasos colectivos. Esa es la tarea con la que hemos de llegar a identificarnos.

5.1.2. Dominar las técnicas básicas de comunicación e interacción en el aula

El segundo objetivo para ganar la libertad de estar a gusto en un aula hace referencia a nuestro papel de interlocutor. Un docente es un comunicador, es un intermediario entre la ciencia y los alumnos, que necesita dominar las técnicas básicas de comunicación en el aula. Además, en la mayor parte de los casos, las situaciones de enseñanza se desarrollan en un ámbito grupal, exigiendo de los profesores un dominio de las técnicas de comunicación grupal. Por tanto, ese proceso de aprendizaje inicial que ahora lamentablemente se hace por ensayo y error, implica entender que una clase funciona como un sistema de comunicación e interacción. Una buena parte de las ansiedades y los problemas de los profesores se centran en este ámbito formal de lo que se puede y lo que no se puede decir o hacer en una clase. El profesor descubre enseguida que, además de los contenidos de enseñanza, necesita encontrar unas formas adecuadas de expresión, en las que los silencios son tan importantes como las palabras, en las que el uso de una expresión castiza puede ser simpática o hundirnos en el más espantoso de los ridículos. El problema no consiste sólo en presentar correctamente los contenidos, sino también en saber escuchar, en saber preguntar y en distinguir claramente el momento en que debemos hablar o contestar con el silencio. Para ello hay que dominar los códigos y los canales de comunicación, verbales, gestuales, de desplazamientos o audiovisuales (Esteve, 1997). Hay que saber distinguir los distintos climas que se crean en un grupo de clase con los distintos tonos de voz que el profesor puede usar, con el uso de una advertencia pública al líder de la clase, o con el simple gesto de una mirada intencionada con un guiño de complicidad. Los profesores experimentados saben qué lugar físico deben ocupar en una clase dependiendo de lo que ocurra en ella, saben interpretar las señales gestuales que emiten los alumnos para regular el ritmo de clase, y el dominio de éstas y otras habilidades de comunicación requiere el entrenamiento en destrezas sociales que no pueden asimilarse por la simple comunicación intelectual, ya que implican, además, la capacidad de reflexión sobre los usos adecuados de esas destrezas y una constante actitud de autocrítica para depurar nuestro propio estilo docente. Al final, cuando dominamos todos esos elementos y códigos de la interacción y la comunicación grupal, conseguimos ser dueños de nuestra forma de estar en clase, nos ganamos la libertad de estar a gusto en el aula, conseguimos comunicar lo que exactamente queremos decir y logramos mantener una corriente de empatía con nuestros alumnos.

5.1.3. Organizar el trabajo del aula: una disciplina mínima que permita trabajar en grupo

El tercer objetivo a cubrir en la formación de profesores es el dominio de otro obstáculo difícil de superar, quizás el que genera en los novatos la mayor ansiedad: el problema de la disciplina. En realidad, es un problema muy unido a nuestros sentimientos de seguridad y a nuestra propia identidad como profesores. Jamás logrará superarlo quien no haya cubierto los dos objetivos anteriores, pues exige una definición muy clara del papel que vamos a desempeñar en el aula, y una definición precisa de las estrategias de interacción y comunicación que vamos a emplear.

En este tema he visto de todo: desde profesores que entran el primer día pisando fuerte, con aires de matón de barrio, porque alguien les ha dado el viejo y mal consejo de que no deben sonreír hasta Navidad, hasta profesores desprotegidos e indefensos incapaces de soportar el más mínimo conflicto personal. Entre esos dos extremos, que van desde la indefensión hasta las respuestas agresivas, el docente tiene que encontrar una forma de organizar a la clase para que trabaje con un orden productivo (en esto consiste la disciplina). Y, en cuanto comienza a hacerlo, descubre que esto apenas se lo han enseñado. Se supone que el "buen profesor" debe saber organizar la clase, pero en pocas ocasiones se le ha contado al futuro docente dónde está la clave para que el grupo funcione sin conflictos. El viejo supuesto, según el cual "para enseñar una asignatura lo único realmente importante es dominar su contenido", encuentra en este campo su negación más radical. En cada curso, el profesor debe atender otras tareas distintas de las de enseñar: tiene que definir funciones, delimitar responsabilidades, discutir y negociar los sistemas de trabajo y de evaluación hasta conseguir que el grupo trabaje como tal. Y esto requiere una atención especial, a la que también hay que dedicar un cierto tiempo, hasta conseguir construir un sistema de disciplina que pueda calificarse como educativo (Esteve, 1977). El razonamiento y el diálogo son las mejores armas, junto con el convencimiento de que los alumnos no son enemigos de quienes hay que defenderse. Mi experiencia me dice que los alumnos son seres esencialmente razonables; es posible que, si uno lo permite, intenten ablandar al docente y bajar los niveles de exigencia, pero cuando la razón es la base de la propia seguridad, los alumnos saben descubrir enseguida cuáles son los límites. El respeto de los alumnos hacia el profesor no se fundamenta en su conocimiento de la materia de enseñanza, sino en sus actitudes en clase, en la percepción de su seguridad en sí mismo, en su calidad humana y en su dominio de las destrezas sociales de interacción y comunicación en el aula.

5.1.4. Adaptar los contenidos de enseñanza en el nivel de conocimientos de los alumnos

En cuarto lugar, nos queda el problema de enseñar al profesor a adaptar los contenidos de enseñanza al nivel de conocimientos de los alumnos. El profesor tiene que entender que está al servicio de los alumnos, tiene que desprenderse de los estilos académicos del investigador especialista y adecuar el enfoque de la materia que explica para hacerla asequible a un grupo de clase compuesto por adolescentes que, por definición, no saben nada de los temas en los que se intenta iniciarlos. Yo también protesto por el bajo nivel con el que llegan mis alumnos a la universidad, pero protestar no sirve de nada, se tiene los alumnos que se tiene, y con ellos no hay más que dos opciones: o se los engancha en el deseo de saber o se los va dejando de lado, conforme se avanza en las explicaciones. Hay quien, en salvaguarda del nivel de enseñanza, adopta la segunda opción, pero esta actitud siempre me ha parecido el reconocimiento implícito de un fracaso, quizá porque hace tiempo que descubrí que, en cualquier asignatura, lo único verdaderamente importante es intentar ser maestro de humanidad.

Este problema se atenúa en los países que han diseñado títulos profesionales específicos de profesor de historia o profesor de química para sus futuros docentes de secundaria, ya que desde la perspectiva de un título profesional, los futuros profesores estudian los contenidos científicos pensando desde el principio en que luego tienen que enseñar las materias de estudio que están aprendiendo, lo cual les lleva a aprender no sólo la materia sino también las estrategias de presentación de dichas materias. Sin embargo, en muchos países, la formación científica de nuestros profesores de secundaria se realiza en unas facultades universitarias que no pretenden formar profesores. En esos centros universitarios predomina el modelo del investigador especialista, dando prioridad a la formación de químicos o de historiadores, sin entender que la mayor parte de sus estudiantes trabajará luego profesionalmente como profesores de química o de historia en centros de secundaria. Como resultado de este modelo, al llegar al aula, el docente debe reciclar los conocimientos especializados que ha estudiado durante años, pensando ahora no en la vida académica sino en la docencia. Y, en este punto, aún hay quien sigue aceptando el supuesto erróneo de que el profesor sólo necesita un aprendizaje profundo de los contenidos de las materias, cuando en la práctica o el profesor consigue reorganizar los contenidos científicos para hacerlos accesibles a los grupos de alumnos, o su fracaso en la enseñanza es inevitable. Por eso, Corbalán, citando al gran matemático Schoenfeld, nos advierte que:

> Hay una enorme diferencia entre la manera en que nosotros (los matemáticos profesionales) trabajamos las matemáticas y la manera en que la ven nuestros alumnos. El trabajo matemático es un proceso de descubrimiento, vital y continuo, de alcanzar a comprender la naturaleza de objetos o sistemas matemáticos concretos. Desgraciadamente, nuestros alumnos raramente tienen la idea de que trabajar las matemáticas puede ser así. Aunque parezca raro son las víctimas de nuestro profesionalismo; debido a la cantidad de materias que tienen que aprender, les presentamos el resultado de nuestras exploraciones matemáticas de manera ordenada y coherente. Como resultado de esto pueden dominar mejor la materia, pero este *dominio* tiene funestas consecuencias... No existe la emoción de descubrir algo nuevo, sino simplemente la (pequeña) satisfacción de adquirir ciertas habilidades. (Corbalán, 1998, 73)

5.2. Formar maestros de humanidad: un objetivo para reconstruir la identidad profesional de nuestros docentes

En el proceso de construcción de mi propia identidad profesional, hace tiempo que descubrí que el objetivo último de un profesor es ser maestro de humanidad. Lo único que de verdad vale la pena, y llena de sentido nuestro trabajo como para justificar que quememos en él nuestra vida, es ayudar a los alumnos a comprenderse a sí mismos, a entender el mundo que los rodea y a encontrar su propio lugar desde el que participar activamente en la sociedad.

Para ser maestros de humanidad, los docentes hemos de enfocar nuestro trabajo en la enseñanza partiendo del objetivo de rescatar, en cada una de nuestras lecciones, el valor humano del conocimiento. Es decir, reconstruir para nuestros alumnos la preocupación originaria de los hombres y mujeres que construyeron cada capítulo de las ciencias que explicamos en clase. En efecto, todas las ciencias tienen en su origen a un hombre o una mujer preocupados por desentrañar la estructura de la realidad. Alguien, alguna vez, como respuesta a una preocupación vital, elaboró los conocimientos del tema que le tocaba explicar al día siguiente. Alguien sumido en la duda, inquieto por una pregunta sin respuesta, elaboró los conocimientos del tema que ese día se iba a exponer en clase. Y ahora, para hacer que los alumnos se interesen por la respuesta, no existe otro camino mejor que rescatar la pregunta original. No tiene sentido dar respuestas a quienes no se han planteado la pregunta; por eso, la tarea básica del docente es recuperar las preguntas, las inquietudes, el proceso de búsqueda de los hombres y mujeres que elaboraron los conocimientos que ahora figuran en nuestros libros. La primera tarea es crear inquietud, descubrir el valor de lo que vamos a aprender, recrear el estado de curiosidad en el que los autores elaboraron las respuestas. Para ello hay que abandonar las profesiones de fe en las respuestas ordenadas de los libros; hay que volver las miradas de nuestros estudiantes hacia el mundo que nos rodea y rescatar las preguntas iniciales obligándolos a pensar.

Cada día, antes de explicar un tema, es necesario preguntarse qué sentido tiene comparecer ante un grupo de alumnos para hablar de esos contenidos; qué les podemos aportar; qué esperamos conseguir con esa clase. Y luego, hay que programar cómo enlazar lo que ellos ya saben, lo que han vivido, lo que les puede preocupar, con los nuevos contenidos que vamos a introducir.[13] Por último, es necesario plantearse un reto: nos tenemos que divertir explicándolo, y esto es imposible si cada año repetimos la exposición del tema como un salmo con la misma anécdota en el mismo sitio y los mismos ejemplos. Llevo más de treinta años como profesor oyéndome explicar los mismos temas; he calculado que me jubilo el año 2021 y estoy seguro de que moriré de aburrimiento si me oigo año tras año repitiendo lo mismo, con mis papeles cada vez más amarillos y con los bordes más carcomidos. La renovación pedagógica, para mí, es una forma de egoísmo: con independencia del deseo de mejorar el aprendizaje de los alumnos, la necesito como una forma de encontrarme vivo en la enseñanza, como un desafío personal para investigar nuevas formas de comunicación, nuevos caminos para hacer pensar a mis alumnos... "Pensaba hablando, pensaba viviendo, que era su vida pensar y sentir y hacer pensar y sentir...", así recordaba Unamuno a un gran maestro como Giner de los Ríos. Me pareció una hermosa definición de la identidad de un docente. Cuando se adopta esta perspectiva, la enseñanza recupera cada día el sentido de una aventura en la que se está activo para desarrollar el pensamiento y el sentimiento de los alumnos. Así desaparece el tedio y el aburrimiento, y entonces se encuentra la libertad de expresar en clase algo que se valora mucho: los contenidos de

---

[13] En esta tarea recomiendo leer las propuestas de Ausubel sobre conceptos inclusores, organizadores previos y puentes cognitivos con el fin de conseguir un aprendizaje significativo. Véase Ausubel, D. P. (1976), *Psicología educativa*.

una materia estudiada desde hace años, y no sólo para el propio saber personal, sino también porque es importante comunicarla. En cuanto se consigue hacerlos pensar sobre las preguntas claves se recibe la respuesta: los alumnos despiertan su curiosidad y comienzan a buscar sus propias soluciones; así se involucran en el proceso de aprendizaje y cada clase se convierte en un proceso de descubrimiento. Los alumnos siguen la trama de preguntas hasta que necesitan buscar por sí mismos las respuestas; en ese momento salta la chispa y ya puedes modular el ritmo de la explicación a las respuestas que ellos emiten con su silencio, con sus gestos y con sus preguntas, y el tiempo de clase se pasa volando también para ellos. Y entonces se descubre la alegría: la magia de la comunicación recompensa las horas de estudio y devuelve el sentido de enseñar. Se está con ellos, no contra ellos; y los alumnos buscan en la palabra y en los libros las respuestas a un proceso de búsqueda que comenzó quizás hace tiempo, en la mente de hombres y mujeres que murieron hace ya muchos años y que vivieron en países que nunca habían visitado, ellos hicieron avanzar la ciencia, hoy sus descubrimientos están en nuestros libros. Pero sin el trabajo de los docentes los conocimientos en los que empeñaron sus vidas quedarían en el olvido, obligándonos de nuevo a repetir errores que hoy consideramos superados. Ése es el sentido último de nuestro trabajo como docentes. Cada día, en nuestras aulas, tenemos el deber de rescatar de la indiferencia, del error y de la ignorancia a una nueva generación de jóvenes que no entienden el mundo que los rodea, y a los que les angustia no saber cómo será su futuro y cuál será el papel que van a jugar en él. Las ciencias y las humanidades resumen lo mejor de las respuestas acumuladas en treinta siglos de cultura, y el centro de la identidad de un docente siempre será el mismo: hacer pensar y sentir a nuestros alumnos hasta formar en ellos, desde ese patrimonio de ciencia y de cultura, una base sólida para encontrar sus propias respuestas, coherentes, inteligentes y sensibles, ante las urgentes preguntas desconocidas que sin duda les planteará la sociedad del futuro.

Bibliografía

Bowe, R. y Ball, S. J. (1992), *Reforming Education and Changing Schools*, Londres, Routledge and Kegan Paul.
Castells, M. (2000), *La era de la información*, vol. I, *La sociedad red*; vol. II, *Economía, sociedad y cultura*, vol. III, *Fin de milenio*, Madrid, Alianza.
Cole, M. (1985), "A crisis of identity: teachers in times of political and economical changes", Coloquio Internacional sobre Función Docente y Salud Mental, Salamanca, Universidad de Salamanca.
Cole, M. y Walker, S. (1989), *Teaching and Stress*, Milton Keynes, Open University Press.
Colom, A. J. (2002), *La (de) construcción del conocimiento pedagógico*, Barcelona, Paidós.
Commission Européenne: Eurydice Et Eurostat (2002), *Les chiffres clés de l'éducation en Europe*, Luxemburgo, Office des Publications Officielles des Communautés Européennes.
Corbalan, F. (1998), "Una vida enseñando matemáticas", *Cuadernos de Pedagogía*, 266, febrero, 72-75.
Cuban, L. (1992), "Curriculum stability and Change", en: Jackson, P. W. (ed.), *Handbook af Research on Curriculum*, Nueva York, MacMillan, pp. 216-248.
Dean, J. (1996), *Beginning Teaching in the Secondary School*, Buckingham-Philadelphia, Open University Press.
Dewey, J. (1946), *Democracia y educación*, Buenos Aires, Losada.
Esteve, J. M. (1977), *Autoridad, obediencia y educación*, Madrid, Narcea.
─────── (1986), "Inoculation against Stress: a technique for beginning teachers", *European Journal of Teacher Education* , 9, (3), pp. 261-269.
─────── (1987), *El malestar docente*, Barcelona, Laia. Ediciones sucesivas hasta 2004 en Paidós.
─────── (1989a), "Strategies cognitives pour eviter le malaise des enseignants: l'induction du stress et la dèsensibilisation systèmatique", *Education*, 213 y 214, 9-18 y 9-15.
─────── (1989b), "Training Teachers to Tackle Stress", en: Cole y Walker (eds.), *Teaching and Stress*, Milton Keynes, Open University Press, 147 - 159.
─────── (1997), *La formación inicial de los profesores de secundaria*, Barcelona, Ariel.
─────── (2000), "The Transformation of Teachers' Role at the End of Twentieth Century. New Challenges for the Future", *Educational Review*, pp. 52, 2, 197-208.
─────── (2003), *La Tercera Revolución Educativa. La educación en la sociedad del conocimiento*, Barcelona, Paidós.
European Commission (2001), *ICT@Europe.edu*, Bruselas, Eurydice.
─────── (2002), *The teaching profession in Europe: Profile, trends and concerns. Report I: Initial training and transition to working life. Report II: Supply and demand*, Bruselas, Eurydice.

—————— (2004), *The teaching profession in Europe: Profile, trends and concerns. Report III: Working conditions and pay. Report IV: Keeping teaching attractive for the 21st century*, Bruselas, Eurydice.
Fabra, M. L. y Doménech, M. (2001), *Hablar y escuchar*, Barcelona, Paidós.
Faure, E. (1973), *Aprender a ser*, Madrid, Alianza.
Fernandez Cruz, M. (1995), *Los ciclos vitales de los profesores*, Granada, F.O.R.C.E.
Gimeno, J. (2002), "El futuro de la educación desde su controvertido presente", *Revista de educación*, número extraordinario, 271-292.
Goble, N. M. y Porter, J. F. (1980), *La cambiante función del profesor*, Madrid, Narcea.
Gold, Y. (1996), "Beginning Teacher Support: Attrition, Mentoring and Induction", en: Sikula, E. (ed.), *Second Handbook of Research on Teacher Education*, Nueva York, Macmillan.
González Sanmamed, M. (1994), *Aprender a enseñar: Mitos y realidades*, La Coruña, Universidade Da Coruña.
Gray, J. et. al. (1999), *Improving schools*, Buckingham, Open University Press.
I.L.E.A. (1985), *Improving Primary Schools*, Londres, Inner London Educational Authority.
Izquierdo, A. (2002), "La educación errante", en: AA.VV, *La Sociedad, Teoría e investigación empírica. Homenaje a José Jiménez Blanco*, Madrid, C.I.S.
Kallen, D. y Colton, S. (1980), *Educational developments in Europe and North America since 1960*, París, Unesco.
Marcelo, C. (1994), *Formación del profesorado para el cambio educativo*, Barcelona, P.P.U.
—————— (1995), *Desarrollo profesional e iniciación a la enseñanza*, Barcelona, P.P.U.
Meirieu, Ph. (1989), *Enseigner, scénario pour un métier nouveau*, París, E.S.F.
Melero, J. (1993), *Conflictividad y violencia en los centros escolares*, Madrid, Siglo XXI.
Merazzi, C. (1983) "Apprendre á vivre les conflits: une tâche de la formation des enseignants", *European Journal of Teacher Education*, 6, 2, pp. 101-106.
Michel, A. (2002), "Una visión prospectiva de la educación: retos, objetivos y modalidades", *Revista de Educación*, número extraordinario, pp. 13-33.
Ranjard, P. (1984) *Les enseignants persécutés*, París, Jauze.
Raschke, C. A. (2003), *The Digital Revolution and the Coming of the Postmodern University*, Londres y Nueva York, Routledge and Falmer.
Reding, V. (2002), *Cinq critères de référence européens pour les systèmes d'education et de formation*, Bruselas, Commisssion Européene. Véase: http:// www.europa.eu.int/rapid/start/cgi.
Robalino, M. (2005), "¿Actor o protagonista?" Dilemas y responsabilidades sociales de la profesión docente, *Revista PRELAC*, UNESCO, 1, pp. 7-23.
Toffler, A. (1990), *El cambio del poder*, Barcelona, Plaza y Janés.
Tomlinson, C. A. (2001), *El aula diversificada*, Barcelona, Octaedro.
Travers, C. J. y Cooper, C. L. (1996), *Teachers under presure. Stress in the teaching profession*, Londres y Nueva York, Routledge.

Vaillant, D. (2005), "Reformas educativas y rol de docentes", *Revista PRELAC*, UNESCO, 1, pp. 38-51.
Vaillant, D. y Marcelo, C. (2001), *Las tareas del formador*, Archidona, Aljibe.
Vandenberghe, R. & Huberman, A. M. (1999), *Understanding and Preventing Teacher Burnout. A Sourcebook of International Research and Practice*, Cambridge, Cambridge University Press.
Vázquez Gómez, G. (2002), "El sistema educativo ante la educación de calidad para todos a lo largo y ancho de la vida", *Revista de Educación*, número extraordinario, pp. 39-58.
Veenman, S. (1984), "Perceived problems of beginning teachers", *Review of Educational Research*, 54, 2, pp. 143-178.
Vera, J. (1988), *El profesor debutante*, Valencia, Promolibro.
Vera, J. y Esteve, J. M. (2000), *Un examen a la cultura escolar*, Barcelona, Octaedro.
Vonk, H. (1983), "Problems of the beginning teacher", *European Journal of Teacher Education*, 6, (2), pp. 133-150.

La construcción social de las identidades profesionales de los docentes en Francia. Enfoques históricos y sociológicos

Vincent Lang

Las identidades profesionales son construcciones sociales que se remodelan constantemente a lo largo de la historia (Abbott, 1988) para definir tanto la misión[1] como la posición del grupo. En un principio, nos interrogaremos sobre la manera en que se constituyeron los grupos profesionales docentes y sobre la posición que se les otorgó dentro del ámbito educativo. Un buen indicador es el "estatus", ya que éste define, dentro de una organización, el lugar que ocupará cada individuo con respecto a la división del trabajo y a la jerarquía de poderes, elementos esenciales para el nacimiento de identidades profesionales.

Desde un punto de vista histórico, se puede decir que los cuerpos docentes en Francia se fueron organizando y estructurando con firmeza a lo largo del siglo XIX para luego conocer un largo período de estabilidad durante la primera mitad del siglo XX. Describiremos, pues, los principales rasgos característicos de sus identidades, como también, las posiciones sociales que adquirieron. Este conjunto de elementos constituye una suerte de herencia con mucho peso para los cuerpos docentes cuando, en un contexto de profundas mutaciones sociales, se plantea la posible transformación del sistema educativo: desde hace medio siglo, los docentes se enfrentan con reformas de las condiciones de escolarización, con evoluciones técnicas y de recursos profesionales y con cambios de modos de organización y de gestión de la

---

[1] Hughes, E. C. (1958). La misión hace referencia a la definición de los objetivos y tareas del grupo profesional. Está fuertemente determinada, en especial en lo que se refiere a los docentes, por las normas de funcionamiento de la organización, por las exigencias de las situaciones laborales en un contexto dado y por las necesidades sociales dictaminadas por los poderes políticos.

institución; al mismo tiempo, se pueden observar modificaciones importantes dentro de la composición socioprofesional de estos grupos. El conjunto de dichas transformaciones llevará al desmoronamiento progresivo de las identidades heredadas en el transcurso de la segunda mitad del siglo XX. Por último, examinaremos las dinámicas actuales de la profesionalización de los cuerpos docentes para mostrar las tensiones que pueden surgir en el seno de dichos grupos profesionales.

Sin embargo, restringiremos nuestro trabajo de varias maneras. No examinaremos el contenido del ejercicio profesional, a pesar de que los vínculos entre las situaciones laborales vividas y las identidades profesionales son muy estrechos. Nos limitaremos al caso de Francia y de los docentes de primaria y de secundaria en general, sin incluir la situación de la enseñanza técnica y profesional cuyos problemas son diferentes. Vamos a considerar que los docentes de primaria y de secundaria constituyen, desde el punto de vista de las identidades, dos grupos profesionales similares aunque distintos: la separación de estos dos sistemas de escolarización al principio del siglo XIX es una particularidad más afianzada en Francia que en otros países. Estamos perfectamente conscientes de que hablar de un grupo profesional unificado sería ilusorio: dicho grupo siempre estará constituido de "sectores" competidores, organizados en función de las relaciones de poder dentro de un mismo ámbito socioprofesional (Bucher y Strauss, 1961).

1. Nacimiento institucional: surgimiento del cuerpo docente

Simbólicamente, puede datarse el origen del cuerpo de profesores de secundario en 1766, año en que se creó la "agregación",[2] un concurso para incorporar a los futuros profesores de los liceos reales. Los

---

[2] Se crearon tres "agregaciones" jerarquizadas, que correspondían a niveles de escolaridad ascendentes: "agregaciones" de gramática (según la terminología francesa contemporánea, clases de 6° a 4° de secundaria; el equivalente en la Argentina, de sexto grado a primer año), de literatura (clases de 3° a 1° de secundaria, es decir, de segundo a cuarto año) y de filosofía (ciclo "terminal", último año de la secundaria), la más prestigiosa.

rasgos siguientes ponen de manifiesto la novedad de dicho sistema (Chervel, 1993): se trata de un concurso público que evalúa los conocimientos y las capacidades de los candidatos en función de su "mérito"; es un concurso "profesional" que hace hincapié en el manejo de la cultura escolar; el jurado está compuesto por miembros de la enseñanza secundaria, lo que le permite a este grupo profesional controlar su propia composición; se prohíbe a los miembros de congregaciones religiosas participar en el concurso, y todas las pruebas son laicas. Este cuerpo de docentes con diploma de agregación todavía no constituye un cuerpo de profesores: se trata más bien de reemplazantes titulares que suplantan a los profesores ausentes (hasta 1852); sin embargo, sí constituyen el relevo, ya que a partir de ahora toda incorporación de profesores para los liceos reales deberá hacerse en el seno de dicho cuerpo.

A pesar de que con la Revolución Francesa se suprimen estos liceos y por ende también se suprime este embrión de cuerpo profesoral, el concurso de agregación de 1766 constituye una primera tentativa de creación de un grupo profesional especializado, organizado e independiente de las congregaciones religiosas.

A fines del siglo XVIII, el sistema educativo se encuentra debilitado. La creación de nuevos establecimientos escolares por parte de los poderes revolucionarios no compensa ni la supresión de los liceos reales del Antiguo Régimen ni la desaparición de los grupos docentes. Sin embargo, hacia principios del siglo XIX se perfila un consenso sociopolítico relacionado con la necesidad de escolarizar a la población y así inculcar principios religiosos, morales y sociales. Los debates giran en torno del control ideológico de la institución escolar y no respecto de su existencia misma: a pesar de que la burguesía "voltaireana" de principios de siglo no desea dejar a la Iglesia el control de la enseñanza, la tendencia se invierte a mediados de siglo (Prost, 1968); los conservadores desean que la enseñanza vuelva a estar en manos del clero; los liberales intentan construir una institución específica y una política pública de formación de maestros. Cabe destacar que hacia principios del siglo XIX, Napoleón estableció una separación radical entre la educación del pueblo y de las elites; dicha segregación se mantendrá a lo largo de todo el siglo.

1.1. La enseñanza secundaria: un cuerpo estatal

Se examinará, en función de un orden cronológico, la fundación y organización inicial del cuerpo profesoral de enseñanza secundaria a principios del siglo XIX, así como las principales direcciones en las que evolucionó durante dicho siglo; se estudiará también la interrupción momentánea de la estructuración del grupo profesional hacia fines del siglo XIX, iniciándose un período de estabilización que se mantuvo hasta mediados del siglo XX.

La universidad imperial: la fundación

En Francia, la organización del cuerpo docente público y laico data de la creación de los liceos napoleónicos (1802): nuevas instituciones de formación de elites, que deben proporcionar los cuadros para el ejército y la administración. Poco tiempo después (1806-1808) se funda "bajo el nombre de Universidad Imperial, un cuerpo encargado exclusivamente de la enseñanza y educación públicas en todo el Imperio" (ley 1806, artículo 1). Heredero de la Universidad de París del Antiguo Régimen y de las asociaciones de docentes que dirigían el conjunto de liceos en ese período, este cuerpo está organizado sobre la base del modelo de una institución militar. Se trata de una verdadera organización profesional de tipo corporativo, dirigida por un Consejo Universitario compuesto en su casi totalidad por la elite del grupo profesional. Por medio de dicho Consejo, la universidad se encarga de la carrera de cada uno de sus miembros desde la incorporación hasta la jubilación, reparte los presupuestos de cada establecimiento, dicta la normativa de toda la enseñanza, resuelve litigios, etc. ¡Constituye un verdadero "orden" profesoral!

Originariamente, este cuerpo estaba dividido en 19 categorías, organizadas en función de una jerarquía estricta y que comprendía a profesores de facultad (rango 10), responsables administrativos y pedagógicos a nivel de los liceos ("rectores", "vicerrectores", etc., rangos 11 y 12), profesores de liceos recién creados (rango 13), profesores con diploma de agregación (rango 15), que no son titulares pero constituyen todo un contingente de suplentes. También comprendía al personal de otros establecimientos escolares, como los directores o regentes de los liceos municipales[3] (rangos 14 y 16, respectivamente) o los gerentes o encargados de establecimientos privados[4] (rangos 17 y 18). En último lugar, se encontraban los "profesores supervisores" (rango 19), encargados de controlar el trabajo de los alumnos después de hora, como también de suplantar a los maestros o profesores ausentes. La pertenencia a una u otra de estas categorías dependía del tipo de diploma que otorgaba la universidad (bachillerato, licenciatura, doctorado), lo que le permitía a la institución controlar su propia composición.

Se puede observar, por un lado, la precocidad con la que los docentes de establecimientos públicos secundarios accedían al estatus de funcionario.[5] Por otro lado, se observa la posición inferior que ocupaban los docentes en la jerarquía universitaria.[6]

La división del cuerpo docente secundario en categorías con estatus diferentes repercute en las obligaciones de servicio, los derechos y deberes, los ingresos, los modos de vida de los diferentes grupos. A esta jerarquía se le pueden agregar otras pautas de diferenciación, heredadas de los liceos del Antiguo Régimen: la duración del servicio semanal varía en función de la disciplina, los sueldos se definen tanto en función del rango del docente como del nivel en el que enseña y de la clasificación del establecimiento en el que ejerce su oficio (los establecimientos provinciales se dividen en tres categorías y los liceos parisinos forman parte de una categoría superior).

La Universidad Imperial coloca así los cimientos de un cuerpo docente secundario, estableciendo un marco rígido que no variará durante varias décadas pero dándole también una unidad orgánica a este grupo profesional heterogéneo. La Universidad asocia dos principios: por un lado, la autonomía en materia de gestión interna, de funcionamiento y de desarrollo del grupo y, por otro lado, la autoridad administrativa en lo que se refiere a la definición y la organización del grupo como también al control político de éste. Esta autonomía delegada y concedida dará origen a múltiples tensiones pero también favorecerá la aparición de dinámicas evolutivas.

[3] Establecimientos públicos más modestos pero del mismo tipo que los liceos.
[4] Hasta mediados del siglo XIX.
[5] El estatus de funcionario, que otorga el derecho de cobrar una jubilación, no incluye al personal de los rangos 16 a 19; la incorporación de éstos en la función pública se hará progresivamente a lo largo de todo el siglo XIX.
[6] Los docentes son controlados por el personal administrativo que ocupa un rango superior.

Construcción de una posición distintiva

¿Cuáles son las principales tendencias que caracterizan la evolución de un grupo profesional, de su estructura y posición dentro de la sociedad?

Desde un punto de vista económico y de manera general, se tiende a un incremento paulatino de los salarios e ingresos anexos. Desde un punto de vista político, se puede observar una fuerte tensión entre la autonomía otorgada al grupo profesional y el control del Estado; el Consejo Universitario continuará siendo todopoderoso hasta principios del Segundo Imperio (en los años 1850), cuando será reemplazado por una administración muy centralizada y minuciosa que ejercerá un control ideológico estricto.[7]

En cuanto a la definición del trabajo dentro del sistema escolar, se puede constatar una doble transformación de la actividad profesional, que confiere al cuerpo docente mayor autonomía y prestigio en el seno de cada establecimiento y con respecto a su administración de tutela. Por un lado, se impulsa la especialización de los docentes en nuevas materias; de hecho, en los años de 1830 se puede observar un fuerte aumento del nivel de concursos para cargos universitarios como también la creación de nuevos concursos de agregación[8] cada vez más especializados a lo largo de los siglos XIX y XX:[9] "agregación" de filosofía en 1828, de historia y geografía en 1830,[10] de matemática y de ciencias físicas y naturales en 1840, etc.[11] Por otro lado, se observa la lucha por sólo conservar tareas "nobles" vinculadas a la transmisión del conocimiento y, por ende, la eliminación paulatina de tareas poco valorizadas socialmente, como la supervisión de los alumnos, que se confiará a otros grupos profesionales menos prestigiosos: hasta el día de hoy, se sigue defendiendo esta posición esencial con respecto a la división del trabajo.

---

[7] Una circular, con fecha del 20 de marzo de 1852, relativa a la vestimenta del cuerpo docente, prohíbe el uso de la barba, considerada como la manifestación de convicciones republicanas.

[8] Anteriormente, los concursos de agregación correspondían a niveles de ejercicio y a rangos universitarios; el estatuto de 1821 distingue tres concursos: uno para las clases de gramática (de 6° a 4°), uno para las clases superiores de Letras (entre 3° y la clase de filosofía), uno para las ciencias.

[9] El Segundo Imperio intentará en vano volver hacia atrás para poder controlar mejor a los profesores.

[10] Acorde con el movimiento de especialización, esta agregación se dividirá en dos diferentes en 1944.

[11] El concurso de agregación, como institución, sigue siendo en la actualidad la manifestación de una materia reconocida; de hecho, todavía se siguen instaurando nuevos concursos, por ejemplo, ingeniería civil, ingeniería en electricidad, ingeniería mecánica, artes plásticas en 1975; ciencias sociales y hebreo moderno en 1977; polaco en 1978; educación física y deportiva en 1982; lengua y cultura japonesa en 1984, etcétera.

En lo que se refiere a la estructuración del cuerpo docente se destacan tres puntos: en primer lugar, desde un punto de vista jurídico-administrativo, este cuerpo se organiza de manera independiente de las condiciones de funcionamiento locales; las carreras y los servicios de los docentes dependen cada vez menos de los recursos y del funcionamiento de los establecimientos escolares y cada vez más de las prerrogativas del cuerpo mismo. En segundo lugar, el Estado intenta fomentar el alza de la cualificación de los docentes de secundaria: desde la década de 1830 promueve un mejoramiento del nivel de estudio, alentando a los docentes con cargos a pasar un concurso de "agregación"; de hecho, bajo el Segundo Imperio (hacia mediados del siglo XIX), se incita a los profesores particulares[12] con bachillerato a obtener una licenciatura.* Por último, se puede constatar una diversificación en el seno del cuerpo docente: la incorporación de nuevas categorías de profesores resulta principalmente de la extensión de los programas;[13] sin embargo, los profesores de liceo[14] constituyen el modelo de referencia por excelencia del cuerpo docente en su totalidad, que sigue siendo muy jerarquizado; por ejemplo, les resulta prácticamente imposible a los profesores de pequeños establecimientos escolares municipales acceder a los liceos estatales, consolidando la jerarquía de establecimientos escolares que perdurará hasta la Segunda Guerra Mundial.

Consagración republicana

Al acceder al poder,[15] los republicanos impulsan enérgicamente el desarrollo del cuerpo docente, instaurando una organización administrativa de tipo burocrático (Weber, 1995).[16]

[12] Nueva categoría que incluye a los antiguos "profesores supervisores" de los liceos.
* En Francia, el bachillerato se obtiene luego de haber aprobado un examen obligatorio en el último año de la secundaria y la licenciatura es una carrera universitaria de tres años. [T.]
[13] Por ejemplo, los maestros de dibujo, música y lenguas vivas se convierten en profesores de liceo al volverse obligatorias las materias que enseñan; lo mismo le sucederá, poco después, al personal de la enseñanza secundaria moderna y al personal de los liceos y colegios para niñas.
[14] Por una cuestión de comodidad, seguiremos usando el término "liceo" a pesar de que al finalizar el Primer Imperio, los antiguos liceos napoleónicos recuperaron transitoriamente su antiguo nombre de "colegios reales".
[15] Las leyes constitucionales que organizan al régimen republicano datan de julio y agosto de 1875; los republicanos sólo accederán al poder en 1879, luego de una crisis de varios meses.
[16] Una normativa impersonal, la definición metódica de tareas y funciones, la administración de las carreras profesionales en función de criterios objetivos de cualificación, antigüedad, etcétera.

En primer lugar, se constata la unificación relativa del cuerpo docente por la normalización progresiva del tiempo de servicio y de salarios, y por la convergencia de los sistemas de clasificación propios a cada categoría, cuyas condiciones de promoción son definidas de antemano. El cuerpo docente femenino, creado en esa época, se distingue por una mayor homogeneidad de sus estatus, salarios y servicios; sin embargo, desde principios del siglo XX, la enseñanza secundaria masculina se aproxima a su equivalente femenino considerado como modelo, destacándose por su organización más coherente y "moderna". Para la mayor parte de las categorías de personal, este período ofrece un incremento de los salarios y mejores condiciones laborales y profesionales, en particular en lo que se refiere a las categorías inferiores de la jerarquía universitaria (asistentes, profesores de liceos municipales, maestros de escuela o profesores particulares), como también la reducción de las horas de trabajo.[17]

El acceso de los republicanos al poder también significó un mayor reconocimiento de la legitimidad y de la autonomía del grupo profesional. Por ejemplo, se admite a los representantes de profesores en el seno de las instancias deliberantes y de toma de decisiones pedagógicas, administrativas y disciplinarias, a nivel nacional (Consejo Superior de Enseñanza Pública), académico y local; dichos representantes son elegidos por sufragio, lo que les confiere una nueva legitimidad democrática. La administración dicta las normas de procedimiento disciplinario, garantizando por lo tanto los derechos del personal y, en particular, el derecho a ser juzgado por sus pares y la posibilidad de presentar su defensa; también busca establecer vínculos de confianza mutua a cambio de cierta disciplina e intenta limitar todo esfuerzo por crear organizaciones colectivas reivindicativas. Habrá que esperar el siglo XX (ley del 1 de julio de 1901 relativa a la libertad de asociación) para ver surgir asociaciones representativas del personal y para que las reivindicaciones de cada categoría se empiecen a tomar en cuenta o desemboquen en un esbozo de cogestión (Savoie, 2000).

Por último, el período que se sitúa entre 1875 y 1895 constituye un hito primordial en la historia de la enseñanza secundaria: el aumento del

---

[17] En París, 14 horas semanales en presencia de los alumnos; 15 horas en el interior del país. En 1912 se alargan las vacaciones de verano a dos meses y medio.

nivel de cualificación y la formación universitaria de los docentes modelan característicamente la identidad de los profesores. Hasta ese momento no existía enseñanza universitaria para la preparación de diplomas, salvo en el caso de ciencias. La cualificación (licenciatura, doctorado o agregación) se preparaba individualmente y se obtenía en el transcurso de la carrera profesional, mediante un concurso frente a un jurado o promoción. A partir de ese momento y como consecuencia de una profunda reforma de las carreras universitarias y de la creación de becas para la licenciatura y la agregación, se incorpora a los jóvenes docentes después de haber cursado la universidad. A pesar de que el nivel académico de los candidatos aumenta fuertemente, a la inversa de sus predecesores, no poseen experiencia profesional alguna. Ésta es la época en que se plantea la controvertida cuestión de la formación pedagógica de los docentes del secundario, quienes estiman que su "gran saber" compensa la falta de esa formación profesional. Esta transformación se acompañará en un plazo muy corto de la incorporación masiva de profesores con agregación y de licenciados hasta mediados de la década de 1890, estabilizando el cuerpo profesoral hasta principios de los años de 1930; el número de docentes del secundario con licenciaturas universitarias se multiplicará por cinco hacia mediados del siglo XX.

Cabe destacar el papel primordial que desempeña el Estado en la constitución del cuerpo profesional, manifestando, por ejemplo, la voluntad política de controlar la formación de las elites, su confianza en las ciencias y la cultura, como también el afán de desarrollar una verdadera cultura administrativa en el seno de la función pública estatal. A la inversa de lo que sucederá en el siglo XX, ni la transformación del contexto escolar ni la dimensión demográfica influyen en la evolución del cuerpo docente: en 1842 el personal docente y administrativo sumaba menos de cuatro mil personas; a fines de 1920 totaliza poco más de diez mil, y la mayoría de los alumnos escolarizados pertenece a las clases sociales más altas de la población.

El hecho de que el gobierno sea liberal o autoritario no cambia de manera fundamental las dinámicas de organización y de desarrollo del cuerpo docente.[18] El Estado establece una organización profesional de

---

[18] La estructuración del grupo y su desarrollo continúan bajo el Segundo Imperio, aun en períodos de fuerte represión política.

tipo corporativo, muy jerarquizada, que controla la selección del personal y define las reglas de utilización en su propio ámbito. Su prestigio (en su origen, insignificante) está vinculado a su posición dentro de la organización, definida en parte por el tipo de diploma universitario. La capa superior del grupo profesional obtiene paulatinamente la redefinición de su mandato, por medio de la especialización de su ámbito y de la selección de las actividades más prestigiosas. Esto le permitirá obtener una mayor autonomía con respecto a los cuadros administrativos locales (y en particular, a los directores de establecimientos escolares). El alza de la cualificación de los sectores con títulos inferiores y la formación universitaria permiten una mejor posición social del grupo en su totalidad. El movimiento asociativo[19] y luego sindicalista se adueñará activamente de la profesión docente un siglo más tarde. A partir de ese momento, el Estado reconocerá la legitimidad y autonomía del grupo como tal, lo que permitirá a este último tomar parte de las decisiones administrativas que le conciernen.

El grupo docente tiene numerosas características en común con otras profesiones bien establecidas (en particular, la profesión medica), pero el estatus de funcionario lo mantiene bajo un control estricto: se le podrá retirar la autonomía en cualquier momento, como se observa cuando accede un gobierno autoritario al poder.

1.2. La enseñanza primaria: de maestros de escuela a institutores

A comienzos del siglo XX, el Estado no se ocupa de la enseñanza primaria; se la confía a las entidades locales. Los municipios están a cargo de las escuelas, los maestros dependen de dichos municipios y reciben un sueldo de los padres. Exceptuando a las congregaciones religiosas y en particular a los Hermanos de la Doctrina Cristiana, el oficio de docente no está ni codificado ni estabilizado: de ninguna manera podemos hablar de "cuerpo" docente. Son tres los elementos que contribuirán principalmente a la constitución de un verdadero "cuerpo": la voluntad política del Estado, la profesionali-

---

[19] Antes de obtener el derecho sindical, los funcionarios se agrupaban en asociaciones ("*amicales*") para defender sus intereses y derechos; estas asociaciones reagrupaban a los miembros de una misma profesión o establecimiento.

zación de la actividad docente y el establecimiento de una formación profesional.

En la década de 1830, el Estado toma la iniciativa de exigir la creación de escuelas primarias para niños varones (ley Guizot, 1833). En su *Carta a los institutores*, Guizot define el sentido de los objetivos que se imponen a los maestros de escuela: "La enseñanza primaria universal constituye a partir de ahora una de las garantías del orden y de la estabilidad social. [...] Al desarrollar la inteligencia y propagar el saber, se afianza el imperio y la permanencia de la monarquía constitucional." Dichas escuelas, mediante las cuales se "manejan las mentes" (Nique, 1991), también garantizan la unidad nacional, difundiendo la unificación de pesos y medidas[20] y del francés, único idioma oficial de la nación. En ciertos casos, como en el de las elecciones, se le requiere al cuerpo docente dar su apoyo a los candidatos en el poder, convirtiéndose por lo tanto en un instrumento para asentar la perennidad del régimen político. Al vincular estrechamente el desarrollo de la enseñanza generalizada y la defensa y expansión del régimen republicano, la Tercera República construye a partir de los años de 1880 una suerte de fusión entre la Escuela y la República; aún hoy, todo proyecto de reforma del sistema educativo francés pone en tela de juicio los mismos principios republicanos que transmite.

La profesionalización de la actividad docente de los maestros se conjuga de dos maneras: por un lado, la obligación progresiva de obtener una cualificación y, por otro, la especialización del trabajo. Pronto, el Estado va a intervenir para normalizar las condiciones de incorporación de los docentes de primaria: a partir de 1816, para poder ejercer el oficio de maestro se exige un certificado de buena conducta, un certificado de capacidad (con tres niveles[21] en función de los conocimientos y de la habilidad pedagógica de los maestros) y una

---

[20] Antes de que se generalizara la utilización del sistema métrico, las unidades de medida (largos y distancias, medidas agrarias, pesos y capacidades, etc.) variaban en función de los productos (el celemín de trigo no era el mismo que el de la avena) y sobre todo en función de las regiones e incluso de los municipios.

[21] "Los certificados de capacidad se clasifican en tres niveles. Se les otorgará el tercer nivel, o nivel inferior, a quienes sepan leer, escribir y calcular lo suficientemente como para dar una clase. El segundo nivel, a quienes manejen la ortografía, la caligrafía y el cálculo como los manejan los Hermanos de las escuelas cristianas. Se les otorgará el primer nivel, o nivel superior a quienes conozcan la gramática francesa y la aritmética y estén en condiciones de dar ciertas nociones de geografía, agrimensura y otros conocimientos útiles para la enseñanza primaria" (artículo 11 de la ordenanza de 1816).

autorización administrativa. Sin embargo, la situación de las escuelas que describen los inspectores enviados en 1833 por el ministro Guizot refleja una importante incompetencia profesional; los inspectores también observan un desconocimiento muy marcado del francés en muchas de las regiones del país.

La reforma del certificado (en 1833) permite que aumente el nivel y muchos estudiantes cursarán clases de verano; al incluir en el examen nociones de pedagogía, se contribuye a profesionalizar la formación. En lo que se refiere a las diferentes tareas y actividades a principios de siglo XIX, se le pide al maestro que enseñe catequesis, junto con los principales rezos, y luego que enseñe las bases de la lectura e incluso de la escritura, como también ciertas operaciones aritméticas simples. De hecho, se trata de un clérigo laico encargado de asistir al cura: desempeña el papel de chantre de la iglesia, de sacristán y se ocupa del mantenimiento de la misma. Con la aparición de los programas nacionales en 1833, el ámbito laboral de los institutores se va definiendo y se acompaña de una suerte de reconversión profesional; en los años siguientes, se convertirán en los especialistas inevitables de la ortografía francesa y del sistema métrico ("pesos y medidas"). La multiplicación de manuales pedagógicos y la amplia gama de revistas y periódicos confirman esta dinámica de profesionalización de la actividad profesional.

Por último, un elemento esencial en la composición de un cuerpo profesional uniforme y unido desde un punto de vista ideológico es el establecimiento paulatino de una formación profesional. A pesar de que la creación de las Escuelas Normales resulta de iniciativas locales (el primer magisterio fue creado en Estrasburgo en 1810), el poder central difundirá este modelo a partir de la década de 1830,[22] lo que le permitirá controlar paulatinamente la incorporación y la formación profesional de los maestros e institutores. A principios de los años 1860, prácticamente la mitad de los docentes masculinos se habían recibido en magisterios; en cuanto a las mujeres, éste será el caso mucho después: en los años de 1870, las mujeres se capacitarán en su gran mayoría en "clases de pedagogía", a menudo dictadas por monjas. En su inicio, la Tercera República dispone de una herramienta de formación

---

[22] En 1835, sobre los 89 departamentos franceses, 76 poseen una Escuela Normal.

para la enseñanza primaria masculina muy arraigada y estructurada: en 1876, Francia cuenta con ochenta magisterios masculinos y sólo unos doce para mujeres. Sin embargo, el Estado aumentará el número de magisterios femeninos, ya que toma conciencia de que la composición de un cuerpo unificado, al servicio de una política pública, se hará mediante la unificación del sistema de formación: "Las clases de pedagogía permiten instruir a individualidades docentes honorables; los magisterios permiten la creación de un verdadero cuerpo docente".[23]

Organización del cuerpo docente en función de un modelo burocrático

Un verdadero cuerpo sólo puede existir cuando sus miembros se someten a las mismas normas, que organizan las responsabilidades de cada uno, sus derechos y deberes, las carreras profesionales, las relaciones internas entre colegas y su relación con otros integrantes de la institución escolar.

Habrá que esperar hasta principios de la década de 1850 (ley Falloux) para que la carrera profesional comience a organizarse: hasta esta fecha, los institutores eran nombrados por los consejos municipales, quienes no tenían obligación alguna de administrar a ese personal. A partir de entonces, cada municipio elige a sus institutores según una lista de aptitudes establecida por un consejo académico departamental; desde 1852, cada nominación dependerá de la administración departamental de la enseñanza pública y los municipios sólo tendrán un derecho de opinión.[24] Uno de los efectos de la ley Falloux es que la gestión de las escuelas primarias pasará a manos de la administración (la "Inspección"), que ya no depende de un comité de notables locales. La emancipación paulatina de la administración escolar (Prost, 1968) puede revelarse incompatible con los deseos de los representantes locales. Al volverse gratuita (1881) y obligatoria (1882), la escuela primaria se convierte en un verdadero servicio público, y en 1889, los institutores obtienen el estatus de funcionarios del Estado.

---

[23] Intervención de Jules Ferry en el Senado, el 1 de agosto de 1879.
[24] A partir de 1854, el prefecto, jefe administrativo de un departamento del territorio francés, nombrará a los institutores bajo la sugerencia del Inspector Académico; éste es el sistema que se mantendrá durante la Tercera República.

También en esta época el Estado seculariza la institución escolar, exigiendo un personal laico. Por último, elemento esencial para las identidades profesionales de los institutores, se organiza la enseñanza primaria en torno de un "orden" autónomo, compuesto por la escuela elemental primaria obligatoria, el jardín de infantes, los establecimientos primarios superiores,[25] los magisterios departamentales y dos magisterios superiores. Este sistema presenta tres características importantes:

- es autosuficiente, ya que incorpora y capacita prácticamente a la totalidad de sus docentes, lo que implica la homogeneidad sociológica e ideológica de dicho orden primario;
- permite una gran movilidad dentro de la carrera y ofrece múltiples posibilidades de promoción; al pertenecer al grupo de institutores se accede a diferentes niveles de escolaridad;
- consagra al nivel primario como Escuela del Pueblo, ya que ofrece a niños de orígenes humildes la posibilidad de seguir estudiando sin tener que pasar por la enseñanza clásica de ciencias humanas de la escuela secundaria.

Un grupo bajo tutela

Durante todo el siglo XIX se supervisará estrictamente a este grupo profesional, concebido y organizado por el Estado. A partir de 1816 se toman las primeras medidas de control: las escuelas podrán ser inspeccionadas por los rectores e inspectores de la academia (el poder administrativo), por los obispos (poder religioso) y por los dirigentes de cada departamento (poder político). A nivel local, el alcalde y el cura ejercen una inspección de proximidad. El control político será muy estrecho durante los regímenes políticos autoritarios (por ejemplo, a comienzos del Segundo Imperio, en los años de 1850, o durante el régimen de Vichy, durante la Segunda Guerra Mundial); incluso, hacia fines del siglo XIX, el mismo régimen republicano se opondrá rotundamente a la creación de asociaciones o uniones nacionales docentes.

---

[25] Clases complementarias y escuelas primarias superiores; en los años treinta, estas escuelas terminan en cuarto año. Por ende, los alumnos que hayan cursado la primaria y secundaria en estos establecimientos no podrán acceder a la enseñanza universitaria.

El papel de inspección de la Iglesia se irá reduciendo a medida que aumenta el poder de la administración pública, representada, a partir de la década de 1830, por un cuerpo de inspección nacional. Sin embargo, la tutela de las congregaciones religiosas se seguirá imponiendo hasta los años de 1880, ya que la enseñanza primaria se encuentra en manos de mujeres: dadas las difíciles condiciones laborales de las maestras laicas rurales, se observa la ausencia de candidatas a dichos empleos y un mayor número de religiosas en el sector público; durante la década de 1860, el número de mujeres docentes (religiosas o laicas) superará al de hombres (tanto en el sector público como privado). Habrá que esperar hasta 1891 para que el número de maestras laicas de ambos sectores de enseñanza sea mayor al de las religiosas. Esta feminización permite un mayor control del grupo profesional dentro de una sociedad profundamente desigual en cuanto a los derechos de las mujeres.

Sin embargo, los institutores no se contentan con tolerar estas tutelas: deciden organizarse y pronto surgirán sociedades de socorro mutuo y asociaciones mediante las cuales se manifestará el deseo de reivindicar libremente. La situación social inferior con respecto a la de los profesores, la poca consideración otorgada por sus superiores, llevarán a los institutores a tomar posiciones más radicales, más reivindicativas y más favorables a las ideales socialistas. A principios del siglo XX, mientras que el poder busca el apoyo de los institutores en su lucha contra las congregaciones religiosas, se desarrollarán las asociaciones y se agruparán en una Federación nacional. Los institutores más jóvenes, que nunca vivieron el estado de sometimiento anterior y que se sitúan en los peldaños inferiores dentro de la escala de salarios, participan activamente en este movimiento y rechazan el aspecto arbitrario de la jerarquía y las tutelas que se habían aceptado anteriormente; tutelas ejercidas por los directores de escuela y por los hombres políticos que a menudo se comportan como verdaderos potentados locales. En 1914, con la declaración de guerra, el movimiento asociativo de los institutores se divide en dos: el asociacionismo, largamente mayoritario y que refleja un importante movimiento sindical moderado, y una corriente minoritaria activista y sindicalista de tipo revolucionario. En 1920, la tendencia moderada se materializa en el Sindicato Nacional de los Institutores (SNI), que reunirá a la gran mayoría[26] del grupo profesional docente hasta la década de 1970 y que, a pedido del Ministerio, integrará las estructuras paritarias nacionales y departamentales de administración del personal. Esta estrecha colaboración con la administración local prácticamente obligará a los institutores a afiliarse al SNI, que se convertirá en una verdadera fortaleza ineludible y obtendrá el control de su ámbito profesional: establece lazos de solidaridad política con la administración, crea y organiza una red de asociaciones (como la principal Comisión de Padres) representadas en las estructuras administrativas paritarias; también desarrolla su evidente habilidad como gestor de mutualidades (por ejemplo, la seguridad social y otras coberturas médicas, compañías de seguros, establecimientos de venta por correspondencia, editoriales, etcétera).

El grupo profesional de los institutores se organizó con posterioridad al de los profesores de secundaria. Por un lado, hubo que esperar que el Estado se plantease la necesidad de instaurar una enseñanza primaria y así redefinir la misión de los antiguos maestros de escuela, alentándolos a especializarse; también que fomentara el alza de la cualificación y suscitara el desarrollo de una formación profesional muy estructurada. Sin embargo, la organización de este cuerpo necesita una administración local suficientemente desarrollada como para liberarse de las tutelas ejercidas por el poder de los notables establecidos. El cuerpo docente está estrechamente vinculado al aparato estatal: el poder político (y en particular, el régimen republicano) le ofrece una razón de ser y una legitimad que van más allá de cualquier interés individual; la administración le otorga una estructura autónoma y una independencia con respecto a la tutela secular de la Iglesia y, al mismo tiempo, construye y organiza un espacio específico para que pueda actuar (es decir, el conjunto de establecimientos de la enseñanza primaria). Una vez organizado, el grupo mantendrá esta fusión con el aparato estatal mediante sus organizaciones sindicales y profesionales.

---

[26] En la década de 1920 el SNI reunía a dos tercios de los institutores y a más del 80% del personal desde principios de la Segunda Guerra Mundial hasta la Liberación (Robert, 1995).

2. Identidades y posiciones sociales: la construcción de una tradición

La separación heredada en dos niveles (primaria y secundaria) nos lleva a estudiar las identidades de ambos grupos profesionales de forma sucesiva. Examinaremos brevemente la situación económica y ética, el nivel cultural y la posición social local de cada uno. Damos por sentado que una identidad profesional[27] constituye una construcción social más o menos estable según el período, y que surge tanto de un legado histórico como de una transacción; en efecto, se trata, por un lado, de la identidad que resulta del sistema de relaciones entre partícipes de un mismo sistema de acción; por otro lado, de un proceso genético e histórico de transmisión entre generaciones, de reconocimiento institucional y de interiorización individual de las condiciones sociales que organizan cada biografía (Dubar, 1991). Por lo pronto, el profesor de un importante liceo parisino, miembro de un jurado universitario, que colabora con alguna editorial, no comparte ni la situación económica ni, sin duda, las convicciones ideológicas de un profesor de algún liceo provincial de tercera categoría o con el rector de un liceo municipal, quienes, prácticamente, no tienen ninguna perspectiva de promoción. Vamos a destacar algunos rasgos típicos que caracterizan las identidades de los miembros de un grupo profesional, en un período dado, haciendo hincapié en las imágenes y la retórica de una identidad que los representantes del grupo produjeron como lo hace todo sindicato mayoritario.

2.1. Primaria: la vanguardia de la República

La cuestión de la identidad profesional no se planteará hasta que los maestros de la primaria no sean reconocidos como un grupo específico y hasta que ellos mismos no lo sientan así. El término "institu-

---

[27] "La identidad profesional les permite a los miembros de una misma profesión reconocerse a sí mismos como tales y manifiesta su especificidad hacia el exterior. Por lo tanto, las identidades profesionales ejercen un papel doble: por un lado, el de unificar y, por otro, el de permitir un reconocimiento externo. Además de los modelos profesionales, otros elementos entran en consideración en la construcción de estas identidades; claro está que suponen prácticas comunes, pero también similitudes en la elección del oficio en cuestión. Por último, dichas identidades se forjan dentro de las mismas instituciones de formación, se alimentan de la cultura del oficio y se legitiman y consolidan en el seno de las organizaciones de defensa y de representación colectivas" (Ion, 1990).

tor de primaria"[28] se generaliza a partir de la década de 1850, cuando comienza a surgir paulatinamente el sentimiento de pertenencia a un grupo profesional. Ya hemos mencionado algunos elementos esenciales: la creación de magisterios que ofrecen una cultura y prácticas profesionales que rompen con las "viejas costumbres" de los maestros de antaño;[29] una mejor cualificación; la especialización de las funciones y actividades; la aparición y difusión de revistas pedagógicas, que a menudo tratan debates políticos profesionales como la cuestión de la enseñanza a nivel nacional; y por fin, el nacimiento de asociaciones y uniones pedagógicas con intereses de tipo corporativo.

Durante la primera mitad del siglo XIX, el oficio de institutor no siempre le permite al maestro sostener a su familia, por lo que a menudo deberá ejercer otro oficio; el salario depende enormemente de su cualificación y de las condiciones locales. A mediados de siglo (ley Falloux, 1850) se les prohíbe a los docentes ejercer "cualquier profesión industrial o comercial", aunque se les permite trabajar de secretario municipal, de chantre, macero o clérigo subalterno al servicio de los poderes locales. Durante el mismo período se crea una caja de jubilación, cuyos montos serán rápidamente revalorizados en función de los de la función pública.

Prost elabora un balance[30] de la situación económica y moral de los institutores en los años de 1860 y destaca el nacimiento de una mentalidad específica, que le otorga al grupo profesional cierta cohesión ideológica: el nivel cultural del personal ha mejorado considerablemente y la dignidad moral forma parte de su identidad profesional; también gozan de un nuevo estatus social vinculado a su cualificación y a su nivel de instrucción, fuente de un evidente prestigio dentro de las comunidades rurales. Sin embargo, en lo que se refiere a la gran mayoría, los sueldos siguen siendo bajos; la diferencia entre el bajo nivel de ingresos y su nivel cultural es fuente de tensiones constantes: a menudo, movidos por un sentimiento de superioridad con respecto a los pueblerinos, los institutores desean obtener cierta respetabilidad social y

---

[28] Salvo aviso contrario, este término será utilizado aquí de manera genérica; se referirá tanto a los hombres como a las mujeres.
[29] Los magisterios, que se inspiraban en las congregaciones religiosas, inculcaban un modo de enseñanza de tipo simultáneo que durante gran parte del siglo XIX se opondrá al modo individual.
[30] Se apoya en las memorias escritas por los institutores a pedido de una encuesta ministerial.

ser tratados como los curas (poseer un jardín, por ejemplo); la doble tutela del alcalde y del cura provoca en ellos un verdadero y profundo sentimiento de humillación. Desde un punto de vista profesional y estatutario, los institutores desean que se refuerce la administración (cuya actitud hacia ellos, de hecho, es condescendiente) y que así se les garantice cierta independencia con respecto a los poderes locales. En cuanto al aspecto ideológico y como consecuencia de un mayor agnosticismo e individualismo racionalista doctrinas que tienen fe en la educación se generaliza la idea de que la enseñanza del pueblo pueda constituir un verdadero sacerdocio. A la evidente dignidad de dicha misión se le opone la interiorización de una posición cultural dominada: de hecho, la humildad y el sentido del deber son las primeras cualidades de un buen maestro de escuela.

El cuerpo docente de primaria reforzará su posición con la llegada de los republicanos al poder.

La Tercera República: la edad de oro

Desde un punto de vista ideológico, y ya liberadas de la tutela de la Iglesia y de los poderes locales, las primeras generaciones de institutores republicanos afirman con convicción su pertenencia a la República; ésta les garantiza su dignidad y hace hincapié en la enseñanza para una mejor evolución de la nación. Desde un punto de vista económico, su situación sigue siendo difícil: los institutores de Jules Ferry no viven mejor que los institutores de la segunda mitad del siglo XIX y el aislamiento en los entornos rurales pesa excesivamente; tanto es así, que la administración recomienda a los institutores hombres y mujeres casarse entre ellos. Hacia fines de siglo surge una crisis de incorporación de institutores como consecuencia de la miseria económica y moral de los maestros y del alza del nivel de exigencia, que privilegia a los candidatos de escuelas urbanas y complica a los de las escuelas rurales, para quienes tradicionalmente acceder a un magisterio constituía una promoción social importante. Los institutores recién recibidos temen ser exiliados en plena campiña, en pleno período de éxodo rural. Este oficio ya no atrae y las nuevas generaciones, que nunca conocieron la situación anterior, dudan de los valores de las generaciones previas y son más críticas con los gobiernos.

Sin embargo, el poder político todavía necesita el apoyo del cuerpo docente en el marco de su política de laicización de las instituciones públicas. Desde principios del siglo XX, el Estado mejora considerablemente los salarios de los institutores y, como ya hemos visto, alienta el desarrollo de asociaciones, que pronto se convertirán en lugares de reivindicación y protesta. Aquí comienza un período de prosperidad relativa y de estabilidad: el cuerpo docente gozará progresivamente de prestigio y consideración, pero no más allá de los años de 1930. El período que se sitúa entre las dos guerras mundiales constituye la edad de oro de este oficio. Destacaremos tres características:

Una relativa mejora de su situación económica, más evidente aún durante el período de recesión de principios de la década de 1930.

El sentimiento de poseer una excelente cualificación[31] como consecuencia de una selección muy estricta: los institutores poseen una muy buena cultura general, aunque algo limitada, superior a la de la población que frecuenta la enseñanza primaria; una cultura de tipo utilitaria y polivalente en relación con las normas de enseñanza de la secundaria. Los institutores son conscientes de su éxito, de haber obtenido una promoción y de dejar atrás un mundo laboral más duro; de hecho, se los considera como notables locales dentro de la Francia rural.

Una excelente cohesión del grupo: en efecto, a la inversa de los docentes de secundaria que se dividen en varias categorías, todos los docentes de primaria pertenecen al mismo cuerpo, más allá de su función o de su nivel de enseñanza, desde el jardín de infantes hasta las escuelas primarias superiores. El período que se sitúa entre las dos guerras es el período de mayor homogeneidad y de menor cantidad de docentes. La casi totalidad de los institutores cursan sus estudios en los magisterios, compartiendo, por lo tanto, la misma formación intelectual y moral. Se los incorpora muy jóvenes, a partir de un entorno cerrado en el que reina una disciplina muy estricta y que hace hincapié en la imitación y la identificación, favoreciendo, por lo tanto, los conocimientos técnicos y la interiorización de los valores del entorno profesional.

---

[31] El certificado superior, obligatorio a partir de 1932 pero que ya existía hacia fines del siglo XIX, es *el* diploma por excelencia del grupo y su nivel es comparable al del examen de bachillerato "moderno" (sin latín).

A pesar de lo cerrado, este contexto de estabilidad y de relativa prosperidad permite entender mejor la retórica relativa a la "vocación" que deberá establecer este grupo profesional.

La vocación del cuerpo docente

Como lo indica el ministro Guizot en 1833, en su *Carta a los institutores,* la vocación es sobre todo un asunto de Estado y merece ser moldeada y organizada. La vocación surge del recorrido escolar y de la formación profesional y, por ende, surge aislada dentro del mismo orden primario: el Estado se hace cargo de los mejores alumnos, los más "meritorios", que serán incorporados democráticamente mediante un concurso. Así se constituye un cuerpo docente nacido dentro del sistema escolar del pueblo, sin que se haya producido ruptura cultural alguna.

Sin embargo, si no se la alimenta, la vocación se fragiliza, como lo demuestra la crisis, ya evocada, de incorporación de institutores hacia fines del siglo XIX: en otros términos, hace falta una adecuación entre los requisitos del cargo y las exigencias de quienes lo ocupan (Muel Dreyfus, 1983). A partir de dicha crisis se constata el cambio de origen social de los docentes incorporados: disminuye la proporción de hijos de agricultores, artesanos y comerciantes y aumenta la de obreros y empleados. La encuesta, parcial, de Jacques Ozouf sobre los institutores de la *Belle Époque* demuestra que, entre 1880 y 1914, los maestros no necesariamente surgen de las clases más bajas de la sociedad; de hecho, a pesar de que en el norte de Francia los obreros representan el 62% de la población activa, los institutores originarios de dicho entorno sólo representan el 25% del cuerpo docente; en realidad, se originan en su gran mayoría en las capas inferiores de la clase media (pequeños comerciantes, empleados, pequeños funcionarios rurales, en lo que se refiere a una tercera parte de los institutores), en las capas superiores de la clase obrera (artistas, artesanos con empleados, capataces, obreros con cualificación: el 12,8%) y en la pequeña burguesía (funcionarios medios e institutores: el 28%). Francine Muel Dreyfrus habla de una armonía preestablecida, no entre las clases populares y los institutores, sino entre éstos y las expectativas objetivas inherentes a sus cargos: en efecto, los institutores han interiorizado sus limitaciones y han ajustado sus deseos a la realidad social; a menudo, la trayectoria de sus familias ilustra una tentativa de reconversión que se acompaña de cierta movilidad ascendente o de fracasos (bancarrotas, ruina, oficios en declive, etc.). Muchos institutores son conscientes de haberse beneficiado de una precaria sucesión de oportunidades y se sienten, por un lado, amenazados por el hogar paterno y, por otro, sienten agradecimiento y humildad hacia la escuela, que de alguna manera, los "liberó".

Desde un punto de vista histórico, la vocación se convierte luego en el resultado del trabajo de un grupo profesional autónomo, que ya no necesita el apoyo constante del Estado para crecer, en una época en que los lazos privilegiados entre la enseñanza primaria, el poder republicano y la sociedad francesa se han distendido. Son cuatro las características que permiten entender cómo el grupo profesional establece un discurso sobre la vocación, con el fin de autolegitimarse:

• el hecho de que la escuela primaria tenga por misión la escolarización del pueblo;
• la cohesión, que ya hemos mencionado, del grupo;
• el aislamiento social de sus miembros, lo que refuerza la importancia de las asociaciones en las que se cultiva el sentimiento de una misión especial;
• el ensimismamiento del grupo profesional en torno de valores de laicismo y de pacifismo (desde el "caso Dreyfus"),[32] aislándolo políticamente de la nación: aún en la época del Frente Popular (1936), el SNI se mantiene aislado, defendiendo un laicismo que sus interlocutores ya no consideran amenazado.

La fe en el progreso, la confianza en la República (cuya vocación no es igualitaria), el amor a la Patria, la paz entre los pueblos, constituyen los pilares del republicanismo desarrollado en el seno de las asociaciones antes de la Segunda Guerra Mundial (Mayeur, 1981).[33] Sin duda, cabe matizar esta observación: desde principios de siglo, hasta la déca-

---

[32] Escándalo judicial y político que dividió violentamente la opinión francesa entre 1894 y 1906, y que tuvo consecuencias duraderas sobre la vida política nacional.
[33] "El amor a la Patria y la pasión por la paz, la admiración por la obra colonial y el culto de la libertad, el deseo de igualdad y el respeto por el orden social" (Ozouf, 1967).

da de 1930, se observa el deslizamiento paulatino de los valores políticos hacia un modelo "doméstico", más interesado en el futuro de los niños. Sin abandonar las convicciones laicas y republicanas, se empieza a hacer hincapié en la importancia de obtener un certificado de estudios y se alienta a los mejores alumnos a entrar en la primaria superior.

Como representante principal del grupo profesional, el SNI se apropiará de esta ideología con el fin de reagrupar a los movimientos internos y de legitimar, con respecto al mundo exterior, su importancia política y social como corporación: en teoría, trascendería todo tipo de corporativismo e intereses particulares, ya que "objetivamente" existe una adecuación entre los intereses del grupo y la emancipación de la humanidad. Durante mucho tiempo, el SNI reviste una imagen profesional unificadora, que podrá observarse en las publicaciones sindicales para docentes y, en particular, en el *Code Soleil, le Livre des Instituteurs* (primera edición en 1932), verdadero vademécum de los docentes, difundido en todos los magisterios y en prácticamente la totalidad de las escuelas; hasta principios de los años de 1980 refleja la imagen de un grupo profesional que vincula estrechamente, una concepción patriarcal de las relaciones sociales y la legitimidad republicana (Geay, 1999), como si las referencias filosófico-políticas de fines del siglo XIX pudiesen seguir movilizando a los docentes un siglo más tarde. De hecho, la edición de 1976 hace referencia a la *Carta* de Jules Ferry dirigiéndose a los institutores en 1883 en relación con la enseñanza cívica y moral en la primaria y destacando la vocación de "educador del pueblo" de cada institutor:

> El oficio de institutor no sólo constituye una función. Constituye, sobre todo y ante todo, un servicio social dominado por el deseo constante de promover la cultura humana; se trata de un oficio que despierta la inteligencia y se pone al servicio de los ideales. Por ende, la vocación de institutor sobrepasa de lejos la tarea de maestro. Más allá de las paredes de su escuela, el institutor encarna el papel de guía intelectual, moral y social de la colectividad que lo rodea.

De esta altiva misión nacen varias obligaciones de tipo cívico y moral, como también un fuerte compromiso laico. Adoptar este oficio significa comprometerse desde un punto de vista existencial, intelectual, cívico y moral (Lang, 1999).

El grupo profesional docente se define en función de un oficio, una cualificación formal, conocimientos generales y específicos, una formación y una cultura profesional en común, pero considera su identidad en función de ciertos valores políticos y cualidades morales: de cierta manera, la vocación oculta el oficio. En un principio, dicha vocación no resulta de consideraciones psicológicas individuales, sino de una construcción concreta; objetivamente, ésta le permite a cada individuo realizarse a pesar de ser originario de una posición social dominada. En un momento dado, el poder político le confía a una actividad social con poco prestigio (la enseñanza de niños de las clases populares), una misión cuya grandeza sobrepasa a los mismos institutores. La retórica de la vocación funciona mejor aún en la medida en que la socialización profesional produce el sentimiento de pertenencia a un mismo mundo diferenciado y una fuerte cohesión ideológica.

2.2. Secundaria: la "República de profesores"

A lo largo del siglo XIX y a principios del siglo XX, los pocos docentes de secundaria están diseminados geográficamente, generalmente trabajando en pequeños establecimientos escolares, y viven al margen de la sociedad sin formar parte del entorno local. La evolución de su carrera los obliga a cambiar periódicamente de establecimiento escolar y, por ende, de residencia geográfica. La situación de las mujeres que trabajan en establecimientos públicos es peor aún, ya que sus estudios terciarios señalan un deseo de emancipación que escandaliza a la alta sociedad.

Antes de cursar estudios universitarios, la cultura humanista y literaria de estos docentes sigue siendo de tipo escolar y profesional, indiferente frente el mundo contemporáneo. Este conservadurismo cultural refuerza aún más su aislamiento. Desde un punto de vista ideológico, se les prohíbe todo compromiso político y se les exige ser reservados; a la inversa de los institutores de primaria, los docentes de secundaria no elaboran una doctrina unitaria de su cuerpo profesional. Como consecuencia de su individualismo, sus creencias y opiniones son muy diversas; la aceptación de dicha diversidad se convierte en un principio ideológico y constituye el "liberalismo universitario", caracterizado por la tolerancia y el eclecticismo en el nombre del respeto de la libertad de pensamiento de cada individuo. Este grupo de docentes manifiesta una sensibilidad de "centroizquierda", fundada en su sentido democrático de la igualdad: los profesores no niegan sus orígenes pero tampoco se comprometen en movimientos populares.

En general, son originarios de la clase baja, a pesar de que la proporción de hijos de agricultores y artesanos tiende a disminuir en beneficio de los hijos de comerciantes, empleados y pequeños funcionarios. A pesar de que esta pequeña burguesía admira los estudios universitarios, los profesores no cambian de entorno social: en efecto, el matrimonio los mantiene dentro del mismo entorno de origen. "Los universitarios poseen la cultura de la burguesía sin gozar de la misma fortuna, influencia o relaciones" (Prost, 1968). Las cosas no cambiarán demasiado durante la primera mitad del siglo XX. Como sus predecesores, los profesores tienen la impresión de que no se les da el valor que merecen, a pesar de que, de manera general, la situación universitaria es más estable que la de otras categorías de funcionarios. Desde un punto de vista político, y desde el "caso Dreyfus", los docentes de secundaria defienden con ardor las libertades individuales y la igualdad de oportunidades, aunque se mantienen, con prudencia, al margen de la política; sus primeras asociaciones son muy deferentes hacia las autoridades; durante mucho tiempo, la gran mayoría de sindicatos seguirá siendo moderada y asociada a la cogestión de la profesión.

A pesar de que en el siglo XIX, el oficio de profesor de secundaria no inspiraba demasiado interés, esto cambiará a principios del siglo XX como consecuencia de la formación universitaria del docente y de la mejora de su situación económica. La enseñanza secundaria constituye un medio para elevarse socialmente: más de la mitad de los profesores provienen de familias cuyos padres no han cursado estudios secundarios, otros son hijos de institutores y, hecho novedoso, hijos de obreros; una pequeña porción es originaria de la clase alta, aunque la gran mayoría viene de la pequeña burguesía; el origen social de las profesoras es más alto. Prost demuestra que existe una evidente correlación entre el origen social y la aprobación de estudios universitarios: de manera general, las categorías superiores están sobrerrepresentadas en la enseñanza superior y los docentes de origen rural constituyen la mayoría de los profesores asistentes. Prost concluye así: "En definitiva, los universitarios de esta época no se distinguen con respecto a sus predecesores o sucesores, en lo que se refiere a origen social, nivel de vida o mentalidad. La única originalidad es la de sus cualificaciones, que gracias al maltusianismo, son superiores a las de cualquier otra época".

Son pocos y con excelentes cualificaciones los docentes que alcanzan, en esta época, el mayor nivel de estudios superiores,[34] por lo cual desarrollan una concepción muy elitista de su misión: Viviane Isambert-Jamati (1967) ha estudiado cómo han ido variando los objetivos de los liceos desde hace un siglo y destaca cinco categorías: "la participación en los valores supremos", "la integración a una clase social", "el refinamiento individual gratuito", "el ejercicio de mecanismos de operación" y "la adquisición de medios para poder transformar el mundo exterior". También constata que, de manera general, entre 1906 y 1930, y entre 1946 y 1960, domina ampliamente el objetivo cultural "de refinamiento individual gratuito" y que en los años de 1930 predomina el objetivo "de ejercicio de mecanismos de operación".

Convencidos del evidente valor de la "alta cultura" que enseñan, rasgo distintivo de la burguesía, los docentes de secundaria desarrollan una retórica de oposición al mundo de los institutores de primaria considerándolos como "pretenciosos incapaces", como lo subraya Viviane Isambert-Jamati en su famoso artículo de 1985. Tres temas resaltan la especificidad de la secundaria: fuente de prejuicios, los "conocimientos superiores" se oponen a los "conocimientos rudimentarios" de los institutores; la enseñanza liberal se opone a los conocimientos de la enseñanza primaria, limitados, concretos y dirigidos a finalidades externas. Para la enseñanza secundaria, la educación se obtiene con el control de una disciplina como resultado del control ejercido sobre uno mismo. A la inversa, en la primaria, la educación moral suplanta una disciplina intelectual insuficiente. Cabe constatar, por un lado, que se acentúa la oposición entre los dos niveles de enseñanza y no los aspectos similares, y por otro lado, que en lo que se refiere a la definición de una identidad, el elemento más distintivo, y por ende esencial, lo constituye la posición social y no el orden de una profesionalidad específica (Lang, 1999).

---

[34] De la licenciatura (diploma de bachillerado más tres años de estudios universitarios) al doctorado.

Los docentes de primaria y los profesores de secundaria constituyeron dos universos ideológicamente separados y de exclusión recíproca. Ambas retóricas, organizadas en torno del educador del pueblo y del hombre culto respectivamente, buscan tanto reunir a cada grupo profesional como otorgarles un reconocimiento desde el exterior. Dichas retóricas, adoptadas en discursos políticos y aceptadas por la población, convalidan un orden establecido, que se estabiliza luego de un siglo XIX a menudo considerado un período político y social inestable y caótico.[35]

3. El viraje de posguerra y los años de incertidumbre

Como sucedió en muchos países, en la segunda mitad del siglo XX se remodeló el sistema educativo; las diferentes políticas de educación acentuaron cuatro transformaciones mayores:
- la extensión de la escolaridad, con el fin de democratizar el acceso a estudios terciarios y de mejorar el nivel general de cualificación de la población activa; consecuentemente, se abrió de manera masiva la enseñanza secundaria a categorías sociales que tradicionalmente no tenían acceso a ella;[36]
- la masificación de los estudios secundarios, postergando cada vez más los niveles en que se exige la orientación futura del alumno;
- la racionalización de la gestión del flujo de alumnos que transforma profundamente el aparato educativo, tradicionalmente organizado en tres órdenes separadas (la primaria, la secundaria y la enseñanza técnica), convirtiéndolo en un sistema unificado que se funda en la selección rigurosa mediante una orientación;
- por último, la descentralización y desconcentración de la gestión del aparato educativo en la década de 1980, permitiendo la creación de un espacio autónomo y de competencia local para los establecimientos educativos; por ende, surgirán en las colectividades territo-

---

[35] Se sucederán seis regímenes políticos, puntuados por sublevamientos populares, en julio de 1830, 1848, 1871 (La Comuna de París).
[36] En un principio, al finalizar la escuela elemental (en el caso argentino, equivaldría a los grados 1° a 5°), luego del 5° año de secundaria (en la Argentina 7° grado), y por último, después de cursado el de 3° año de secundaria (el equivalente de 2° año en la Argentina).

riales[37] políticas educativas que a veces competirán con las políticas estatales.

No sólo las grandes transformaciones de los objetivos y de la organización del aparato escolar han trastornado profundamente las condiciones de la actividad profesional, también han influido las evoluciones del contexto cultural (por ejemplo, una mayor individualización, la transformación de las relaciones con respecto a la autoridad y a las normal establecidas, entre otras), que han conducido a una verdadera crisis de la relación pedagógica, a menudo descrita a partir de José M. Esteve y Alicia F. B. Fracchia (1988).

En lo que se refiere a los docentes de primaria y de secundaria, examinaremos las principales evoluciones que conocieron a lo largo del siglo XX y presentaremos, a la vez, sus características sociográficas y algunos resultados obtenidos mediante encuestas sobre la forma en que consideran su situación actual.

3.1. De institutores a profesores de escuela

La identidad profesional de los docentes de primaria estaba estrechamente vinculada con la organización de la primaria misma, que constituía un espacio institucional autónomo y "autoadministrado" dentro del aparato educativo. Cuando la escolarización se prolonga hasta los 16 años (1959), la escuela primaria ya no constituye la totalidad de la escuela obligatoria y pasa a ejercer un papel de preparación para una escolaridad secundaria; el desplazamiento de la primaria dentro del dispositivo nacional de educación e instrucción transforma su finalidad y señala el declive de la profesionalidad tradicional de los institutores.

Desde la posguerra hasta la década de 1980, se perfila la pérdida de cohesión del grupo detrás de un aparente mantenimiento de las estructuras que garantizaban su antigua organización y su imagen. Tres tipos de divisiones perturban la homogeneidad del grupo. En primer lugar, los sindicatos de institutores e instructores imponen el mantenimiento de la incorporación tradicional: hasta fines de los años sesenta, al final del ciclo de orientación, los futuros maestros deben pasar un con-

---

[37] Municipios, departamentos o regiones.

curso para poder entrar en el magisterio, donde harán el examen de bachillerato y tendrán un año de formación profesional, lo cual significa cuatro años de aculturación profesional intensa. Sin embargo, el elevado crecimiento demográfico intenso de posguerra y el desarrollo de la escolarización desde el jardín de infantes conducen a la incorporación masiva de reemplazantes, bachilleres sin formación profesional particular; a partir de entonces, y hasta finales de la década de 1960, los estudiantes de magisterio son minoritarios en una gran parte de los departamentos de Francia y son considerados como la elite de este cuerpo profesional, por lo cual los modos de socialización profesional se vuelven muy diversificados.

En segundo lugar, se observa un "lento aburguesamiento" (Berger, 1979) del cuerpo de institutores: entre los años 1950 y 1970 la proporción de obreros, empleados y funcionarios medios baja considerablemente y la de funcionarios superiores y profesiones liberales aumenta del mismo modo, acentuando la ruptura entre generaciones y entre el comportamiento de los niños originarios de las clases populares y la actitud de los institutores.[38]

Por último, la mayor cualificación de los docentes de primaria segmentará drásticamente al grupo profesional: a lo largo de unos treinta años (entre 1960 y 1990), el nivel de incorporación de institutores principiantes pasa de "bac - 3" (tres años antes de obtener el diploma de bachiller) a "bac + 3" (licenciatura); para obtener la titularización, se exigía un nivel "bac + 1" en un principio para luego pasar a un nivel "bac + 4" (maestría). El régimen actual, generalizado en 1991, se caracteriza por la desaparición de las Escuelas Normales, reemplazadas por Institutos de Formación Docente. Dadas las características históricas de su incorporación, no nos sorprende que las encuestas o investigaciones ofrezcan la imagen de un grupo profesional poco homogéneo: las modalidades de acceso a la formación inicial han modificado profundamente las identidades y culturas profesionales.

---

[38] Los estudios recientes, llevados a cabo sobre un período prolongado, nos conducen a reconsiderar algunas de estas conclusiones: este "aburguesamiento" corresponde a un movimiento, denominador común de toda la población activa, de alza progresiva de la cualificación paterna; en lo que se refiere a la primaria, hasta fines de los años setenta la composición del grupo profesional se parece a la del conjunto de la población activa y luego se estabiliza.

El desencanto se hace evidente en los años 1970-1980. La urbanización del país y la "descualificación" relativa del grupo profesional con respecto a la población[39] banalizan la posición social de los docentes: el institutor ya no es un notable y a menudo ha perdido el prestigio del que gozaba antes de la guerra. La proporción de docentes satisfechos con su condición disminuye rápidamente a lo largo de veinte años (Prost, 1981). En este período, la vocación ya no tiene la misma reputación (a pesar de que la enseñanza de los niños sigue siendo atractiva), sobre todo por la presencia del movimiento sindical. El sindicato mayoritario (el SNI) ha perdido las luchas nacionales que lanzó en nombre de la identidad del grupo, a favor del laicismo y la financiación de las escuelas privadas por parte del Estado (a partir de la década de 1950), de la escuela de nivel medio (*college*), que no logra incluir en el conjunto de primaria, y de la unificación de la enseñanza pública y privada dentro de un gran servicio público unido (en los años ochenta). La disminución del militantismo y la crisis de legitimidad sindical se traducen, por un lado, en un repliegue en torno de las dificultades más prosaicas del grupo profesional y, por otro, en la falta temporaria de interés, de los jóvenes a propósito de su formación profesional. A menudo, adoptan el oficio de docentes sin entusiasmo, como consecuencia de una carrera universitaria interrumpida o desafortunada.

A finales de los años ochenta se observará una verdadera revalorización de las carreras y los salarios de los docentes de primaria; en 1990, se crea el cuerpo docente de "profesores de escuela", que se incorporan a la enseñanza con un diploma de licenciatura, en virtud de lo cual podrán pertenecer a la categoría de cuadros de la función pública y alinear sus carreras con las de los docentes titulares de la secundaria. En la actualidad y según datos ministeriales del 2004, la primaria agrupa a 370.504 docentes, de los cuales el 87,6% ejerce en la enseñanza pública;[40] son pocos los docentes no titularizados y la tasa

---

[39] En los años treinta, los institutores poseen un nivel escolar comparable al del bachillerato moderno (véase nota n° 28) y menos del 3% de toda una generación de alumnos sale del sistema educativo con el diploma de bachiller. Entre los cincuenta y principios de los ochenta, los docentes bachilleres son titularizados a pesar de que el nivel promedio de cualificación de la población sigue aumentando.

[40] Actualmente, y salvo algunas excepciones, los docentes del sector privado poseen las mismas características que los del sector público: las condiciones laborales, la evolución de sus carreras y los programas son muy similares. En el año 2004, el 98,4% de los alumnos de primaria escolarizados en el sector privado asisten a escuelas bajo contrato con el Estado; en el secundario, esta proporción es del 97,6%.

de feminización es muy alta[41] (el 80% en el sector público y el 91% en el sector privado). A pesar de que los efectivos aumentaron de forma regular entre 1960 y mediados de 1980 (más del 38% en lo que se refiere al sector público), luego se mantuvieron relativamente estables. Los docentes de primaria se dividen en dos cuerpos, el de los institutores (20%), quienes tenderán a desaparecer paulatinamente, y el de los "profesores de escuela"; este último refleja la historia de incorporación de los docentes: los docentes incorporados en los últimos 10 años han cursado una licenciatura (el 68%), una maestría –(bac + 4)– o incluso un doctorado (el 31%); los profesores de escuela incorporados por concurso interno o en función de una lista de aptitudes del cuerpo de institutores son principalmente bachilleres (72%) y sólo el 8% de ellos son licenciados.

Se puede considerar que las profundas dificultades morales de los años setenta se alejan, sin quitarle complejidad a este oficio. En lo que se refiere a sus motivaciones, la gran mayoría de los docentes de primaria, más allá de su edad o categoría, subrayan primeramente interés en el oficio y luego las ventajas vinculadas con su estatuto (como la garantía de un empleo y vacaciones de larga duración), o con su condición social. En su totalidad, el grupo siente que pertenece a las clases medias: los docentes incorporados en los últimos diez años consideran ocupar una posición estable con respecto a la de sus padres, mientras que los más antiguos se consideran en su gran mayoría en movilidad ascendente. Sin embargo, los jóvenes están más satisfechos con su oficio y con sus condiciones de vida y se sienten más reconocidos, pues atribuyen a su función el mantenimiento de cierto prestigio (Périer, 2001).

3.2. La secundaria y el choque de la masificación

Como en el caso de la primaria, se pone de manifiesto la estabilidad de la identidad profesional desde principios de siglo hasta los años sesenta. Dicha estabilidad concierne ante todo a la función de profesor de liceo; en segundo lugar, concierne al grupo profesoral en su

---

[41] A partir de los años treinta, la tasa de feminización alcanza el 65%; en los colegios mixtos o para niños varones, a menudo las mujeres ocupan cargos en las primeras clases y los hombres en las clases con alumnos más grandes.

totalidad, cuyos miembros son pocos y con altas cualificaciones; por último, la estabilidad también concierne a la finalidad de esta enseñanza y a los modelos de excelencia cultural. Las décadas de 1950 y 1960, que representan un importante incremento demográfico de las generaciones de posguerra y la generalización masiva de la escolarización, conducen a una crisis de incorporación y de cualificación de los docentes. En cambio, si se tiene en cuenta la segunda mitad del siglo XX en su totalidad, la secundaria creció enormemente: a lo largo de cincuenta años, los efectivos de la enseñanza pública se han multiplicado por 14,5, con fuertes variaciones en función de las categorías: el número de profesores con agregación se ha multiplicado por 9 y el de los profesores con certificado por 20; ambos se distinguen por sus salarios y obligaciones de servicio y por su nivel de conocimientos teóricos: el bachillerato más cuatro años de estudios universitarios (bac + 4), en lo que se refiere a la agregación; bachillerato más tres años (bac + 3), para los profesores con certificado.

A pesar de la generalización y apertura de la enseñanza secundaria, los profesores acentúan su interés fundamental por el valor intrínseco de los "estudios superiores" y el carácter formador de su cargo; también subrayan el carácter secundario de los conocimientos pedagógicos, que dependen de la experiencia de cada docente; ambas características, ya manifestadas en una gran encuesta parlamentaria de 1899 y en el *éthos* de los profesores de la década de 1930, siguen dominando a principios de los años setenta. Hacia fines de los sesenta, varios observadores ponen de manifiesto el importante desfase que existe entre, por un lado, los objetivos del sistema educativo y sus métodos, y por otro, los valores culturales del público escolar en establecimientos que están admitiendo un nuevo alumnado. En 1972, una comisión de encuesta oficial, cuyo diagnóstico será reiterado una y otra vez por las comisiones siguientes, destaca la dificultad que existe para transformar una enseñanza elitista en una enseñanza para las masas: "La democratización de la enseñanza significa dispensar una enseñanza sin cambios a un público radicalmente diferente [...]. Se intenta en vano, inculcar una cultura concebida para la elite a la gran masa de niños del país".[42] El malestar de los docentes se debe, tanto a este

---

[42] *Informe JOXE* (1972).

nuevo contexto en el que deben ejercer su profesión, como a la forma en que perciben su propia posición social: en la década de 1970, los docentes de secundaria tienen la impresión, como fue el caso de sus predecesores, de no ser valorizados y, más que nunca, sienten que su trabajo no está a la altura de los requerimientos de la sociedad, que están perdiendo su prestigio y que están padeciendo una suerte de descalificación con respecto a sus predecesores u otras categorías con el mismo nivel de estudios superiores.

¿Quiénes son estos docentes en la actualidad? En el 2004, la enseñanza secundaria (general y profesional) cuenta con 471.967 profesores, de los cuales el 21% ejerce su profesión en el sector privado; la proporción de profesores titulares varía según las épocas, y en lo que se refiere al sector público, en los últimos diez años ha oscilado entre 12.000 y 20.000 docentes; la tasa de feminización representa el 57%, con fuertes variaciones en función del tipo de establecimiento y de las materias enseñadas. El grupo profesional de los docentes de secundaria constituye un mundo heterogéneo a pesar de la imagen que tiene la opinión pública de un cuerpo unido y homogéneo. Ciertas pautas de diferenciación separan a estos docentes: el hecho de estar titularizado o no, el tipo de materia que enseña y el tipo de establecimiento en el que ejerce y, sobre todo, el cuerpo administrativo al que pertenece. Sin embargo, se observa cierta unificación en torno de tres grupos: el de los profesores con agregación (12,7%), el de los docentes con certificado (63,5%) y el de los profesores de liceos profesionales (16%). Los otros grupos tienden a desaparecer o representan porcentajes mínimos. Como consecuencia del aumento de efectivos docentes en la secundaria, más numerosos que sus colegas de primaria, se produce un efecto de banalización del oficio. La pérdida de prestigio también resulta de la predominancia de profesores con certificados, mientras que antes este cuerpo profesional estaba compuesto en su mayoría por profesores con agregación. La impresión de cierta "descualificación" se refuerza también, por un lado, por el hecho de que se ha revalorizado la posición de los institutores con la creación del cuerpo de profesores de escuela –cuya carrera se organiza en función del modelo de carrera de los profesores con certificado– y, por otro lado, el nivel teórico exigido para la incorporación de los profesores se ha mantenido igual en los últimos 60 años, mientras que el nivel de educación del conjunto de la población ha aumentado notablemente.[43] La tradicional rivalidad entre los docentes de primaria, amplificada por esta lenta "descualificación", ha marcado profundamente las identidades profesionales: de hecho, en 1992, estalló la antigua Federación de la Educación Nacional como resultado de duras luchas en torno a cuestiones de sindicalización.

La composición social del grupo de profesores de la secundaria se parece a la del conjunto de la población activa, como ya lo demostró Claude Thélot (1993): a pesar de que estos docentes son tradicionalmente de origen social más alto que los de primaria, esta diferencia tiende a disminuir. Sin embargo, aun cuando son socialmente más heterogéneos, la morfología de este grupo profesional sigue estando dominada por la predominancia de categorías de clase media a alta, de manera que un cuarto de los docentes tendría que cambiar de origen social para parecerse a la morfología de la población activa. Por último, se observa un fenómeno de "autorreclutamiento" de los docentes: a principios del año 2000, el 17% de los docentes de secundaria afirmaba que al menos uno de sus padres también era docente, cuando este sector sólo representaba el 4% de la población activa.

Desde un punto de vista sociográfico se constata un fuerte desequilibrio en las pirámides de edad de los diferentes grupos docentes; en un lapso de diez años se reemplazará a más del 40% de los efectivos, que se jubilarán: esta renovación de gran amplitud afectará sin duda alguna las identidades profesionales de los docentes y podría transformarlas de manera más radical que cualquier acción de formación en curso.

Un estudio muy reciente (Larivain y Cormier, 2005) permite establecer un balance matizado y con información abundante: el malestar de los docentes aparece como una realidad tangible, sobre todo en los de más de 35 años, y sin embargo no disminuye el interés que demuestran dichos docentes en su oficio; la mayoría rechaza la idea de haberlo elegido para evitar caer en el desempleo o por falta de otra alternativa profesional. En comparación con la situación de sus padres

---

[43] Los profesores despliegan, sin embargo, una respuesta estratégica a este estancamiento, obteniendo mayores cualificaciones que las exigidas en el marco de su estatuto: el 38% es bachiller y ha estudiado cuatro años adicionales (bac + 4); el 21% posee un nivel equivalente o superior al de bachillerato más cinco años (bac + 5).

a la misma edad, suelen tener la impresión de gozar de mejor posición social y de condiciones laborales equivalentes o incluso mejores; sólo los docentes cuyos padres también ejercen una profesión docente consideran que sus condiciones laborales han empeorado. A pesar de que el nivel de satisfacción global es bueno, el 91% de los docentes reconoce la existencia de un "malestar" interno y el 60% se siente personalmente afectado. Este malestar tiene dos características: en primer lugar, la falta de reconocimiento, ya que los docentes tienen la impresión de vivir una paradoja en la medida en que ejercer su oficio se vuelve cada día más difícil y que la consideración social disminuye; en segundo lugar, el aumento del desfase entre un ideal de transmisión del saber y la realidad del aula, lo que genera una sensación de impotencia, frustración y desánimo.

Las encuestas europeas (Eurydice, 2004) permiten generalizar estas constataciones nacionales. A menudo, los medios de comunicación contribuyen a forjar la imagen de una comunidad profesional en crisis y que sufre de un malestar cuyas causas, a veces, son difíciles de explicar. Sin embargo, la mayoría de los docentes europeos expresa un sentimiento global de satisfacción en relación con su oficio, mantiene intactos los cimientos positivos que los llevaron a elegir la enseñanza y no se arrepiente de su elección profesional. Las condiciones laborales constituyen el principal origen de descontento: se quejan, en particular, de la complejidad y multiplicidad de tareas para las cuales no han sido preparados. De manera general, las condiciones salariales no son la fuente principal de insatisfacción. Las encuestas indican que los docentes no perciben correctamente la consideración que los ciudadanos muestran hacia su oficio. Al contrario, afirman que son víctimas de la falta de consideración, lo que ninguna de las encuestas disponibles demuestra.

En Francia, la generación más joven afirma no estar tan afectada por el malestar en cuestión y, sin embargo, estos nuevos profesores no poseen características fundamentalmente opuestas a las de sus predecesores en lo que se refiere a orígenes sociales, motivaciones o actividad profesional, y tampoco puede decirse que cuenten con "las claves de su oficio". Según Patrick Rayou y Agnès Van Zanten (2004), dos características bien precisas distinguen a los profesores más jóvenes: por un lado, tienen la convicción de que enseñar en la secundaria es ante todo un oficio y no tanto un estatus o actividad cultural de alto nivel; por otro lado, manifiestan un nuevo *éthos,* constituido de pragmatismo y de flexibilidad profesional. En lo relativo a los valores, estos nuevos profesores ya no legitiman su acción mediante ideales sino que se fundan en situaciones cotidianas para desarrollar una ética de la reciprocidad; prefieren adecuarse a los códigos de socialización juvenil y a las condiciones locales de trabajo antes que reivindicar una voluntad de cambiar el mundo. En este sentido, no se comparan con las generaciones precedentes, sin duda porque siempre han conocido (incluso como alumnos) una enseñanza generalizada que constituye su mundo y que se impone de manera evidente, sin que surja la nostalgia de una época dorada. Estos docentes no conocen las tensiones que han vivido las generaciones anteriores por el deseo de democratizar la enseñanza secundaria, por la dificultad de movilizar a los alumnos en torno de una cultura escolar, y la evidente voluntad del aparato educativo para mantener las jerarquías sociales.

En consecuencia, se puede suponer que estos nuevos profesores constituyen en su totalidad una generación que, dadas las presiones de su contexto, tendrá la obligación de redefinir las culturas profesionales heredadas. Sin duda, y al menos por dos razones, es demasiado pronto para percibir una verdadera recomposición de sus identidades. En primer lugar, la centralización pragmática sobre las situaciones locales contextualizadas (*versus* el nivel nacional del aparato educativo) y la disminución de un compromiso sindical sistemático ponen en tela de juicio la unidad de la profesión docente, y pueden resultar en la pérdida de marcos comunes de acción colectiva. En segundo lugar, los contextos en los que se ejerce la profesión son muy variados: los establecimientos con alumnos provenientes de clases sociales favorecidas hacen hincapié en un trabajo "normal"; en cambio, cuanto más heterogéneos o desfavorecidos son los estudiantes de ciertos establecimientos, más se complica el trabajo, hasta volverse imposible en ciertos casos; en una encuesta reciente, dos tercios del profesorado estima que ejercer su trabajo en un barrio favorecido o en un barrio "complicado" ya no supone el mismo oficio.

A partir de lo anterior, es difícil imaginar una identidad colectiva para la totalidad del grupo profesional. La identidad de cada individuo no se basa en misiones ni roles oficiales, ni en el trabajo predefinido o la especificación de las tareas, ni en referencia al legado histórico del cuerpo profesional o a sus compromisos colectivos pasados; se construye en las interacciones locales y no en la cultura global de una colectividad, proviene de una "experiencia", tal como la define François Dubet. Por un lado, los docentes

> consagran mucha energía en decir que no se limitan al papel que les impone la institución, ya que ésta muestra principios contradictorios. Por otro lado, hacen referencia constantemente a la interpretación personal de su función, mediante la construcción de un oficio que resulta de una experiencia privada e incluso íntima. Esta intimidad se debe a que cada individuo deberá combinar lógicas y principios diversos, a menudo opuestos, y que esta combinación produce una obra, considerada como la realización o el fracaso de su personalidad. Por ende, a pesar de estar muy apegados a las reglas burocráticas que los contienen, los docentes definen su oficio en función de su experiencia y como resultado de una construcción individual realizada a partir de elementos dispersos: el respeto del programa curricular, el interés por el alumnado, la búsqueda de buenos resultados y de justicia. (Dubet, 1994)

En este sentido, dicha construcción singular es sin lugar a dudas de tipo social, ya que está estructurada por las características del ámbito educativo en el cual opera.

Dadas las transformaciones del público escolarizado, la modificación de la relación hacia la cultura escolar y la autoridad, y la consecuente obligación de mejorar la calidad de los sistemas educativos, a partir de la década de 1980 los responsables de la institución escolar le agregarán a las reformas estructurales, lanzadas en los años sesenta, una política de desarrollo profesional con el fin de redefinir el ámbito y el contenido del oficio docente y de promover nuevas competencias. Así, surgirá en Francia la idea de "trabajar de otra manera", en el marco de una nueva visión del funcionamiento del sistema educativo, fundada en la intención de encarar los problemas como se presentan a nivel local y en la aparición correlativa de la noción de actor. Con el fin de transformar las culturas y las identidades de los docentes, la institución escolar lanzará, mediante la refundación de la formación inicial y el desarrollo de cursos de formación a lo largo de la carrera, una política de "profesionalización" de los cuerpos docentes, que afecta principalmente los procesos de construcción social de dichos grupos profesionales.

4. Las identidades docentes a prueba de la profesionalización

La profesionalización[44] hace referencia a la evolución de las tareas dentro de la división social y técnica del trabajo, a la construcción de las identidades de los actores, a la elaboración de una legitimación, a la movilidad interna de los individuos y de sus organizaciones, como también a las intervenciones efectuadas por grupos profesionales "vecinos" (cuadros jerárquicos, por ejemplo). Examinaremos rápidamente el concepto de la profesionalización del oficio docente, que tienen los grupos de actores en interacción de modo que podamos deducir cuáles son los intereses respectivos, las eventuales convergencias y los modelos de organización laboral que dicho concepto engloba y las tensiones que suscita.

4.1. Definición plural del trabajo, de la identidad y de la misión

En un principio, se observa que a diferentes niveles son múltiples los partícipes en las transformaciones actuales del oficio de docente. Examinemos brevemente cómo los afecta el proceso de profesionalización en relación con las identidades profesionales de los docentes.

Una fracción de los responsables de la gestión del sistema educativo, miembros de la alta administración y de la Inspección General, favorece una modernización del sistema en términos de gestión, de movilización de los recursos humanos para permitirles a los actores enfrentar los problemas profesionales contemporáneos y los desafíos actuales de la escuela (instrucción masiva de la mano de obra, lucha contra el fracaso y la violencia escolar, etcétera). En este caso, la profesionalización constituye una herramienta de gestión y de adaptación del personal y hace parte de una lógica de competencia, convirtiéndose en una alternativa a los antiguos modos de gestión del empleo. "Así se oponen, por un lado, una cualificación arrogante y anticuada, a la que le corresponde un grado, garantizado de por vida, y por otro,

---

[44] La presentación de este tema se basa en los trabajos surgidos del interaccionismo y más aún en la sociología de grupos profesionales (Dubar, 2003).

la idea de un aprendizaje y un desarrollo profesional, regular, progresivo e interactivo a lo largo de la carrera profesional" (Demailly, 1999). Reaccionar ante los cambios de la sociedad y del público escolar implica tanto una transformación de las culturas profesionales como la evolución de las formas de retribución.

Una parte importante del personal responsable jerárquico y territorial de los docentes (directores o rectores de establecimientos escolares, cuerpo de inspección) desea la puesta en marcha de transformaciones de la organización laboral y del funcionamiento de los establecimientos, permitiendo así la evolución de las profesionalidades docentes; por ende, quienes conducen los establecimientos deben establecer nuevas relaciones con el oficio docente, por ejemplo, desarrollar la cultura de la gestión de la eficacia, de la evaluación, o de la innovación, como también aclarar la política del establecimiento, debatir los elementos de una ética de un servicio público justo y democrático conforme a las condiciones actuales de escolarización, etcétera. La idea es tratar de transformar la forma de ser dentro del oficio, como también las expectativas y definiciones de lo que está bien, desarrolladas por los individuos y los grupos profesionales; estas regulaciones se basan en una suerte de enrolamiento para poder obtener el consentimiento o la adhesión de los actores, en la medida en que las posturas éticas y políticas son esenciales en el ejercicio profesional, salvo en el caso de considerar a la educación como una mera actividad de servicios terciarios. En lo que se refiere a los responsables de los establecimientos escolares, este trabajo de movilización de los actores constituye un hito esencial de su identidad, pero también suscita evidentes reticencias y resistencias dentro del cuerpo docente, sobre todo cuando la dirección adopta un enfoque técnico que reduce el análisis de las acciones educativas a los meros resultados obtenidos por el establecimiento en el mercado escolar.

La profesionalización también interesa a una sector de los formadores que acompañan a los docentes en sus carreras profesionales, ya que puede acentuar su imagen de expertos, ofrecerles nuevas oportunidades de carrera y permitirles participar en su propio reconocimiento identitario. Lo mismo sucede con algunos investigadores en el ámbito de la educación, quienes pueden participar en esta dinámica, como se observa en otros países (Tardif, Lessard y Gauthier, 1998), con profundos intereses de tipo institucional y simbólico que surgen cuando la universidad interviene en la formación profesional.

A ciertos grupos docentes en Francia y en particular, a los docentes de primaria, la profesionalización les ha permitido negociar un cambio de posición dentro de la división del trabajo y ha representado una revalorización social y profesional (con la creación del cuerpo de profesores de escuela, por ejemplo) luego de un período de "descualificación" relativa; a la inversa, ciertos sindicatos de docentes de secundaria han manifestado su desacuerdo en cuanto a la descalificación relativa del grupo profesional, a la normalización de la profesión mediante la imposición de estándares de competencia, y al cuestionamiento de los diferentes estatus en nombre de nuevas competencias y de una cualificación en situación.

Algunos grupos de docentes pedagógicos militantes perciben la profesionalización como una oportunidad para presentar nuevas prácticas que fomentan la puesta en marcha de proyectos, la cooperación, el trabajo colegial, el desarrollo de la autonomía profesional, etcétera. Para otros, la profesionalización surge como la respuesta al desfase que viven entre el trabajo formulado y el trabajo real: las soluciones utilizadas por las antiguas culturas profesionales se revelan insuficientes para confrontar las dificultades profesionales identificadas localmente dentro de nuevos contextos laborales. Por ende, tratan de construir una relación educativa, ya no tan evidente, dentro de contextos difíciles marcados por problemas de indisciplina crónica y de violencia, o simplemente cuando se trata de "mantener" una situación escolar (Van Zanten, 2000).

Como lo hace el Ministerio durante las campañas publicitarias para la incorporación de docentes, los sindicatos también utilizan los términos "profesionalización", "profesión" y "profesional" para crear una imagen de marca positiva, ubicando al grupo docente en una posición superior distintiva. Cuando estos términos son utilizados en el marco de comunicaciones internas, el trabajo de construcción de la identidad busca movilizar a los miembros del grupo; entonces, los intereses sociales y de la identidad son múltiples: visibilidad, reconocimiento de una profesionalidad distintiva (versus una definición administrativa y cultural del oficio), cohesión del grupo profesional, etc.

Este análisis, sin ser exhaustivo, muestra la polisemia del término y la multiplicidad de intereses que los subgrupos profesionales pueden defender, en función de la posición de cada actor dentro de la organización, de su margen de maniobra y de su ámbito de poder. En este caso, la profesionalización concierne primeramente al ámbito laboral, la naturaleza de la misión otorgada o reivindicada, las competencias y los recursos que se desea desarrollar, la organización del trabajo, las maneras de ser dentro del oficio, etcétera; también a los actores colectivos, quienes, utilizando diversas estrategias, desean aumentar la autonomía del grupo profesional y el reconocimiento externo, así como constituirse en un sector protegido en el mercado laboral.

A pesar de que los intereses son múltiples y están encarnados por actores con diferentes posiciones dentro de la organización, también se manifiestan dentro de las relaciones de poder, expresándose mediante "proyectos" (Kaddouri, 2005). En primer lugar, el "proyecto institucional" depende de la iniciativa de los dirigentes de la organización y expresa su política de gestión de los recursos humanos; este proyecto se caracteriza por dos dimensiones principales: el desarrollo de las competencias y capacidades colectivas, y la interiorización de normas y valores institucionales, cimientos de un modelo de comportamiento profesional y cultural. De hecho, la autonomía, el trabajo colegial, la flexibilidad, el trabajo con proyectos interdisciplinarios, el desarrollo de asociaciones, y el trabajo personalizado, entre otros., reflejan tanto competencias que se adaptan a una situación profesional dada, como actitudes oficialmente fomentadas. En segundo lugar, el "proyecto colectivo" está en manos de un grupo profesional que se dedica a renegociar su misión y sus condiciones laborales, que trabaja en la construcción de una identidad colectiva y de la credibilidad por parte del público en general, y que, entre otras actividades, desarrolla conocimientos profesionales específicos. Dada la situación histórica actual, los dos tipos de proyectos coinciden en la necesidad de modificar el trabajo prescrito, de trabajar conjuntamente y desarrollar conocimientos en materia de organización y relaciones, para poder reconstruir una relación educativa ya no tan evidente dentro de un sistema de escolarización masivo. Esta conjunción permite avanzar hacia la modernización de la institución educativa pero también pone de manifiesto ciertos intereses antagónicos; en efecto, las relaciones de poder y los modelos de organización laboral opuestos producen tensiones.

4.2. El desafío: el control de la autonomía

Presentaremos aquí tres versiones del mismo tema: la política de profesionalización de los docentes preconizada por el Estado (más allá de su interés en el bien común y/o en el bien de los actores en cuestión) disimula una complejidad de principio, ya que pone en tela de juicio la autonomía obtenida por los grupos profesionales.

Se constata una primera tensión entre el proyecto colectivo de un grupo profesional que desea obtener el reconocimiento de su competencia y mejorar su posición social, y el proyecto institucional que intenta promover una gestión de tipo gerencial de la organización y establecer un modelo basado en la práctica y la reflexión, mediante la formación inicial o durante la carrera de los docentes. ¿Quién profesionaliza a quién? Para el grupo profesional, la profesionalización es percibida como la imposición de nuevas exigencias, la estandarización y el control externo de la actividad, así como un proceso de autoorganización colectiva, de autonomización, de autorregulación y de control de una actividad. Las opiniones de los expertos en relación con las dinámicas en juego en la actualidad están divididas: ¿se trata de una profesionalización o acaso de una desprofesionalización?

Las investigaciones ponen de manifiesto una segunda fuente de tensiones entre el concepto que tienen los docentes de su oficio, y las prácticas preconizadas por los nuevos modelos de profesionalidad cuando dichas prácticas no corresponden a los problemas que los docentes deben confrontar en el ejercicio de su actividad cotidiana; estas condiciones constituyen una sobrecarga laboral que frena el compromiso de los docentes en lo que se considera el corazón del oficio; de hecho, para ellos representan una suerte de desapropiación de su oficio. Según Anne Barrère (2002), el hecho de que el trabajo colectivo no se hace cargo de las preocupaciones profesionales más importantes para los docentes, a saber, la gestión de la clase, el establecimiento de un orden escolar y de condiciones de aprendizaje, constituye una de las razones que explican lo poco que se desarrolló. En cambio, sí se desarrolla cuando trata de cuestiones consideradas como cruciales para los docentes y que permiten solucionar dificultades dentro de las situaciones locales; en los "establecimientos escolares difíciles", por ejemplo, los docentes encuentran en el desarrollo de estrategias colectivas una respuesta a la incivilidad de los alumnos.

Una tercera fuente de tensiones nace de los modelos de organización del trabajo. Históricamente, se observan en la enseñanza dos grandes tipos de racionalización laboral: una con un enfoque técnico del oficio, y la otra, más reciente, que privilegia la utilización de lógicas indefinidas e interactivas, un tipo de improvisación normalizada, mediante una multiplicidad de registros de acción. En lo que se refiere a los docentes, Thomas S. Popkewitz (1994) indica que, desde fines del siglo XX en los Estados Unidos, la primera corriente surge a nivel de los "docentes de base" y resulta en la estandarización de las prácticas, en la pérdida de autonomía y de responsabilidad en el ejercicio del oficio, en la racionalización burocrática de la organización escolar y de la enseñanza que se basa en una concepción positivista de la práctica profesional definida como la aplicación de teorías científicas con el fin de solucionar problemas técnicos. Claude Lessard (1991) observa, a partir de los años 1980, la aparición en ese mismo país de una corriente de "profesionalización" fundada "en el reconocimiento de la especificidad de la enseñanza como un trabajo que se realiza sobre un ser humano y en el otorgamiento, a los docentes, de un puesto central dentro de la organización escolar"; de hecho, al antiguo modelo, que llama "tecnológico", le opone un nuevo modelo de tipo "orgánico", según el cual la transacción de la enseñanza no depende primordialmente de la optimización de los diferentes medios a utilizar; en efecto, a pesar de que la enseñanza tiene ciertos aspectos técnicos, el oficio de docente no se limita simplemente a poner en práctica una racionalidad instrumental de tipo técnico, sino que también se apoya en consideraciones de tipo cultural, ético y político. Este segundo tipo de racionalidad evoca el perfil de "clínico" mencionado por M. Huberman y Ph. Perrenoud:

> Lo que destacamos de la clínica es un modelo de funcionamiento intelectual: el "clínico" es aquel que, frente a una situación problemática compleja, tiene la experiencia y los medios teóricos y prácticos: a) para evaluar una situación dada; b) para imaginar una respuesta que se supone eficiente; c) para poner dicha respuesta en práctica; d) para evaluar su aparente eficacia, e) y para "corregir el tiro". (Perrenoud, 1994)

Este modelo es muy valorizador, ya que el docente goza de una gran autonomía y de una fuerte responsabilidad.

En el contexto de debate francés, ambos modelos alimentan las polémicas. Los adversarios de la política actual de profesionalización del oficio docente la reducen sistemáticamente a un enfoque de tipo técnico que hace hincapié en el aspecto instrumental de la función profesoral.[45] A la inversa, los defensores de la política de profesionalización destacan que permite la renovación necesaria de los oficios docentes, representando incluso cierta forma de ideal profesional, y que permite una avance de la posición social del grupo profesional, ya que promueve la autonomía, el sentido de iniciativa y la responsabilidad. Cabe observar, sin embargo, que ni el modelo casi "tayloriano" de la organización laboral ni el modelo del "clínico" liberal reflejan las transformaciones que operan en la actualidad. El modelo de organización que se está poniendo en práctica oscila entre la emancipación de los actores y el refuerzo del control social, en un contexto en el que paradójicamente, la desconcentración exige mayores poderes y responsabilidades. Una retórica democratizante pone de manifiesto a un profesional activo y responsable, un docente reflexivo y autónomo que coopera y resiste a la vez la influencia de la organización; simultáneamente, la elaboración de nuevos instrumentos de evaluación y de nuevas prácticas (en particular, de tipo técnico-administrativas) conduce a la definición de objetivos básicamente cuantitativos, que estandarizan y normalizan las diferentes acciones profesionales. La administración de la educación ha pasado de la normalización burocrática de las acciones a la incorporación de la subjetividad y al compromiso, es decir, a un control reforzado de la lealtad. Ya no se puede oponer control y regulación formal, por un lado, y autonomía y regulación informal por otro; en efecto, estamos situados frente a un paradigma de exigencia flexible (Courpasson, 1997), que modifica profundamente las reglas del juego y las actitudes propias del oficio docente y que conjuga la exigencia de autonomía y la obligación de iniciativa. Son cada vez más los

---

[45] Existen dos argumentos críticos adicionales: por un lado, se sospecha que falta democratizar las políticas de profesionalización; el conocimiento técnico resulta en la ausencia de referencias de orden político dentro de la organización de la vida colectiva, en nombre de la eficacia y de una buena gestión. Por otro lado, su finalidad sería insertar los aparatos escolares en las transformaciones sociales vinculadas a la mundialización de los intercambios.

autores que califican esta doble dimensión del trabajo docente como "burocracia profesional" (Maroy, 1992).

Podemos comprender cómo las políticas de profesionalización alimentan la esperanza de una renovación del oficio –exigiendo un mayor sentido de la iniciativa y el control de sus propias acciones profesionales– y, al mismo tiempo, suscitan cierta reticencia, e incluso resistencia. De hecho, el primer tipo de tensiones que mencionamos antes, es decir, el antagonismo entre el proyecto colectivo y el proyecto institucional, refleja la oposición a un control externo del trabajo que definiría el contenido del ejercicio profesional. En lo relativo al segundo tipo de tensiones, por un lado reflejan la inadecuación o los límites de las nuevas competencias preconizadas, y por otro indican que los docentes, como cualquier grupo profesional, consideran que no se puede delegar o imponer desde el exterior la elección de los medios adecuados (Abbott, 1988). Por último, los nuevos modos de regulación institucional suscitarán reticencias o desilusiones llegado el momento de evaluar cuantitativamente los compromisos personales. En los últimos años y en diferentes países se han efectuado varios estudios sobre el aspecto "conservador" del cuerpo docente: no sólo se trata de la nostalgia de un pasado terminado o de un corporativismo reticente; los grupos profesionales intentan garantizar su poder sobre la naturaleza y la organización de su trabajo, y conservar el control de su autonomía en lo que se refiere a un punto crucial: la índole del ejercicio profesional (Lang, 1999).

Conclusión

El largo período de estabilidad durante la primera mitad del siglo XX "naturalizó", de alguna manera las identidades sociales y profesionales de los docentes, como si las posiciones estuviesen definitivamente establecidas después de una lenta conquista, dificultando la adaptación a las transformaciones del aparato educativo y a las condiciones de escolarización a partir de los años sesenta. La rapidez y la amplitud de los cambios acentuaron las crisis de la identidad tradicional. Su desgaste progresivo no propició la aparición de una nueva figura del maestro contemporáneo, a pesar de que el modelo del docente "práctico y reflexivo" hoy domina las estructuras de formación profesional. Como sucede con otros grupos profesionales, podemos considerar que asistimos a la desaparición de las identidades colectivas uniformes.

En este contexto de debilitamiento de la cohesión de los grupos y de incertidumbre en cuanto a sus misiones, la política de profesionalización constituye necesariamente una fuente de polémica. De cierta manera, reproduce las tensiones que existen entre la autonomía y el control, características de estos grupos profesionales bajo la tutela del Estado, desde el origen de los mismos hasta el siglo XIX. Pero más aún, al imponer la profesionalización sin el consentimiento (negociado) de los actores, la misma puede poner en tela de juicio la propia índole del oficio, la elección y la naturaleza de las acciones profesionales y la actitud frente al oficio, elementos primordiales de la autonomía de un grupo profesional.

Es fácil comprender que dentro del proceso de profesionalización de los oficios del ámbito educativo se encuentren ciertos principios, valores y actitudes que se difunden en el conjunto de la sociedad: establecer objetivos a nivel nacional, delegar (a un nivel local) la elección de instrumentos educativos, estimular la innovación, responsabilizar a los agentes devenidos en actores, disminuir el nivel de cualificación formal en beneficio de la capacidad de adaptarse a las situaciones locales, desarrollar procedimientos de regulación *a posteriori*, elaborar sistemas de evaluación, etcétera. Cada categoría de actores considera estos elementos como una ventaja o una desventaja. El ciudadano puede considerarlos como la herramienta que utiliza una organización compleja e imponente para resolver el desafío de la escolarización actual e interrogarse sobre los peligros de una desregulación, de tipo centralizadora o neoliberal, que a menudo fortalece la segregación y confunde democratización con servicio público, es decir, la adaptación a las exigencias de los usuarios locales, lo que, claro está, es legítimo aunque insuficiente. La profesionalización del oficio docente no excluye "desvíos" administrativos y de gestión, pero tampoco interfiere en las opciones que elige una sociedad.

Bibliografía

Abbott, A. (1988), *The System of the Professions. An Essay of the Division of Expert Labour*, Chicago, University of Chicago Press.
Barrère, A. (2002), "Pourquoi les enseignants ne travaillent-ils pas en équipe?", *Sociologie du Travail*, 44, pp. 481-497.
Berger, I. (1979), *Les instituteurs d'une génération à l'autre*, París, Presses Universitaires de France.
Bucher, R. y Strauss, A. (1961), "La dynamique des professions", en: Strauss A., (1992), *La trame de la négociation*, París, L'Harmattan.
Chervel, A. (1993), *Histoire de l'agrégation – Contribution à l'histoire de la culture scolaire*, París, INRP y Éditions Kimé.
Courpasson, D. (1997), "Régulation et gouvernement des organisations. Pour une sociologie de l'action managériale", *Sociologie du travail*, 1, (1997), pp. 39-61.
Demailly, L. (1999), "En amont et en aval du slogan 'Gérer les compétences', la question du pilotage politique du service public d'éducation", *Recherche et Formation*, 30, pp. 7-22.
Dubar, C. (1991), *La socialisation - Construction des identités sociales et professionnelles*, París, A. Colin.
─────── (2003), "Sociologie des groupes professionnels en France: un bilan prospectif", en Menger, P. M. (dir.), *Les professions et leurs sociologies*, París, Éd. de la Maison des sciences de l'homme.
Dubet, F. (1994), *Sociologie de l'expérience*, París, Seuil.
Esteve, J. M. y Fracchia, A. F. B. (1988), "Le malaise des enseignants", *Revue française de pédagogie*, 84, pp. 45-56.
Eurydice (2004), *La profession enseignante en Europe: profil, métiers et enjeux*, rapport IV: "L'attractivité de la profession enseignante au 21ᵉ siècle", Bruselas, Commission européenne, Direction générale de l'éducation et de la culture. http://www.eurydice.org
Geay, B. (1999), *Profession: instituteurs. Mémoire politique et action syndicale*, París, Seuil.
Hughes, E. C. (1958), *Men and Their Work*, Glencoe, Illinois, The Free Press.
─────── (1996), *Le regard sociologique*, París, Écoles des Hautes Études en Sciences sociales.
Ion, J. (1990), *Le travail social à l'épreuve du territoire*, Toulouse, Éditions Privat.
Isambert-Jamati, V. (1967), "Permanence ou variations des objectifs poursuivis par les lycées depuis cent ans", *Revue française de sociologie*, VIII, n° spécial, pp. 57-79.
─────── (1985), "Les primaires, ces 'incapables prétentieux', *Revue française de pédagogie*, n° 73, pp. 57-65.
Kaddouri, M. (2005), "Professionnalisation et dynamiques identitaires", en Sorel M., Wittorski, R., *La professionnalisation en actes et en questions*, París, L'Harmattan.
Larivain, C. y Cormier, J. Y. (2005), "Portrait des enseignants de collèges et lycées. Interrogation de 1 000 enseignants du second degré en mai-juin 2004", *Les*

Dossiers, 163, París, Ministère de l'Éducation nationale, de l'Enseignement supérieur et de la Recherche, Direction de l'évaluation et de la prospective.

Lang, V. (1999), *La professionnalisation des enseignants*, París, PUF.

Lessard, C. (1991), "Le travail enseignant et l'organisation professionnelle de l'enseignement: perspectives comparatives et enjeux actuels", en Lessard C., Perron M., Belanger P.W., *La profession enseignante au Québec - Enjeux et défis des années 1990*, Québec, Institut québécois de recherche sur la culture.

Maroy, C. (1992), L'école à la lumière de la sociologie des organisations, *Education et Formation*, Liège, septiembre de 1992, pp. 27-50.

Maycur, F. (1981), *De la Révolution à l'Ecole républicaine*, en Parias, L. H. (dir.), *Histoire générale de l'enseignement et de l'éducation en France*, t. III, París, Nouvelle Librairie de France. Reedición Perrin 2004.

Muel-Dreyfus, F. (1983), *Le métier d'éducateur – Les instituteurs de 1900, les éducateurs spécialisés de 1968*, París, Éditions de Minuit.

Nique, C. (1991), *L'impossible gouvernement des esprits, Histoire politique des écoles normales primaires*, París, Nathan.

Ozouf, J. (1967), *Nous les maîtres d'école. Autobiographies d'instituteurs de la Belle Epoque*, París, Julliard.

Périer, P. (2001), "Devenir professeur des écoles: enquête auprès des débutants et anciens instituteurs", *Les Dossiers Education et formations*, 123, París, Ministère de l'Education nationale, Direction de la programmation et du développement.

Perrenoud, P. (1994), *La formation des enseignants entre théorie et pratique*, París, L'Harmattan.

Popkewitz, T. S. (1994), "Professionalization in teaching and teacher education: some notes on its history, ideology, and potencial", *Teaching & Teacher Education*, 10, (1).

Prost, A. (1968), *Histoire de l'enseignement en France - 1800-1967*, París, A. Colin.

─────── (1981), *L'école et la famille dans une société en mutation. 1930-1980*, en: Parias, L. H. (dir.), Histoire générale de l'enseignement et de l'éducation en France, t. IV, París: Nouvelle Librairie de France. Reedición Perrin 2004.

Rayou, P. y Van Zanten, A. (2004), *Enquête sur les nouveaux enseignants. Changeront-ils l'école?*, París, Bayard.

Robert, A. (1995), *Le syndicalisme des enseignants*, París, La Documentation française, CNDP.

Savoie, P. (2000), *Les enseignants du secondaire. Le corps, le métier, les carrières. Textes officiels 1802-1914*, t. 1, París, INRP Economica.

Tardif, M., Lessard, C. y Gauthier, C. (dir.), (1998), *Formation des maîtres et contextes sociaux*, París, Puf.

Thélot, C. (1993), *L'évaluation du système éducatif*, París, Nathan.

Weber, M. (1995), *Economie et société*, t. 1: "Les catégories de la sociologie", París, reed. Press Pocket.

Van Zanten, A. (2000), "Massification et régulation du système d'enseignement. Adaptations et ajustements en milieu urbain défavorisé", *L'Année sociologique*, 50, (2), pp. 400-436.

Profesionalización docente: consideraciones sociológicas*

Emilio Tenti Fanfani

Introducción

Desde hace algún tiempo la discusión a propósito de la "profesionalización de los docentes" tiende a ocupar un lugar destacado en la agenda del campo de la política educativa, no sólo en América Latina sino en otras latitudes (Europa y los Estados Unidos, por ejemplo). Sin embargo, sería ingenuo pensar que el debate acerca del sentido y contenido de la profesionalización supone la adaptación de soluciones técnicas. En este artículo compartimos la posición del profesor Vincent Lang, publicada en este mismo libro cuando sostiene que lo que en este caso está en juego es la cuestión del control de la autonomía en el trabajo docente. De esta manera, el sentido de la profesionalización es un objeto de lucha donde confluyen múltiples actores colectivos e intereses que es preciso identificar. Al mismo tiempo, no se puede comprender la emergencia de esta cuestión si no se tienen en cuenta algunas transformaciones en la sociedad y en el propio sistema educativo que ponen en crisis las identidades colectivas de los docentes, en especial aquellas que estructuraron su propia emergencia como categoría ocupacional en el momento constitutivo de los sistemas educativos de Estado.

En las notas que siguen se presentan algunas reflexiones acerca de los cambios en diversos planos de la vida social que ponen en crisis

---

* Comentarios a la ponencia del profesor Vincent Lang titulada "La construcción social de las identidades profesionales de los docentes en Francia. Enfoques históricos y sociológicos" publicada en este libro.

la identidad tradicional de los trabajadores de la educación. En un segundo momento se discutirán los contextos organizacionales y las lógicas que condicionan el trabajo docente y estructuran la lucha por la definición del sentido de las estrategias de profesionalización.

1. Cambios sociales y trabajo docente

Existe una serie de cambios sociales que, junto con las transformaciones acontecidas en los sistemas educativos, interpelan el trabajo de maestros y profesores de educación básica.[1] Estas transformaciones constituyen el telón de fondo sobre el que se desenvuelve la lucha por la renovación de la identidad docente. Más que un análisis detallado de cada una de ellas, lo que sigue es una enunciación descriptiva de algunos factores que en su conjunto terminan por enmarcar la emergencia de nuevas problemáticas y desafíos al trabajo y la experiencia cotidiana de los docentes.

Según observan algunos, "existe siempre una distancia entre la imagen ideal que los docentes se hacen de su vocación y de su función, y la realidad de su práctica, a menudo decepcionante, dado el estado de los alumnos y de la sociedad" (Dubet F. y Duru-Bellat M., 2000, p. 19). El panorama se complica si se tiene en cuenta que, por lo general, la sociedad tiende a esperar más de lo que la escuela es capaz de proporcionar. En la mayoría de las sociedades latinoamericanas se le asignan a la escuela una serie de funciones múltiples y en no pocos casos contradictorias. Al mismo tiempo, esta acentuación del carácter multifuncional de la escuela no se corresponde con el volumen y la calidad de los recursos que se le asignan. La consecuencia de esta relación es la decepción y el desencanto social respecto de la escuela y un profunda sensación de malestar en el cuerpo docente, que percibe no poder estar a la altura de las circunstancias.

---

[1] En este artículo usaremos una definición amplia de educación básica que incluye a los tradicionales niveles primario y secundario (básico y superior).

a) Masificación de la escolaridad con exclusión social

En todos los países los docentes se enfrentan con el desafío de atender a más alumnos (masificación). Sin embargo, esto no es todo, ya que también deben atender a otros alumnos, dados los grandes cambios en la morfología social de los inscriptos.

En estas condiciones existe cada vez menos acuerdo inmediato entre el contenido del programa escolar (que tiende a cambiar con cada "reforma educativa"), el saber del docente y el deseo (o interés) de aprender de los alumnos (en todo caso, esta coincidencia sólo se realiza en ciertos establecimientos y para ciertos alumnos, por lo general de las clases dominantes).

Por otra parte se encuentran los alumnos que en muchos casos provienen de sectores socialmente excluidos como consecuencia de las transformaciones en los modos de producción, la concentración en los sistemas de distribución de la riqueza y las inéditas facetas que adopta la situación social contemporánea.

El desfase entre el conocimiento y las competencias que pueden movilizar los docentes y los problemas que deben atender en el salón de clases, convierte a la enseñanza en un oficio que cada vez compromete más a la persona y que expone al docente en tanto individuo (en mayor medida que en su condición profesional). La inversión/inmersión personal en la actividad docente puede ser gratificante, pero también puede ocasionar situaciones frustrantes, en especial cuando no se cuenta con las competencias y condiciones de trabajo adecuadas y por lo tanto no se alcanzan los resultados esperados.

La masificación de la enseñanza con exclusión social plantea nuevas contradicciones. En efecto, cuando no existen determinadas condiciones sociales para el aprendizaje, muchos profesores no se resignan a "bajar el nivel" de la enseñanza de su disciplina, y al mismo tiempo mantienen su adhesión al ideal de la igualdad de oportunidades. Esta pareciera ser una contradicción casi generalizada, incluso en los países más desarrollados. En América Latina, la cuestión adquiere facetas más dramáticas, en la medida en que en muchos casos se hace difícil contener y retener a ciertos alumnos, y al mismo tiempo enseñar y desarrollar conocimientos poderosos que habiliten a las nuevas generaciones a competir en igualdad de oportunidades en un mercado de trabajo cada vez más estrecho y segmentado. La escuela defendió siempre la igualdad de principio de todos los estudiantes y la justicia de una selección de los mejores en función del mérito. Esto no deja de ser una tensión no siempre bien resuelta, en especial en sociedades objetivamente muy desiguales. Pese a las declaraciones de principio, la evidencia indica que subsiste una contradicción entre el ideal de la igualdad de resultados de aprendizaje y la realidad de la desigualdad de las posiciones sociales (ocupación, estatus, dinero, etcétera). Esta contradicción entre los ideales y las realidades objetivas obliga a preguntarse continuamente para qué sirve la educación en una sociedad con altas tasas de desempleo, subempleo y un mercado de trabajo que ofrece posiciones altamente estratificadas y jerarquizadas.

En el nuevo contexto social y cultural, la institución escolar tiende a ser vista por los docentes como "una isla de orden en un océano de ignorancia y desorden" (Dubet y Duru-Bellat, 2000, p. 45). La crisis social tiende a ser percibida como crisis moral. Los problemas de disciplina, la violencia escolar, los desórdenes, la poca predisposición al esfuerzo, la falta de interés, etcétera, son la expresión de los defectos de la educación. Los docentes ven amenazada su identidad y tienden a sentirse obligados a convertirse en trabajadores sociales, educadores y psicólogos[2].

El profesor Vincent Lang (1999) recuerda algunos avatares históricos de la lucha por la definición del oficio docente como relacionado exclusivamente con la transmisión del conocimiento, excluyendo progresivamente las tareas poco valoradas socialmente tales como la vigilancia y el disciplinamiento de los alumnos, o la alimentación, que fueron delegadas a otros agentes profesionales menos prestigiosos (los celadores y el personal de intendencia).

Hoy tienden a desaparecer las condiciones sociales sobre las que se construía la autoridad escolar. El debilitamiento de las institucio-

---

[2] En Francia, la mayoría de docentes insiste en reafirmar su rol en relación con el conocimiento y el 70% de los profesores de las ZEP (el programa que atiende Zonas de Enseñanza Prioritaria) y el 63% de sus colegas rechaza la idea de que "ser un trabajador social forma parte de su oficio" (Dubet F. y Duru-Bellat M., 2000, p. 153). En otros países este tipo de prejuicio no existe. Es probable que en América Latina, y en especial en la Argentina tampoco. Las circunstancias y su propio *ethos* profesional los inducen a no rechazar la función asistencial, pero la misma les hace vivir esta circunstancia en forma muy contradictoria ya que es la fuente de muchas quejas y malestares.

nes (estamos ya lejos de la escuela como "templo" y el "magisterio como apostolado"), que obedece a un conjunto complejo de causas deja, a los docentes la responsabilidad de construir cotidianamente su autoridad ante los alumnos, las familias y la comunidad. No basta el "nombramiento" y la ocupación de un puesto en la institución para dar por descontado el reconocimiento, la valoración y la escucha. La autoridad del adulto ya no se presenta como "natural". La autoridad pedagógica, ingrediente necesario para la eficacia del trabajo educativo es cada vez más el producto de un esfuerzo personal de los docentes. Estos deben convertirse nuevamente en líderes y "motivadores", "seductores", etc., con lo que vuelve a entrar por la ventana de la posmodernidad lo que había salido por la puerta de la modernidad y su racionalidad técnico-profesional.

Los docentes tienden a demandar más recursos, no solamente financieros, de infraestructura y tecnológicos, sino también humanos. Al mismo tiempo, frecuentemente se sienten desbordados por una carga cada vez más pesada, no solo porque la actividad exige más tiempo y otras competencias profesionales y técnicas, sino también porque demanda un compromiso personal y emocional cada vez mayor. Tiende a difundirse la percepción de que las actividades que no se relacionan con la tarea específica de enseñanza deberían ser encomendadas a otro tipo de personal especializado: psicopedagogos, asistentes sociales, tutores, psicólogos sociales, animadores culturales, entre otros. Este enriquecimiento de la institución escolar resulta costoso y nada garantiza que un aumento de recursos cambie su naturaleza, sin embargo, es difícil imaginar un cambio de naturaleza sin nuevos recursos.

La oposición entre lógica escolar y lógica popular está instalada en el corazón mismo de la definición del oficio entre los docentes que trabajan en sectores populares. Entre ellos se tiende a expresar un juicio negativo y pesimista sobre los alumnos y su interés y capacidad para aprender. A su vez, manifiestan una visión más negativa acerca de las capacidades de aprendizaje de los alumnos, dada la existencia de problemas de disciplina y motivación y de un déficit de interés y acompañamiento por parte de las familias. El resultado es una actitud ambivalente, ya que valoran su función social y, pese a cierto fatalismo y cansancio que se expresa en el discurso, a la hora de la práctica se adaptan a las difíciles circunstancias y en muchos casos hacen gala de gran entusiasmo e imaginación a la hora de resolver los problemas cotidianos de la escuela. Por ejemplo, en ciertas circunstancias adaptan los contenidos curriculares a las características y posibilidades de los niños, aun a riesgo de reducir las exigencias de aprendizaje, y en las evaluaciones no sólo se fijan en los logros cognitivos, sino también en otros objetivos tales como la socialización, la buena voluntad, el esfuerzo, el "progreso" realizado por el alumno. Por lo general tratan de encontrar mediaciones y puentes entre el saber escolar y el saber del alumno, privilegiando, por ejemplo, lo oral en relación con lo escrito. De todos modos, estos intentos de adaptación y mediación se viven con cierta conciencia de que existe un problema de transmisión.[3]

El trabajo colectivo se convierte en una alternativa para hacer frente a las nuevas y complejas situaciones. Romper el aislamiento (cada maestro dueño de sus alumnos, encerrado en su aula) afecta la autonomía en el salón de clase. Por otra parte, estas condiciones sociales de trabajo tienden a borrar las tenues fronteras entre lo relacional y lo profesional, vuelven más difusa la frontera entre la persona y el rol. Pero la implicación personal es vivida con angustia. En efecto, ¿cómo trabajar en contextos muy difíciles, sino se hace la apuesta "voluntarista" por la "educabilidad", si uno no se persuade cada día de que todos los alumnos pueden progresar? Pero, ¿hay que tener en cuenta la situación social hasta el punto de renunciar a tratar a todos por igual? (con condescendencia). Los profesores enfrentan el dilema de "adaptar sus prácticas a las características de los aprendices, pero sin bajar el nivel de exigencia", esto no siempre es fácil ya que se puede caer en el "pedagogismo", que consiste en la creencia en las soluciones simples, el esquematismo, las recetas (lo que el sociólogo francés François Dubet llama "la inflación pedagógica"). El dilema se resuelve con una actitud respetuosa de la complejidad y una relación con

---

[3] En Francia solo el 44% de los docentes de zonas ZEP dicen que "es totalmente cierto que en la realidad actual del oficio, ellos transmiten saberes y conocimientos" (Dubet y Duru-Bellat, 2000, p. 155), mientras que la proporción que afirma lo mismo en general es del 62%. En la Argentina, Brasil, Perú y Uruguay, por una serie de razones que no es preciso discutir aquí, la mayoría de los docentes tiende a distanciarse de la idea de la transmisión de conocimientos como constitutiva de su actividad en el aula. Más que transmisores se tienden a verse como "facilitadores" del aprendizaje de los alumnos. A su vez, para la absoluta mayoría de los docentes de esos países la educación tiene como función "desarrollar la creatividad y el espíritu crítico" y no "transmitir conocimientos actualizados y relevantes" (Tenti Fanfani, 2005).

el saber pedagógico-didáctico más madura y "culta", que no consiste en una simple aplicación, sino en un uso creativo del capital de conocimientos y herramientas acumulados en el campo de la pedagogía, la didáctica, el currículo y las otras *ciencias de la educación*.

b) Los cambios en las relaciones de poder entre las generaciones y en la estructura y dinámica de los grupos familiares

Los cambios en la composición de los grupos de alumnos, producto de la escolarización masiva con viejas y nuevas formas de exclusión social, no agotan los cambios en el escenario social que ponen en crisis las viejas identidades docentes.

Las transformaciones en las relaciones entre viejas y nuevas generaciones también impactan la vida cotidiana de los docentes, en tanto agentes sociales encargados de acompañar el crecimiento de la infancia y la adolescencia. Estos cambios tienen varias manifestaciones. En primer lugar, afectan las relaciones de poder, ya que los niños, adolescentes y jóvenes, que en su mayoría están escolarizados, ahora son reconocidos como sujetos de derechos específicos y demandan en forma creciente su vigencia efectiva en todos los ámbitos donde transcurre su existencia. Estas nuevas relaciones de poder han puesto en crisis los viejos dispositivos escolares que contribuían a la producción de la autoridad pedagógica y al mantenimiento de un orden determinado que permitía el funcionamiento normal de las instituciones. Hoy muchos docentes no encuentran siempre las soluciones adecuadas para garantizar el reconocimiento y la autoridad pedagógica ante sus alumnos. Tampoco se encuentran siempre soluciones satisfactorias en el campo de los mecanismos (reglas, reglamentos, dispositivos institucionales, entre otros) que faciliten la producción de un orden democrático que favorezca el logro de los objetivos propuestos. Hoy se espera que este orden democrático sea un orden coproducido, es decir, que cuente con la cooperación y participación activa e institucionalizada de los alumnos.

Dadas estas nuevas circunstancias, el orden democrático y la autoridad pedagógica constituyen importantes objetivos, pero de consecución muy problemática. Si a este protagonismo de las nuevas generaciones se agrega la aparición de marcadas subculturas juveniles y adolescentes cada vez más alejadas del canon cultural propio de las generaciones adultas, la cuestión termina por complicarse hasta límites que en muchos casos vuelven imposible incluso la comunicación básica entre docentes y alumnos.

Diversas evidencias empíricas muestran que, en especial en la enseñanza media (básica y superior), la *cuestión juvenil* es un nuevo problema que afecta profundamente el trabajo de los docentes. Estos, en tanto representantes del mundo adulto, en muchos casos no comprenden y no comparten los sistemas de valores que son propios de los jóvenes (y viceversa). Una amplia mayoría de los docentes de educación básica de la Argentina, Brasil, Perú y Uruguay tiene una idea extremadamente crítica y negativa acerca de la apropiación de determinados valores *clásicos* (el amor a la libertad, la justicia, la solidaridad, el respeto a la naturaleza, etc.) entre la juventud actual (Tenti Fanfani, 2005). Esta visión negativa seguramente constituye un obstáculo para la comunicación y la comprensión recíproca entre docentes y alumnos en muchas instituciones educativas. La convivencia y la cooperación pedagógica entre maestros y alumnos se vuelve cada vez más difícil en la medida en que los docentes no han sido formados para entender y valorar las particularidades de las subculturas juveniles y adolescentes. Las instituciones escolares, salvo casos excepcionales, tampoco han encontrado los dispositivos y mecanismos que permitan expresar estas nuevas realidades políticas y culturales y por lo tanto encuentran grandes dificultades para cumplir con las funciones que les encomiendan los marcos legales, y las políticas y programas de reforma educativa.

Por último, a los cambios en las relaciones entre viejas y nuevas generaciones hay que agregar aquellas transformaciones que ocurren en el campo de las estructuras y dinámicas de las configuraciones familiares. La escuela y el trabajo docente tenían una identidad que en parte era el resultado de una división del trabajo de socialización de las nuevas generaciones. En su momento fundacional (mediados del siglo XIX), el capitalismo privilegió el desarrollo de un tipo de familia ideal, nuclear, con un claro dominio masculino, relativamente estable. Esta "familia en singular" asumió determinadas responsabilidades en relación con la escuela y el proceso de aprendizaje de los niños. Ciertas cosas le correspondían a la familia y otras a la escuela. La primera se hacía cargo de la contención afectiva, la alimentación, la enseñanza de valores básicos de comportamiento, etcétera. Incluso las familias populares que enviaban a sus hijos a la escuela se hacían responsables (y debían estar en condiciones de hacerlo) de acompañar el trabajo de aprendizaje de sus hijos. Los maestros daban por descontadas ciertas cualidades que los niños debían traer a la escuela para que pudieran desempeñar su rol de alumnos.

En la actualidad el panorama social ha cambiado profundamente. Pocas familias se acercan a ese ideal, hegemónico en el momento fundacional de la escuela moderna. Las familias son puestas en el banquillo de los acusados: ellas no acompañan el aprendizaje de los alumnos,[4] mantienen una actitud pasiva y se despreocupan por lo que sucede en la escuela, no participan, etcétera. La instrucción escolar no se puede apoyar en el trabajo educativo de los padres. En las clases medias, los padres se convierten en *pragmáticos* que tratan de sacar el mayor provecho de la escuela y se convierten en "profesionales" del control del trabajo escolar. Muchos docentes e instituciones no han encontrado todavía la manera de definir una nueva división del trabajo frente a la multiplicación de las configuraciones familiares, la inestabilidad y flexibilidad de sus estructuras y dinámicas, y la carencia de recursos básicos, no solo económicos, sino también afectivos, temporales, etcétera. necesarios para acompañar el crecimiento y el aprendizaje escolar de las nuevas generaciones. Los docentes oscilan entre la queja por la falta de participación de los padres o por el intervencionismo, que en muchos casos juzgan excesivo, y que constituye un obstáculo para su propio trabajo en las instituciones. Muchas veces ni éstas ni los docentes están en condiciones de proveer y hacer lo que no proveen ni hacen las familias. El resultado es un aumento en el grado de dificultad y complejidad de trabajo docente que con frecuencia produce una sensación de malestar e impotencia que inevitablemente afecta la identidad profesional de los trabajadores de la educación.

---

[4] No debe extrañar pues que una mayoría de docentes (cercana al 80%) de la Argentina, Brasil, Perú y Uruguay señale que "el acompañamiento y apoyo de las familias" es un factor determinante del éxito escolar de los alumnos (Tenti Fanfani, 2005).

c) Las innovaciones en el campo de las nuevas tecnologías de la información y la comunicación

Todo el mundo conoce y vive los cambios vertiginosos que en la actualidad se desarrollan en el campo de la producción y difusión de bienes culturales (información, productos simbólicos, etcétera). Las denominadas Nuevas Tecnologías de la Información y la Comunicación NTIC están presentes en múltiples dimensiones de la vida cotidiana de la mayoría de los individuos. De hecho, los que aparentemente están fuera de su radio de influencia se convierten en excluidos tecnológicos y culturales, y tanto las instituciones educativas como los docentes no son usuarios intensivos de NTIC. Sin embargo hay muchas razones para pensar que la escuela debería ser un ámbito privilegiado en cuanto al uso de las mismas tanto en sus procesos pedagógicos como administrativos o de gestión.

La acción pedagógica es estructuralmente una relación de comunicación. La introducción intensiva de las NTIC en el trabajo docente (en los procesos de enseñanza/aprendizaje) constituye un desafío mayor a la identidad y el perfil profesional del docente. Muchas propuestas consideran que éste es un eje fundamental de cualquier política de profesionalización docente. Como se verá más adelante, la profesionalización docente no se agota en una simple cuestión de formación y modernización del capital cultural de los docentes. Por otro lado, si bien es cierto que el aprendizaje y uso de las NTIC no es más que un capítulo de una política integral de formación inicial y permanente de los educadores, es imposible negar sus implicaciones prácticas en la dimensión técnica e instrumental del saber docente.

La mayoría de los docentes latinoamericanos comparte una visión positiva en relación con las potencialidades del uso de las NTIC en su práctica profesional, pese a que una consistente minoría (alrededor del 20% en el caso de los docentes de la Argentina, Brasil y Uruguay) comparte ciertos temores, en especial en canto a que pueden "reemplazar" al docente en el aula, o bien puedan "alentar el facilismo de los alumnos".

En síntesis, la proliferación de nuevas herramientas tecnológicas en diversos ámbitos de la producción y la vida social, produce una sensación de obsolescencia en muchos docentes que se ven excluidos de la posibilidad de acceder al uso de herramientas tecnológicas poderosas para solucionar problema específicos en su trabajo cotidiano en las aulas. Este efecto es tanto más pronunciado cuando desde el campo de las políticas educativas se insiste en desarrollar programas relativamente masivos de introducción de NTIC en las aulas, que en no pocas ocasiones consisten en la distribución de equipos más o menos sofisticados (con sus correspondientes paquetes de software), en las escuelas sin que se ofrezcan a los docentes oportunidades sistemáticas y consistentes de desarrollo de las competencias necesarias para hacer un uso racional de las nuevas tecnologías. Este tipo de desfase entre distribución de insumos materiales (tecnologías objetivadas) y competencias (tecnologías incorporadas) se asocia con el sentimiento, por parte de los docentes, "de no estar a la altura de las circunstancias".

Con frecuencia, los propios alumnos de sectores medios y medio altos urbanos de las grandes ciudades de América Latina tienen ventajas comparativas en relación con los docentes en cuanto al acceso y familiarización con las NTIC (y sus ventajas asociadas en materia de acceso y procesamiento de información del más diverso tipo). Es probable que este desequilibrio también sea un factor productor de variadas situaciones de conflicto y dificultad en el trabajo de muchos docentes.

2. Las nuevas condiciones de trabajo y la profesionalización

Sobre el telón de fondo de los cambios estructurales señalados en el apartado anterior, en la mayoría de las sociedades contemporáneas tienden a desarrollarse políticas orientadas a cambiar radicalmente los contextos organizacionales que definen el trabajo y el perfil profesional de los docentes. Para entender mejor el sentido de estos cambios y de los programas de profesionalización que le están asociados, es preciso recordar cuáles son las características más salientes del modelo de organización que dominó durante las primeras etapas del desarrollo de los sistemas educativos contemporáneos. Dicho modelo, que bien puede calificarse de burocrático, aunque muestra numerosos signos de agotamiento, todavía predomina como principio estructurante del trabajo docente en la mayoría de los países de América Latina. Los diversos intentos de reforma de las condiciones de estos profesionales docente que se emprendieron durante la década de 1990 pretendieron establecer nuevas regulaciones correspondientes a un paradigma organizacional que se puede calificar de post-burocrático. Este es el contexto general en el que diversos actores colectivos (conducción política de los sistemas educativos, especialistas, funcionarios medios del sistema, sindicatos docentes, entre otros) libran una lucha por el control del trabajo de los docentes que se desempeñan en el sector estatal del sistema educativo.

a) La burocracia educativa y la docencia: una "cuasiprofesión"

En Francia, como en la mayoría de los estados nacionales latinoamericanos, los sistemas educativos se organizaron como una burocracia. En este esquema organizacional los docentes ocuparon un estatus ambiguo. Por una parte, su actividad era definida como una misión cuya dignidad derivaba de la elevada función social que se le asignaba a la escuela (la conformación del ciudadano de la república moderna, el transmisión de valores universales que estaban más allá de toda discusión, la construcción de la idea de Patria, etcétera). Pero por la otra, el maestro era también un funcionario con un lugar muy preciso en una estructura jerárquica dominada por un conjunto de regulaciones y normas que definían con precisión sus responsabilidades, tareas e incumbencias. En pocas palabras, el docente era un apóstol y al mismo tiempo un funcionario, es decir, alguien a quien se le había asignado una función claramente establecida en los marcos legales, formativos y regulativos que estructuraban su actividad.[5] A su vez, el trabajo del maestro era supervisado por una serie de "superiores jerárquicos" (el vicedirector, el director de escuela, el supervisor, entre otros). Su actividad no sólo era regulada, sino también supervisada de cerca y en forma continua por una serie de agentes especializados. El control era de tipo claramente burocrático. En este tipo ideal de

---

[5] Este carácter ambiguo de una actividad regulada por dos principios aparentemente contradictorios (la idea de misión y el acatamiento a reglas) explica porqué Marx alguna vez se refirió a los profesores como "esos pequeños profetas pagados por el Estado".

organización no cabe la idea de "autonomía" de los agentes en la realización de las tareas que les estaban encomendadas. Había que hacer lo que estaba instituido en los reglamentos y disposiciones oficiales, y para asegurar esta conformidad existían una serie de mecanismos que garantizaban su efectivo cumplimiento.

Por otra parte, también en este contexto tradicional, los docentes se consideraron una "cuasiprofesión". En efecto, la docencia como actividad comparte ciertas características típicas de las profesiones constituidas, tales como una preparación académica, la posesión de un título que habilita y garantiza una exclusividad en la ocupación de ciertas funciones, un conjunto de reglas éticas que conforman una deontología, etcétera. Sin embargo, al contrario de lo que sucede con las profesiones liberales clásicas, los docentes "trabajan en grandes organizaciones, están sometidos a un control jerárquico, no eligen a sus 'clientes', su carrera no depende inexorablemente de sus performances" (Dubet, 2002, p. 333).

También es importante recordar que el oficio docente siempre tendió a definirse como una mezcla no siempre equilibrada de profesionalismo y vocación. La idea de "misión" impone un deber de humildad y de dedicación, cualidades clásicas del buen maestro de escuela. Este modelo tiene su *edad de oro* en la Tercera República francesa (Lang, 2006). Se trata de cualidades ético morales que condicen con su origen social (mayoritariamente de las capas inferiores de las clases medias urbanas y rurales, y las superiores de la clase obrera y la pequeña burguesía).

Los maestros mantienen un sentimiento de reconocimiento y de respeto ante la escuela, que para ellos fue "liberadora", ya que son producto de aquella. En este sentido, el discurso de la vocación es un discurso de autolegitimación: la escolarización del pueblo como misión fortalece la cohesión e identidad del grupo que trabaja en condiciones de asilamiento, asume valores republicanos como el laicismo y el pacifismo, y profesa la religión laica del amor a la Patria (de la que se sienten constructores privilegiados). En ese momento histórico, en la conciencia de los docentes existe una coincidencia entre su interés corporativo como grupo social y los intereses universales de la emancipación humana. El estado "confía a una actividad social de bajo prestigio (la instrucción de los niños de los medios populares) una misión cuya grandeza supera a quienes la llevan a cabo" (Lang, 2006). Es evidente que quienes la desempeñaban, por sus orígenes sociales en el campo de los dominados, se sintieran promovidos socialmente al asumir tal función.

El hecho de compartir una misma posición como funcionarios con una ubicación precisa en un esquema organizativo nacional y centralizado, facilitó el desarrollo de una identidad común y la constitución paulatina del grupo en un actor colectivo (a partir de la conformación de sindicatos) con una clara voluntad de ejercer un cierto control sobre las condiciones normativas que estructuraban el trabajo docente. Sin embargo, la propia expansión del sistema educativo, la configuración de distintos "niveles" (preescolar, primario, secundario, superior) y modalidades del sistema, contribuyeron también a mantener cierto grado de heterogeneidad en el cuerpo docente. La cuestión de la unidad en la heterogeneidad (que también es social, de género, por especialidad, territorial, etcétera) se convirtió en un desafío permanente para las instituciones que ejercían la representación colectiva de esta estratégica y masiva categoría ocupacional.

b) La emergencia de las organizaciones post-burocráticas

La crisis del Estado nacional moderno es también la crisis del modelo de organización burocrático. La tendencia a la conformación de un capitalismo internacional sin fronteras, las grandes transformaciones en la ciencia y la tecnología moderna y sus impactos sobre los modos de producción, la estructura social, la cultura y la política, y sus efectos sobre la conformación de las identidades individuales y colectivas, han puesto en crisis los principios que estructuraban el trabajo de los docentes en los sistemas educativos de Estado. La lucha por la definición del sentido de la profesión docente se inscribe en este contexto de cambio social profundo. En cierta medida tiene un alcance *universal*. Sin embargo adquiere manifestaciones particulares en cada contexto nacional.

En verdad, la mayoría de las políticas de profesionalización docente, en especial aquellas que se generaron al calor de las "reformas educativas" de la década de los años noventa, buscaron transferir al sistema educativo los nuevos modelos de organización característicos de las organizaciones más dinámicas del capitalismo moderno. Estas ya no responden a los patrones clásicos de la organización burocrática. El filósofo francés Gilles Deleuze (1990), en un pequeño texto escrito poco antes de su muerte, observa que las *sociedades de control* comienzan a reemplazar a las organizaciones disciplinarias tradicionales. Mientras en éstas la dominación se concreta en reglas y órdenes o mandatos que los agentes tienen que cumplir, los nuevos mecanismos de control ejercen una especie de efecto estructural sobre los individuos. El control contemporáneo se basa en nuevas tecnologías desarrolladas a partir de los avances en los sistemas de información y comunicación que permiten superar los límites de las instituciones clásicas, como su carácter espacial (la fábrica situada en un lugar específico) y temporal. Por otra parte, las grandes organizaciones tienden a reconvertirse en pequeñas unidades flexibles que trabajan en red y gozan de un elevado grado de autonomía de decisión. Ya no están obligadas a ejecutar un plan diseñado por una autoridad central, y disponen de recursos que ceben emplear con un alto grado de libertad con el fin de lograr unos objetivos determinados. No actúan obedeciendo órdenes o mandatos, sino persiguiendo fines cuya realización será evaluada *ex post* tomando como base los resultados.

Según Luc Boltanski y Eve Chiappello (1999), el capitalismo en su fase actual de desarrollo pareciera haber encontrado un nuevo "espíritu". Este actúa como una especie de elemento motivador que induce a los individuos a implicarse "en cuerpo y alma" en las organizaciones de la producción capitalistas. ¿Cómo se logra esta implicación? En primer lugar poniéndole un límite al fordismo, entendido como proceso de segmentación del proceso productivo en unidades simples (cada individuo responsable de una operación específica, que sólo tiene sentido si se lo inserta en el proceso total de producción de un producto o servicio). En el modelo de organización emergente los productores se reapropian de una parte del sentido de su trabajo. Ya no son ejecutores de órdenes o agentes que obedecen a un reglamento que prescribe en detalle lo que tienen que hacer, por el contrario "trabajan en equipo" y tienen la responsabilidad de "trabajar con base en proyectos". La flexibilidad y la inestabilidad (en el lugar de trabajo y en el mercado de trabajo), la polivalencia, el pago por rendimiento, se convierten en rasgos que reemplazan las típicas estructuras de puestos o cargos jerárquicamente ordenados y asociados con diplomas o certificaciones. Los agentes se incorporan a los proyectos en función de sus competencias y son remunerados por el valor o calidad de sus productos.

En este modelo emergente típico de las organizaciones productivas más dinámicas del capitalismo actual, los agentes deben hacer uso de toda una serie de competencias que van más allá de la simple aplicación de técnicas. Tienen que usar la creatividad, tienen que comprometer su persona en la producción. La personalidad (la ética, la confianza, el entusiasmo, la creatividad, etcétera) se convierte en una cualidad productiva. El tiempo de la vida se confunde con el tiempo de la producción. Es difícil, en estas condiciones, separar lo privado de lo público/productivo. Según el discurso (ingenuo o interesado) de los teóricos del *management* moderno, este modelo de organización constituye una oportunidad única para superar la clásica alineación del trabajo en las organizaciones fordistas.

c) La lucha por la definición del contenido de la profesionalización

Muchas de las propuestas de profesionalización docente se inscriben en políticas más amplias que buscan introducir cambios sustantivos en la organización del sistema educativo como totalidad (descentralización, autonomía de las instituciones, financiamiento a la demanda, entre otras), así como en la dinámica y estructura de las propias instituciones educativas autónomas (el director como "gerente" o "gestor" del proceso de formación, con capacidad de contratar docentes, "liderar" proyectos institucionales, coordinar el trabajo en equipo, etcétera). En este sentido, el programa de profesionalización docente no sería más que la transferencia (con las necesarias adaptaciones) de los modelos de organización y gestión del capitalismo postfordista al campo de la educación pública.

El texto de Lang, que sintetiza el estado de la discusión actual acerca de la profesionalización docente en Francia, presenta dos paradojas. La primera es que la actividad docente se vuelve cada vez más compleja, pero la consideración o prestigio social de la misma tiende a disminuir. Por otra parte, el desfase tradicional entre la definición ideal y la realidad del oficio tiende a aumentar. No debe extrañar pues que el malestar y la disconformidad tiendan a formar parte del estado de ánimo de la mayoría de los docentes.

Entre otras razones de este malestar se cita "la multiplicidad de tareas" que muchos docentes están obligados a desempeñar (sin tener preparación ni recursos adecuados), en virtud de la necesidad de atender a un público (alumnos y familias) víctima de la "nueva cuestión social" (inmigrantes y excluidos del empleo y del ingreso). El mismo fenómeno se presenta, pero en forma ampliada, en la mayoría de los países de América Latina.

Pero junto con esta necesidad de atender situaciones extremadamente complejas, el trabajo de los docentes se vuelve cada vez más "concreto", es decir, contextualizado. Cualquier trabajo es más "concreto" (en el sentido marxista clásico del término) cuando el que lo ejecuta usa no sólo sus competencias genéricas (determinados procedimientos técnicos) sino sus propias cualidades personales tales como el interés, la pasión, la paciencia, la voluntad, sus convicciones, la creatividad y otras cualidades de su personalidad que no están codificadas ni estandarizadas, ni se pueden aprender mediante cursos o entrenamientos formales. En las condiciones actuales el oficio tiende a construirse cada vez más a través de la experiencia y no consiste tanto en ejercer un rol o una función preestablecida (incluso reglamentada), sino en construirla usando la imaginación y los recursos disponibles. La personalidad como totalidad se convierte en una competencia para construir su función. En este sentido puede decirse que el trabajo del docente se convierte en performance (Virno, 2004), es decir, un trabajo sin producto, una representación como la del artista. El éxito o fracaso de su "función" tiende a verse como producto de una personalidad. No es que hayan desparecido las normas que enmarcan su trabajo en el contexto de una organización todavía burocrática (o de burocracia degradada), sino que las nuevas condiciones los obligan a definir su oficio como una realización habilidosa, como una experiencia, como una construcción individual realizada a partir de elementos sueltos y hasta contradictorios: cumplimiento del programa, respeto a un marco formativo, preocupación por la persona del aprendiz, respeto por su identidad, particularidad y autonomía, búsqueda de rendimientos, realización de la justicia, etcétera. Es obvio que existe una tensión no resuelta, o más o menos bien resuelta por cada agente, entre las exigencias del funcionario (que cumple una función, respeta un reglamento, se hace responsable del logro de objetivos sistémicos o de política educativa general, etcétera), y las del sujeto actor (autónomo, creativo, responsable).

En términos esquemáticos se podría decir con Lang (2006) que en el debate sobre la profesionalización docente se enfrentan dos tipos puros de racionalización laboral: el modelo "tecnológico" y el modelo "orgánico". Mientras que el primero, en línea con los principios tradicionales de la burocracia y privilegia la racionalidad instrumental (medio/fin), la optimización de los recursos, la eficiencia en el uso de los mismos y la estandarización de objetivos y de procedimientos, medición de resultados, etcétera, el segundo apunta a la puesta en práctica de lógicas "indefinidas e interactivas", confiando en una especial de "improvisación normalizada". Desde este segundo paradigma, no se trata solo de imponer una racionalidad de tipo instrumental (definición de objetivos mensurables, uso eficiente de recursos, logro de objetivos, evaluación, etcétera) sino de realizar una actividad que se fundamenta en consideraciones culturales, ético-morales y políticas. Mientras que en el primer modelo reina el profesional como tecnócrata, en el segundo predomina la idea de un profesional "clínico", capaz de diagnosticar, definir estrategias en función de diversos esquemas y lógicas (no sólo instrumentales) y de producir resultados mensurables y no mensurables, inmediatos y mediatos. El primer modelo privilegia un control técnico de la actividad (mediante la estandarización de procedimientos y objetivos, evaluación en función de resultados inmediatos, mensurables y preestablecidos) el segundo confía en un autocontrol basado en la autonomía y la responsabilidad del colectivo docente.

Todo parece indicar que la mayoría de las políticas de profesionalización docente que se ensayaron con mayor o menor éxito durante el tiempo de las denominadas "reformas educativas" de los años noventa se inspiraron más en la racionalidad técnico-instrumental que en la racionalidad orgánica. La mayoría de ellas tendieron a proponer mayores dosis de "autonomía" y la *accountability* de los docentes (apelando a su creatividad, compromiso, liderazgo, trabajo en equipo, por proyectos, etcétera); al mismo tiempo, desplegaban un conjunto de dispositivos de medición de calidad de los resultados del aprendizaje (evaluación de rendimiento mediante pruebas estandarizadas), definición de mínimos curriculares y estándares de aprendizaje, evaluación de la calidad profesional de los docentes (mediante la identificación de "competencias" pedagógicas), pago por rendimiento, entre otros. Dichos dispositivos constituían en los hechos, mecanismos que reforzaban los controles externos sobre el trabajo de los docentes. Esta contradicción explica la oposición generalizada de los sindicatos docentes a las iniciativas de profesionalización generadas por expertos y técnicos que jugaron un rol relevante en los programas de reforma educativa. El paradigma suscita "resistencias y reticencias" también en Francia y Europa en general, en especial cuando domina "un enfoque tecnicista de la gestión que reduce el análisis de las acciones educativas exclusivamente a los resultados de las evaluaciones de las performances del establecimiento en el mercado escolar." (Lang, 2006).

3. Perspectivas

Es preciso recordar que en materia de profesionalización, como en cualquier otro campo del debate social, los tipos puros sólo existen como instrumentos conceptuales que ayudan a pensar estableciendo distinciones lógicas. El analista nunca debe confundir las cosas de la lógica (que enseña a realizar distinciones y diferenciaciones y luego a establecer relaciones) con la lógica de las cosas. Las políticas de profesionalización propuestas por determinados actores en circunstancias específicas nunca son políticas puras. Los tipos puros sirven para delimitar y estructurar un espacio social. Las posiciones reales están situadas en ese espacio, es decir, pueden aproximarse a uno u otro polo y raramente reproducen los tipos puros. Estos son, por definición "no contradictorios". En cambio la realidad lo es en grado sumo.

En materia de profesionalización es evidente que existe una tensión entre dos principios estructurantes de política. Por un lado el de la racionalidad instrumental o técnica (la eficiencia), y por el otro el del sentido. El modelo orgánico enfatiza esta dimensión, que remite a consideraciones de orden cultural, político y humano. Sin embargo es obvio que no se puede prescindir de la ineludible dimensión instrumental que tiene cualquier acción colectiva. Toda práctica tiene una racionalidad medio/fin que es preciso atender. El conocimiento racional técnico permite obtener eficiencia y eficacia, objetivos legítimos en un contexto de escasez estructural de recursos. De alguna manera es necesario encontrar estrategias de compromiso que incorporen elementos de ambas racionalidades.

El informe producido por el profesor François Dubet y otros especialistas en Francia (Dubet, Bergounioux, Duru-Bellat, Gauthier, 1999), propone un compromiso entre lo que él denomina "el modelo del *management*" (alumno cliente, diversificación, política de la demanda, evaluación, autonomía, eficiencia) y el modelo republicano (educación para todos, conocimiento como derecho, papel integrador de la escuela, formación de la ciudadanía, la cultura común). En ambos casos, el rol del docente es distinto. En el primero el docente es definido como un experto (pedagogo, didacta en sentido estricto), en el segundo, un movilizador o promotor social (del cual se reclama compromiso político). Los partidarios del primer modelo insisten en fortalecer el componente científico técnico del oficio. Los del segundo insisten en su compromiso social y político con las causas de los derechos humanos universales, la justicia, la libertad, la integración social, la igualdad, entre otros. Unos insisten en la función pedagógica, los otros en la función social. Los oficios públicos propios del Estado benefactor se desarrollan en medio de esta tensión entre "*el habitus de transmisión* que funda una identidad profesional basada en la formación, el ideal y las doctrinas del oficio, y un *ethos social* (...) mucho más abierto que su definición institucional, pero también mucho más diversificado socialmente en términos de opiniones sociales". Los docentes viven una *"tensión de identidad* (...) entre las dos polaridades de la *expertise* y la de la mediación" (Verpraet, 2001, p. 191). La identidad técnica se argumenta y se concreta en términos del saber, de la formación, de la especialidad. Esta identidad de la productividad también designa la identidad del aprendizaje, del hombre cognitivo. La identidad social, en cambio, se ubica en la relación, el servicio, la mediación pero también, en el *ethos* social. La tensión se traduce entre un *habitus* fuertemente sistematizado (formación, concursos, disciplinas, saberes) resultado de una trayectoria biográfica burocrática (disciplina, estatuto, carrera, selección de alumnos) y un *ethos* social más abierto hacia diversos horizontes sociales (el militantismo o el corporativismo social, por ejemplo). En ese marco los docentes en ese marco deben desarrollar capacidades de acción que se sitúan en diversos registros, tanto para responder a los controles y determinaciones estructurales que provienen de la administración, como para abordar las situaciones concretas que deben resolver en la vida cotidiana y que no están previstas en los reglamentos, leyes y ordenamientos jurídicos que estructuran su práctica.

A modo de síntesis final puede decirse que los cambios acontecidos en la sociedad y en las condiciones organizacionales del trabajo docente han terminado por poner en crisis las viejas identidades de esta ocupación. Mientras que el componente vocacional de este oficio se niega a desaparecer, puede decirse que se redefine en función de las realidades contemporáneas. Dos dimensiones clásicas de la ideología de la vocación están definitivamente en crisis. Estas son la vocación como actividad no elegida o mandato innato que el agente está obligado a asumir como una misión, y el componente de gratuidad, desinterés, y sacrificio que esa misión supone. Sin embargo, en todos los trabajos que se realizan de persona a persona (servicios personales) se exige el dominio de ciertas competencias técnicas instrumentales más un *plus* ético de "compromiso", "respeto" y "cuidado" por el otro, en este caso el niño, adolescente o alumno con quien trabaja el docente. Este elemento, que bien puede denominarse "vocacional", es considerado un componente necesario en la definición de la excelencia en la realización del trabajo docente, y por lo tanto debe ser desarrollado y fortalecido mediante políticas específicas de formación y mediante dispositivos colectivos gestionados por el propio cuerpo docente (como los tribunales de ética profesional, entre otros). Este elemento "no racional" del oficio debe ser incorporado en la definición de una nueva profesionalidad de la docencia.

A su vez la profesión, que en ciertas ocasiones tiende a reducirse a la cuestión de formación y de incorporación de dosis crecientes de conocimiento científico técnico en el trabajo del docente, no se reduce a esta cuestión. El texto de Lang (2006) es muy claro en este sentido. Hoy el aspecto determinante de la lucha por la profesionalización no es la discusión a propósito de la necesidad de una más prolongada y mejor formación de los docentes (la formación en el nivel superior, de licenciatura, e incluso maestría y doctorado), sino por la cuestión del control sobre el desarrollo del oficio. Este es el lado más conflictivo de los debates sobre, la profesionalización, y es aquí donde se enfrentan distintas posiciones, intereses y actores colectivos. En la mayoría de los países de América Latina, al igual que en Francia, en la lucha por el contenido de la profesionalización participan los responsables de la gestión de los sistemas educativos (los políticos y los altos funcionarios, asesores y expertos), el personal jerárquico y territorial (los supervisores y directores de establecimientos), el cuerpo de los especialistas, investigadores y formadores de docentes, y los propios sindicatos que expresan al colectivo de los "trabajadores de la educación". En todos los casos, la disputa es por el control de la formación y la definición de los requisitos de acceso y carrera docente, las condiciones de trabajo y las recompensas materiales y simbólicas asociadas. La diferencia de posiciones (político, funcionario, experto, dirigente gremial, etcétera) determina la variedad intereses, visiones y estrategias de profesionalización. En muchas reformas educativas de los años noventa las iniciativas en materia de profesionalización docente corrieron por cuenta de los responsables políticos y administrativos de los ministerios de educación. En los casos de México y Chile las políticas e innovaciones de profesionalización efectivamente desarrolladas se realizaron mediante la negociación y los acuerdos con las organizaciones sindicales docentes. En el caso de la Argentina, las propuestas de profesionalización corrieron por cuenta de la conducción político-técnica del Ministerio de educación. Estas suscitaron la fuerte oposición de los sindicatos docentes, quienes llegaron incluso a rechazar la idea misma de profesionalización en la medida en que la identificaban con la propuesta oficialista que ellos interpretaban como un intento de limitar el poder de la corporación sobre la definición de las condiciones de trabajo del docente. Estas diferencias nacionales en la estructura del campo de la política educativa explican por qué el sindicalismo docente mexicano terminó haciendo suyas las consignas de la profesionalización docente, mientras que los sindicatos argentinos ante la oferta de profesionalización que venía del Estado prefirieron insistir en su identidad de "trabajadores de la educación" que habían construido en la década de 1970.

Es probable que una nueva identidad del trabajo docente suponga una combinación renovadora de componentes de la profesión, la vocación y la politización. Las tres dimensiones de este oficio deben encontrar una nueva articulación a la altura de las posibilidades y desafíos del momento actual. La racionalidad técnico instrumental del oficio debe ser fortalecida para potenciar las capacidades del docente en la solución de los problemas complejos e inéditos de la enseñanza y el aprendizaje. Pero es preciso acompañar esta dimensión racional técnica del oficio con elementos de tipo afectivo, asociados a la vieja idea de la vocación. Como se dijo arriba, la docencia requiere un compromiso ético-moral que involucre el respeto, cuidado e interés por el otro, es decir, por el aprendiz concebido como sujeto de derechos. Por último, la docencia no es una actividad neutra, no es un trabajo individual sino doblemente colectivo. Es colectivo en la medida en que el maestro no trabaja solo, sino que la enseñanza-aprendizaje es el resultado de un trabajo en equipo (el docente como intelectual colectivo). Y es colectivo en cuanto trasciende la mera "formación de recursos humanos". En este sentido es una actividad profundamente política, es decir, comprometida con la formación de la ciudadanía activa y la construcción de una sociedad más justa, más libre y por lo tanto más "humana". Las evidencias indican que estos tres componentes están presentes, en mayor o menor medida en la conciencia colectiva de la mayoría de los docentes latinoamericanos (Tenti Fanfani, 2005). Para institucionalizar una nueva síntesis se requieren políticas de negociación y acuerdo entre los actores colectivos interesados (gobierno, expertos, corporaciones docentes, entre otros) que permitan conciliar los legítimos intereses corporativos del colectivo docente con los intereses generales de la sociedad.

Por último, la profesionalización también tiene una dimensión pública que no puede ser dejada de lado.

Bibliografía

Lang, V. (2006), "La construcción social de las identidades profesionales de los docentes en Francia. Enfoques históricos y sociológicos", en: Tenti Fanfani, E. (comp.), *El oficio docente: vocación, trabajo y profesión en el siglo XXI*, Buenos Aires, Siglo XXI.

Lang, V. (1999), *La professionalisation des enseigants*, París, PUF.

Boltanski, L. y Ciappello, E. (1999), *Le nouvel esprít du capitalisme*, París, Gallimard. [*El nuevo espíritu del capitalismo*, Madrid, Akal, 2002.]

Dubet, F. y Duru-Bellat, M. (2000), *L'hypocrisie scolaire. Pour un collège enfin démocratique*, París, Seuil.

Dubet, F., Bergounioux, A., Duru-Bellat, M., Gauthier, R. F. (1999), *Le Collège de l'an 2000*, París, La Documentation Française.

Dubet, F. (2004), *L'école des chances. Qu'est-ce qu'une école juste?*, París, Seuil.

Deleuze, G. (1990),"Post-scriptum. Sur les sociétés de contrôle", en: *Pourparlers 1972-1990*, París, Minuit.

Tenti Fanfani, E. (2005), *La condición docente. Análisis comparado de la Argentina, Brasil, Perú y Uruguay*, Buenos Aires, Siglo XXI.

────── (1999), *El arte del buen maestro. El oficio del maestro y el Estado Educador: ensayos sobre su génesis y desarrollo en México*, México D. F., Pax México-Librerías Carlos Césarman.

────── (1998) "*El maestro en la jaula de hierro*", en Isuani, A. y Filmus, D., *La Argentina que viene. Análisis y propuestas para una sociedad en transición*, (comps.), Buenos Aires, Grupo Editorial Norma.

────── (1995),"Una carrera con obstáculos: la profesionalización docente", en: IICE, *Revista del instituto de investigaciones en ciencias de la educación*, Año IV, (7), Diciembre, pp. 17-25.

Verpraet, G. (2001), *Les enseignants et la précarieté social. Le regard de la Seine-Saint-Denis*, París, PUF.

Virno, P. (2003), *Gramática de la multitud. Para un análisis de las formas de vida contemporáneas*, Buenos Aires, Colihue.

Impactos de los cambios en el contexto social y organizacional del oficio docente

Inés Dussel

Introducción

En este trabajo nos gustaría reflexionar sobre cómo está cambiando el oficio docente, buscando analizar las transformaciones más recientes en la estructura del sistema educativo y las nuevas pedagogías junto a las transformaciones sociales, culturales y políticas que afectan a las escuelas.

Quisiera comenzar por dos situaciones, relatadas por docentes que cursaron posgrados de formación en FLACSO en los últimos años, a quienes les pedimos que describieran una jornada típica de trabajo. Esto es lo que cuentan:

Situación 1:

Ya es hora de clase. Ingreso a mi curso, conformado por adolescentes de clase media. Después de un rato de tratar de hacer silencio, inicio la clase. Entra el preceptor, me entrega una planilla y me hace un comentario. De nuevo hay alboroto.

Para la introducción de la materia, en lugar de comentar los contenidos a desarrollar durante el año, opto por que cada alumno presente a su compañero (su nombre, apellido, preferencias estéticas y artísticas, lecturas, deportes, etc.).

Los chicos "introducen" a sus compañeros, hay risas, exageraciones, silbidos; una de las alumnas se refiere a su compañera como una "drogadicta incurable". Frente a las miradas de los chicos, otro alumno dice que cada uno vive a su modo y sabrá si se respeta o no y que debemos respetar las decisiones de los otros. Asiento y hago un gesto para que continúen.

Así, siguen las presentaciones. Yo soy la última en introducirme. Luego comienzo a establecer conexiones con la materia."
(Alumna del posgrado de Gestión de las Instituciones Educativas, FLACSO, 2002.)

Situación 2:

"Llego a la escuela, situada en uno de los barrios perifericos de la ciudad. Paso por la dirección a saludar, y luego voy a la sala de maestros a firmar las asistencias. Encuentro un par de docentes en su hora libre, y una docente de una materia especial preparándose para ir a dar clase al grupo que le toca. Charlamos un rato hasta que son las 15:35 hs. Cada uno se dirige a su aula. Tomo el curso de sexto año de EGB para seguir trabajando en lo nuestro: un proyecto de vida en la naturaleza y recreación.

Salimos con el grupo al patio a desarrollar un juego que había preparado para seguir trabajando sobre elementos naturales y elementos artificiales. El juego se desarrolló con total normalidad, logrando cumplir los objetivos de la acción pedagógica propuesta para ese día. Termina la hora y toca el timbre para que los alumnos salgan al recreo.

Toca el timbre y yo me apresto a continuar con el otro grupo. Nos quedamos en el patio. Intento comenzar la clase, pero hay un clima de desorden e irrespetuosidad. Trato de calmarlos y lo logro, el siguiente paso es armar tres grupos para comenzar la actividad. Se va desarrollando todo con normalidad hasta que una alumna escupe a otra. Esta actitud me hizo llamar a la vicedirectora, quien se hizo presente en el aula. Ella reprendió a la alumna que le había faltado el respeto a su compañera y luego hizo que el grupo volviese al aula. Luego de cumplir los 40 minutos de clase, la vicedirectora me dijo que podía retirarme. Lo hice con una sensación muy fea, pensando qué fue lo que motivó a la alumna a tener esa actitud. Pensé mucho, y sinceramente todavía no puedo encontrarle una explicación lógica."
(Alumno del posgrado de Gestión de las Instituciones Educativas, FLACSO, 2002)

Como se ve, las situaciones relatadas no son especialmente dramáticas, y son, para aquellos que recorremos las escuelas con frecuencia, ciertamente verosímiles. Si bien no son "representativas" de todo lo que sucede en la escuela, empezar la reflexión por estos relatos tiene el interés de poner de relieve las sensaciones que tienen muchos docentes frente a situaciones que no entienden, que se les escapan, y que los desbordan. Son muchas las veces en que lo que dicen y hacen los chicos y adolescentes en las escuelas resulta incomprensible, doloroso, "impensable" en los marcos tradicionales con que contaban los actores de la escuela para explicarse la realidad. También nos interesa subrayar que muchas veces esta incomprensión o desconexión queda tematizada o confinada al plano de la indisciplina, de las conductas, de la relación con las normas. En los relatos, pero también en la percepción de muchos docentes (como aparece en una reciente encuesta de OREALC-UNESCO, donde los docentes argentinos son los que mayormente manifiestan haber sufrido situaciones de violencia o agresión en la escuela), la falta de disciplina aparece "interfiriendo", "obstaculizando" el desarrollo normal de la clase. También la falta de acuerdo y de acción común de los adultos ante estas situaciones se vuelve evidente, como en el caso de este profesor que se siente "desautorizado" por la vicedirectora. Frente a esto, los sociólogos, los psicopedagogos, los licenciados en educación, los docentes y los "comunicadores" de los medios esbozan distintas explicaciones: los chicos de hoy no vienen como antes, no tienen figuras paternas, las familias no se ocupan, nadie les pone límites.

En esta ponencia nos interesa proponer otra línea de reflexión, que contribuya a entender (al menos en parte) este desborde, o esta insuficiencia, como el efecto de otras transformaciones, o, como dirían los psicoanalistas, la expresión de un malestar de la sociedad, que muchos docentes terminan hoy cargando sobre sus espaldas (literalmente). Para ello, analizaremos brevemente algunos de los cambios que están ocurriendo en la institución escolar y en la sociedad, y luego nos detendremos en el impacto que éstos tienen en la configuración del oficio docente. Lo que presentamos son "ideas en trabajo", y esperamos que esta presentación contribuya a delimitar mejor el problema, y a estructurar mejores argumentos y mejores políticas para el sector docente.

2. La escuela de hoy: cambios sociales, cambios organizacionales

Suele decirse que si un cirujano de hace cien años se levantara de la tumba y entrara a un quirófano, no entendería nada, y no podría operar. También se dice que si lo mismo le sucediera a un maestro, podría enseñar sin problemas. Con este dicho, busca acentuarse la estabilidad del sistema educativo, y en algunos casos, también una percepción de que "atrasa", de que "algo no anda anda bien".

En un texto reciente (Dussel, 2005) hemos discutido esta percepción, señalando que probablemente ese maestro "resucitado" tampoco entendería mucho de lo que hoy sucede en el aula. Sin ir más lejos, los relatos reseñados inicialmente ponen de manifiesto que los mismos rituales para comenzar una clase hoy insumen mucho más tiempo y energías, y muchas otras disposiciones y sensibilidades, que las que usaban los docentes de antes. Pero además, no es cierto que la escuela haya permanecido sin alteraciones en estos últimos cien años.

Veamos, en primer lugar, las transformaciones de estructura que sufrió el sistema educativo en los últimos veinte años. La Ley Federal sancionada en 1993 supuso el cambio de la vieja estructura de escuela primaria y secundaria a la Educación General Básica, que pasó a organizarse por ciclos (divididos en tres grados cada uno), y la Polimodal. Al mismo tiempo, las disciplinas escolares pasaron a agruparse en áreas de contenidos o campos de conocimiento (lengua, matemática, ciencias naturales, ciencias sociales, tecnología, educación artística, educación física y formación ética y ciudadana). En la estructura curricular, los cambios introducidos a partir de la ley (que incluyen a otros que se sucedieron en los siguientes años, por ejemplo la definición de Contenidos Básicos Comunes para todas las escuelas del país), implicaron modificaciones importantes en la delimitación de qué debe enseñarse, y cómo y quiénes lo definen. Entre esos cambios, destacamos la reafirmación de espacios curriculares por áreas y no disciplinares, la actualización del conocimiento disciplinario a través de la renovación de los contenidos de las materias ya existentes (lengua y literatura, ciencias naturales, historia, etcétera), y la incorporación de nuevas temáticas o disciplinas (tecnología, otro peso de las disciplinas expresivas).[1]

---

[1] En otro trabajo (Dussel, 2001), señalamos que los CBC introducen algunos cambios importantes en la forma de pensar el currículo, que creemos son relevantes para pensar en los nuevos discursos que circulan en las escuelas primarias o EGB. En primer lugar, han introducido una fundamentación didáctico-pedagógica antes que valórica-axiomática-moralizadora -como era previamente. La noción de que lo importante es la "significatividad" de los contenidos, tanto en términos del sujeto de aprendizaje (que sean interesantes y motivadores para los niños y adolescentes) como en términos de los campos disciplinarios de referencia (que estén actualizados y validados por las comunidades científicas y académicas), nunca tuvo tal predominio en los diseños curriculares como en las últimas décadas, y sobre todo con los CBC. En segundo lugar, la introducción de nuevos contenidos disciplinares

El hecho de que los CBC fueran definidos en la arena nacional los puso, desde el principio, en tensión con la capacidad de decisión de los gobiernos provinciales. Terigi (2005), analizando la reforma educativa de los años noventa destaca que la transferencia de los servicios educativos conllevó una sobrecarga fuerte para las alicaídas administraciones provinciales (2005:234). Cabe señalar que la Argentina tenía una historia de independencia de las provincias para decidir el curriculum de la enseñanza primaria, pero que esa independencia fue recortándose conforme avanzó el gobierno central en la fundación y gestión de escuelas nacionales en el siglo XX, y que recuperó fuerza desde 1978, año del traspaso de escuelas primarias nacionales a las provincias (cf. Braslavsky y Krawczyk, 1987). La definición de los CBC se produjo en el marco de un "ministerio sin escuelas", es decir, sin instituciones escolares gestionadas directamente por el gobierno central. Los contenidos curriculares fueron confeccionados en un proceso complejo que integró a especialistas didácticos y especialistas en las disciplinas, y que recogió opiniones de distintos sectores sociales, y fueron acordados en el marco del Consejo Federal de Cultura y Educación, compuesto por representantes de los gobiernos provinciales. Podría decirse que se eligió una estrategia de reforma basada en la combinación de fundamentación técnico-disciplinaria y legitimidad política, combinación que fue y es fruto de tensiones en la implementación curricular. Se estableció que el curriculum tendría distintos niveles de especificación: el nivel nacional, que determina los CBC y sugiere una estructura general de espacios curriculares, el nivel provincial, que organiza el curriculum en concreto, y el nivel de las instituciones escolares, que formulan proyectos institucionales y determinan la forma de trabajo con los alumnos y padres.

Esta tensión entre el sistema educativo nacional y los sistemas educativos provinciales es una cuestión de peso para hacer un diagnósti-

---

involucran nuevas problematizaciones sobre el lenguaje, la infancia y la identidad. Los CBC se postularon explícitamente como una actualización del contenido escolar, que era percibido como obsoleto y caduco por buena parte de la población. Se introdujeron otras lógicas argumentativas sobre cómo y por qué seleccionar contenidos, por ejemplo la formación de competencias, la significatividad psicológica y social, etcétera. Por último, los CBC introdujeron un nuevo campo de conocimientos, tradicionalmente relegado por la propuesta escolar argentina: la formación tecnológica. Esta formación no está diseñada como formación para un trabajo u oficio sino como educación en el conocimiento y la reflexión sobre el saber hacer que implica la actividad humana productiva.

co de la situación de la escolaridad primaria en la actualidad. Como señala Terigi en el trabajo mencionado, uno de los efectos de las transformaciones de la década de 1990 es un "importante desacoplamiento del sistema, que se ha diversificado como si fuera federal, pero carece de las regulaciones que un sistema de tales características requiere para que la diversidad no devenga en diferenciación o atomización" (Terigi, 2005:235). Uno de los espacios en que más se siente este desacoplamiento es en el tercer ciclo, que implicó un cambio importante en la estructuración de la escuela primaria, ya que sumó dos grados o años, e introdujo a una población más decididamente adolescente en la escuela. Por eso, es el nivel que hoy condensa el peso y los problemas de la transformación, ya que plantea dilemas edilicios, institucionales y pedagógicos al sumar lo que tradicionalmente era el 7° grado de la escuela primaria al 1° año y 2° año de la escuela secundaria.

Pero a estas transformaciones de estructura se sumaron otras, propias de la Argentina, y algunas más generales, de la época. Hoy, a la escuela se le demandan muchas cosas, quizás demasiadas. Se le pide que enseñe, de manera interesante y productiva, cada vez más materias; que contenga y que cuide; que acompañe a las familias; que organice a la comunidad; que haga de centro distribuidor de alimentos, cuidado de la salud y de asistencia social; que detecte abusos, que proteja los derechos y que amplíe la participación social.

Estas nuevas demandas tienen que ver con nuevos tiempos. Vivimos en condiciones que han sido llamadas por algunos como "modernidad líquida" (Bauman, 2002), en las que se incrementa la velocidad de los intercambios, en las que la fluidez y la flexibilidad se convierten en valores, y lo duradero y estable aparece como sinónimo de pesadez y atraso. Por otro lado, de *este lado del mundo* la precariedad y la incertidumbre se asocian a la pobreza, a la desigualdad, a la crisis, a la exclusión. El "declive de las instituciones" (Dubet, 2002) que nos daban identidad y amparo (el Estado, las sociedades vecinales, los barrios, las iglesias, las escuelas) y que organizaban ese largo plazo más estable y duradero, implicó un "quedarse en la intemperie" –como lo denominó el historiador Tulio Halperin Donghi– que nos hizo sentir hermanados, más que en la solidaridad colectiva de un proyecto común, en el desamparo más terrible.

También es importante tener en cuenta que, de acuerdo a distintos analistas (Lahire, 2004; Sloterdjik, 2005), estamos viviendo una transición en las formas del individualismo que organizan la vida comunitaria, y que los niños y adolescentes de hoy ponen en evidencia. Mientras que en el siglo XIX se priorizaba la "búsqueda del yo" interior, en una mirada hacia uno mismo, y el siglo XX fue el siglo del narcisismo (Lasch, 1999), ahora estamos pasando a una época del individualismo del autodiseño, del trabajo permanente y sostenido para convertir a la propia existencia en un objeto estético original y creativo, una recreación sin fin, en un movimiento continuo sobre sí mismo para desarrollar plenamente las propias capacidades (Sloterdijk, 2005:15). Se promueve un trabajo activo y práctico de los individuos en el diseño de sus vidas cotidianas, que ya no se hace en nombre de una ética protestante del esfuerzo sino en el de los placeres y satisfacciones (Himanen, 2002). Las ideas pedagógicas de autonomía, creatividad e independencia, una vez plenamente desarrolladas, corren el riesgo de convertirnos en esclavos de nuestra autonomía (Walkerdine, 1996; Meirieu, 2002), en depositar sobre cada una de nuestras espaldas la tarea y la responsabilidad de construir nuestro éxito, o, lo que es más probable, de soportar y explicar nuestro fracaso. El individualismo del autodiseño se configura así como un nuevo patrón que vuelve mucho más difícil establecer lazos colectivos, formas de autoridad tradicionales, y pautas de transmisión culturales más estables y duraderas.

Las demandas que hoy "llueven" sobre la escuela tienen que ver con este contexto, pero al mismo tiempo, ponen a las escuelas en una situación paradojal, que alimenta la sensación de desborde y de "sin salida" que sienten muchos educadores. La escuela nació para resguardar y transmitir el saber en tanto éste se volvió más complejo.[2] Pero en el contexto de la modernidad líquida, la idea misma de la reproducción cultural de las sociedades, de la conservación y transmisión de la cultura, se vuelve más problemática. ¿Cómo lograr cierta estabilidad en la transmisión intergeneracional que asegure el pasaje de la cultura de adultos a jóvenes? ¿Cómo establecer ciertos puntos de referencia si tanto los puntos de partida como los de llegada están en permanen-

---

[2] Por ejemplo, cuando surgió la escritura, y este saber ya no pudo enseñarse en la transmisión oral esporádica de unos a otros y necesitó de una institución más sistemática para su inducción.

te cambio? ¿Cómo evitar que esa transmisión no se interrumpa con las dislocaciones (exilios, desempleo, mudanzas, quiebras) y turbulencias a que están sometidas hoy amplias capas de la población? Un estudioso de las nuevas alfabetizaciones, Gunther Kress, dice algo similar en relación con lo que se le pide a la escuela que enseñe:

> En un mundo de inestabilidad, la reproducción ya no es un tema que preocupe: lo que se requiere ahora es la habilidad para valorar lo que se necesita ahora, en esta situación, para estas condiciones, estos propósitos, este público concreto, todo lo cual será configurado de forma diferente a como se configure la siguiente tarea. (Kress, 2005:68-69)

¿Qué está pasando con la escuela en este contexto? Uno de los elementos más destacables del panorama actual es que, pese a este presente de demandas cruzadas, de recursos escasos y de incertidumbres variadas, la organización de la escuela en tanto institución no ha cambiado demasiado. Los puestos de trabajo, la forma en que se organiza el trabajo de los docentes, la estructura de los "contratos de trabajo" y la organización en áreas y disciplinas, no se transformaron al mismo ritmo que se transformaron la sociedad y la cultura. Pero más todavía que esta estructura organizativa y administrativa, lo que permaneció estable fue la forma en que pensamos que deben organizarse las escuelas, y lo que pensamos que es una buena enseñanza. Esta manera de entender "qué es una escuela" sigue siendo bastante parecida a lo que se pensaba cuarenta, e incluso ochenta o cien años atrás.

Esta disparidad o disyunción entre realidad e imaginario no es nueva, ni es solamente argentina. Distintos analistas europeos y norteamericanos (Tyack y Cuba, 1995; Viñao, 2002; Dubet, 2004; Vincent, 1994) hablan de la crisis de un modelo o forma escolar, y al mismo tiempo de la persistencia de una cierta gramática o núcleo duro de reglas y criterios que resisten los cambios y que es más poderosa que los intentos de los reformadores y de los expertos científicos orientados a modificar la vida de las escuelas. Esta gramática provoca que, en muchos casos, y pese a la irrupción de nuevos sujetos y demandas, las escuelas mantengan la "apariencia escolar" anterior,[3] o asuman una

---

[3] Lo cual, como demuestra Silvia Finocchio, puede ser un elemento auspicioso en contextos de desestructuración social marcada como los que sucedieron en los últimos años en la Argentina (cf. Finocchio, 2003).

estrategia defensiva de resistencia, nostálgica y orientada al pasado. La escuela entonces se convierte en una institución-cascarón, al decir del sociólogo británico Anthony Giddens:

> Donde quiera que miremos, vemos instituciones que parecen iguales que siempre desde afuera, y llevan los mismos nombres, pero por dentro son bastante diferentes. Seguimos hablando de la nación, la familia, el trabajo, la tradición, la naturaleza, como si todos fueran iguales que en el pasado. No lo son. El cascarón exterior permanece, pero por dentro han cambiado –y esto está ocurriendo no sólo en Estados Unidos, Gran Bretaña o Francia sino prácticamente en todas partes–. Son lo que llamo instituciones cascarón. Son instituciones que se han vuelto inadecuadas para las tareas que están llamadas a cumplir. (Giddens, 2000:30)

Para Giddens, la escuela es una de estas instituciones-cascarón que no saben cómo hacer frente a las transformaciones de las relaciones de autoridad, a la emergencia de nuevas subjetividades y a las nuevas formas de producción y circulación de los saberes. Si no hay más legitimidades garantizadas para las instituciones, porque la idea misma de transmisión y del largo plazo aparece en crisis, lo que parece quedar son instituciones que deben arreglárselas como puedan o quieran, docentes quejándose de que los chicos ya no vienen como antes, adultos abdicando de su autoridad ante el cuestionamiento, y en algunos casos, escuelas que se sienten como una última tribu que defiende los valores humanistas que ya nadie defiende en la sociedad, y que se vinculan con sospecha y enojo con la sociedad que las rodea (Dubet, 2004).

Por otro lado, las formas de trabajo en la sociedad y en la escuela han cambiado, y eso también hace que las escuelas respondan más desde perfiles institucionales propios. Richard Sennett (2001) y Boltanski y Chiappelo (1997) ponen de manifiesto que uno de los nuevos organizadores del trabajo es la idea de "proyecto": las perspectivas de empleo se limitan a los que están en marcha, la gente vive de un proyecto a otro, y tiene pocas perspectivas de pensar en el largo plazo. Lejos de constituir una forma de construir colectivos más solidarios, esta inmediatez de la organización laboral parece minar las posibilidades de estructurar imaginarios de futuros mejores para todos. La idea de proyecto, en la pedagogía y en la organización de las escuelas, tiene otras raíces, más lejanas y asociadas a otras preocupaciones.

Surgió en la segunda década del siglo XX como una forma de configurar la enseñanza que superara la fragmentación disciplinaria y como una manera de acercar la escuela a los problemas contemporáneos (por ejemplo, uno de los primeros textos al respecto, el de William Kilpatrick, se proponía como eje del proyecto pedagógico el estudio de la varicela y el sarampión en la zona geográfica aledaña a la escuela, cf. Kliebard, 1986).

Sin embargo, en la organización escolar, la introducción de los proyectos (más recientemente, el proyecto educativo institucional y el proyecto curricular) también evidencia impactos similares a los señalados por Boltanski y Chiappello. La escuela es inundada (así lo manifiestan muchos docentes y directivos) por múltiples proyectos, que no siempre se perciben como propios, y que, aunque lo sean y logren estructurar un perfil institucional fuerte, no siempre consiguen sobreponerse a la fragmentación y autonomización institucional que ellos implican. El proyecto puede organizar la actividad del año; sin embargo, cabría preguntarse si ayuda a considerar el largo plazo de la educación, su inscripción en un sistema, el lugar de los docentes como adultos transmisores de la cultura, todas bases fundamentales de la estructuración de la acción docente.

Hay dos modelos escolares que parecen irse abriendo paso como respuesta a la crisis: aquél que postula a la escuela como un centro social, preocupado ante todo por educar en ciertos valores y organizar la conducta de los futuros ciudadanos para evitar la violencia y el conflicto en sociedades crecientemente desiguales; y aquel que plantea a la escuela como un lugar de aprendizaje, estrictamente vinculado a la instrucción cognitiva, dominado por el saber experto, la multiplicidad y riqueza de recursos didácticos, y la idea de innovación permanente (OCDE, 2004).[4] Los dos parecen plantearse como respuestas excluyentes, en un antagonismo que opone la enseñanza al cuidado y que no contribuye a pensar otras relaciones entre la escuela y la sociedad. Sin embargo, lo que nos parece más preocupante es que su análisis es pobre en relación al sentido y las razones de la organización escolar, a qué hacer con las tradiciones heredadas (las que recibimos,

---

[4] Nótese que al definir la escuela como "lugar de aprendizaje", se está tomando en cuenta la crisis de la enseñanza; pero habría que preguntarse si "rechazar" el lugar de enseñantes es la solución deseable para esta crisis.

y las que queremos pasar "en herencia" a las nuevas generaciones), y a cómo plantearse los desafíos de la transmisión cultural manteniendo las preguntas sobre la justicia y la relevancia de esa transmisión.

3. El impacto de los cambios en el oficio docente: tensiones y reparos

¿Qué pasa con el oficio docente frente a todos estos cambios? Una educadora norteamericana dice que "la docencia es un trabajo complejo; compleja es también la educación de un docente" (Grumet, 1992:2). Esta frase parece una verdad de perogrullo, y sin embargo nos orienta sobre la multiplicidad de demandas y desafíos que enfrenta hoy la docencia. El docente está en el cruce de todas esas demandas a la escuela que mencionábamos antes; se corporizan (y a veces, hasta se "incorporan" en las enfermedades y síntomas) en la figura del docente. El docente es un sujeto que debe tener una relación particular con el conocimiento, con la comunidad y con los sujetos que aprenden. Un docente debe conocer los desarrollos científicos y disciplinarios, a la par que ser competente en su enseñanza. Debe estar abierto a las demandas de los padres y de la sociedad más amplia sobre para qué y cómo se educa a las nuevas generaciones, y también preservar su autoridad y su rol de transmisión de una porción de la cultura. Debe preocuparse por los procesos de aprendizaje de sus alumnos, no sólo en términos intelectuales sino también afectivos. Muchas veces debe encargarse de tareas asistenciales concretas, proveyendo alimentos, anteojos, calzados y ropas a sus estudiantes, o participando en campañas de vacunación y salud de la población. Y además de todo eso, debe cumplir una serie de requisitos profesionales y burocráticos sobre su tarea, entre los que se cuentan planificar las clases, negociar con inspectores y directores, capacitarse, mantener su clase en orden, y vigilar la disciplina en los recreos.

Todas estas demandas y desafíos van cambiando con las transformaciones sociales y pedagógicas, en un proceso en el que algunas de ellas se vuelven prioritarias, otras son relegadas, y en que otras diferentes (como las nuevas tecnologías en este momento) se agregan a las ya existentes. Esos cambios también se vinculan a los discursos sobre la docencia: de funcionario de Estado a profesional, trabajador, animador sociocultural, el eje de su oficio fue definiéndose en forma diferente según los ritmos y relaciones de fuerzas en el campo profesional de la educación. Por otro lado, las condiciones de trabajo, con salarios deficientes y pocos recursos materiales, agregan nuevos desafíos y limitaciones importantes a una tarea por demás difícil. Algunos indicadores recientes elaborados por el sindicato docente argentino (CTERA) muestran que los docentes perdieron más del 60% de su salario real en los últimos veinte años. El estudio de Emilio Tenti (2005) evidencia también que los docentes argentinos perciben que están peor que sus padres; hay un proceso de movilidad social descendente que tiene un alto impacto no sólo en las condiciones materiales de existencia sino, y quizás particularmente, sobre sus aspectos emocionales y afectivos, y sobre la identidad docente que se construye (el peso de vivir "cuesta abajo", como dice el tango).

Además, en la experiencia cotidiana del aula, tareas que parecen menos relevantes, como el manejo de la disciplina, la evaluación de los alumnos, y el trabajo con libros de texto, ocupan la mayor parte del tiempo. Como señalaban los relatos de los docentes citados inicialmente, éstos parecen hoy ámbitos donde se juegan muchas cosas, incluso la posibilidad de enseñar.

Debe señalarse entre estas demandas un elemento que consume una porción significativa de sus energías, aunque es escasamente considerado en su formación y en los mecanismos institucionales que organizan su trabajo, y que algunos llaman aspectos más "privados" de la docencia. Cómo manejar la sensación de vulnerabilidad y de credibilidad de la propia autoridad en el aula, la fragilidad del equilibrio entre programas ambiciosos y realidades heterogéneas y complicadas, o cómo hacer frente a los posibles fracasos en la tarea de enseñar, son desafíos para los que los docentes están poco preparados (Dubet y Martuccelli, 1998); en cambio, constituyen un "conocimiento práctico personal" que se transmite informalmente y que es poco cuestionado pero influyente en la relación que los docentes establecen con su trabajo (Britzman, 1991:4).

Los docentes manifiestan repetidamente que "no están preparados" para afrontar estas tareas. "No me prepararon para esto" es algo que se repite muchas veces en los cursos de formación y en las entrevistas de investigación. Lo que parece haber es una crisis en las formas de pensar y de hacer la docencia, una desproporción entre lo que se esperaba que fuera el oficio, y lo que resulta siendo.

¿Qué es lo que se esperaba que fuera la docencia? En este punto, nos parece importante revisar las tradiciones heredadas sobre el oficio. Como señalan Antelo y Alliaud (2005), es muchas veces este ideal de grandeza el que hay que revisar, porque hoy, cuando ese ideal debe asumirse "individualmente", genera consecuencias inesperadas, mayoritariamente malestar, sufrimiento y dificultades para encarar la tarea.

3.a. La tradición del oficio docente: algunas conceptualizaciones para analizar

El maestro de escuela surge como un oficio corporativizado en la época medieval, un gremio menor más entre otros gremios que se comienzan a organizar en las ciudades europeas. Antonio Santoni Rugiu (1996) señala la equivalencia entre "menester" y "misterio": los maestros eran tales porque poseían las claves secretas de un oficio, con procedimientos y ritos gestionados y custodiados por los iniciados. El artesano se rodea de un halo mágico; cuida y retacea los pormenores que le permiten ejercer su oficio, y así se acerca al astrólogo, al mago, al alquimista, que producen prodigiosas transformaciones. El "misterio" con que maneja su saber lo lleva a ocupar una posición de privilegio, y es un arte que se aprende gradualmente y con observación y paciencia, recorriendo todos los escalones del oficio. El arte del artesano, según el historiador Le Goff, "[n]o es una ciencia sino una técnica... Un arte es cualquier actividad racional y oportuna del espíritu aplicado a la fabricación de instrumentos, ya sea materiales, ya sea intelectuales: es una técnica inteligente del hacer" (Le Goff, en Santoni Rugiú, 996:81). Este "arte" del maestro implica dominar una técnica y saber ponerla en juego en situaciones particulares; es un saber idiosincrático, particular, que debe tener en cuenta múltiples variables y que exige un criterio capaz de distinguir sutilezas y matices.

Además del artesanado, el maestro y el profesor de la escuela moderna reconocen otros antecedentes. La imagen del pastor o del cura y de la acción educativa y de salvación moral que ejercen sobre un rebaño son igualmente importantes. Esta figura docente recoge algunas prácticas del magister medieval (como la lección y la búsqueda de actuar como ejemplo y agente de elevación comunitaria), aunque las dota de otros sentidos y tecnologías. El aula se organiza como un grupo homogéneo en edades, simultáneamente a la diferenciación de los alumnos según sus logros y capacidades a través de calificar y evaluar sus aprendizajes. El maestro debe ser guía y ejemplo moral para sus alumnos, tener vocación de servicio (casi un sacerdocio), pero también saber su "arte", conocer su menester, dominar los saberes.

El maestro es, además, hacia fines del siglo pasado, un funcionario del Estado, miembro de una burocracia pública que debe formar a los ciudadanos, debe educarlos en sus deberes cívicos (no siempre en sus derechos), y obedecer un reglamento y un currículum. El profesor secundario, en cambio, reconoce más antecedentes en la universidad medieval y en el maestro artesano, que da cátedra según su propio juicio y criterio. Más tarde su desarrollo se irá asimilando al de las primarias, y sobre todo a partir de la influencia de los profesores normalistas en las escuelas secundarias, éstas se irán pareciendo a las escuelas primarias en el seguimiento de programas estandarizados y en la adopción de los mismos rituales (uso del guardapolvo, izar la bandera).

En la Argentina, la conformación del trabajo docente estuvo influenciada también por tradiciones pedagógicas diversas. En su historia de la estructuración del sistema educativo moderno en nuestro país, Adriana Puiggrós diferencia fundamentalmente dos corrientes: los normalizadores y los democrático-radicalizados. Los normalizadores constituyen una serie de pedagogos laicos y católicos argentinos que hacia fines del siglo pasado impusieron el modelo pedagógico de la instrucción pública en la cual, según señala la autora: "el educador era portador de una cultura que debía imponer a un sujeto negado, socialmente inepto e ideológicamente peligroso" (Puiggrós, 1990:125). Los sujetos populares, los inmigrantes pobres, los gauchos que habían sobrevivido a la leva masiva, los indígenas que habían escapado al exterminio, no eran considerados "confiables": su desarrollo autónomo llevaría a la perpetuación de la barbarie, por lo que se hacía necesario imponerles la cultura "civilizada". Había que civilizar ("normalizar") a la plebe. El nombre de *normalizadores* también se vincula al hecho de que muchos de ellos fueron egresados de las primeras escuelas normales (Pineau, 1997) que se fundaron en el país, notablemente de la Escuela Normal de Paraná y de las Escuelas Normales n° 1 y n° 2 de la Capital Federal. Fruto de su actividad profusa, incesante, minuciosa, son los planes de estudio, códigos disciplinarios, edificios escolares, textos pedagógicos, que formarían a buena parte de los maestros de este siglo.

La imagen del docente que se fue conformando a través de esta regulación creciente fue la de una personalidad sin fisuras, representante del Estado o la República, encargado de una misión superior a la que debía abocar todas sus fuerzas y que debía ejercer en nombre de una incuestionable "vocación". Recomendaba otro pedagogo normalizador, Rodolfo Senet: "El profesor tendrá buen cuidado de que toda orden que dé sea cumplida; así es que antes de ordenar, debe pensarlo, y si duda de que su orden será estrictamente cumplida, es lo más conveniente que se abstenga de darla" (Senet, 1918, p. 129). La autoridad que emergía de estas recomendaciones era absoluta, perfecta, indiscutible porque era "científica".

Por supuesto, hubo y hay otras figuras docentes, que plantean otro vínculo con el saber y otras formas de construcción de la autoridad. Algunas de ellas pueden rastrearse en la obra de Carlos Vergara (Puiggrós, 1990), la de las hermanas Cossettini (Menin, 1997), o de Herminia Brumana (Brumana, 1958). Lo que es importante destacar es que estas figuras se constituyeron en diálogo, oposición o polémica con tradiciones sobre quiénes y cómo deben enseñar.

Esta forma de configuración de las relaciones pedagógicas entró en profunda crisis en los años sesenta, con un nuevo clima social y cultural en el que se valora lo nuevo, lo joven, lo innovador, el cambio permanente, y una connotación negativa para la vejez, la antigüedad, la estabilidad, el pasado. El establecimiento de una asimetría o de una desigualdad entre los sujetos apareció como condenable, y algunos plantearon que quizás era mejor renunciar a ejercer cualquier tipo de autoridad antes que adoptar comportamientos autoritarios. A partir de ese momento, surgieron diversas propuestas para reestructurar el trabajo docente, el docente no directivo, el animador sociocultural, el docente que comunica en vez de enseñar, el facilitador, el profesional reflexivo, entre otros.[5] Se prioriza el contacto con los alumnos, la promoción de los procesos de aprendizaje, la relación menos jerárquica con las familias, la flexibilidad disciplinaria, entre otros aspectos.

Distinto es el caso de los profesores del nivel secundario. Hay que señalar que este tramo de escolaridad sólo se terminó de constituir como un espacio diferenciado de la educación superior a finales de fines del siglo XIX y principios del XX. Hasta entonces, sus profesores eran universitarios o clérigos cuya designación variaba de acuerdo a la institución. En general, debían tener una "licencia para enseñar" expedida por las universidades y autorizada indirectamente por el Papado. A partir de la diferenciación del nivel secundario en relación a las universidades, puede decirse que surgieron dos modelos para el profesorado: el de funcionario de Estado y el de profesional de la enseñanza. Ejemplificaremos ambos con dos casos nacionales: Francia y los Estados Unidos.

En el caso francés, la forma de titulación del profesorado secundario ha sido la "agregación" o concurso de competencias docentes en áreas curriculares específicas, examen que tiene más de dos siglos de existencia. En 1762 (no casualmente el año de expulsión de los Jesuitas, que puso en crisis al sistema de formación de las élites), se establecieron concursos de agregación para entrar en la carrera docente para el nivel superior. Con la Revolución, la práctica se extinguió por unos años, para reaparecer en 1808 con la fundación de la Escuela Normal Superior para la formación de los profesores de colegios y grandes escuelas. Esta Escuela (ENS) ejerció el monopolio en este área, otorgando a sus egresados el título y los privilegios del "agregé" como funcionario de Estado. En 1821, la agregación se convirtió en el examen anual para acreditar a los profesores, desplazando a la ENS. El concurso tenía lugar después de un período de formación o ejercicio de la docencia en otro nivel, y consistía en un riguroso examen escrito y oral sobre las disciplinas a enseñar que sólo se administraba en París con un jurado prestigioso nombrado por el Estado (Chervel,

---

[5] Algunas películas contemporáneas muestran estas "nuevas facetas" de los educadores. Se nos ocurren al menos dos ejemplos muy diferentes: *Buscando a Forrester* (Gus Van Sant, 2000) y *Escuela de rock* (Richard Linklater, 2003). En estas películas, los profesores son muy distintos –en un caso, un reconocido escritor, en otro, un músico de rock "fracasado" según criterios comerciales– pero ambos se proponen relaciones poco escolares con sus discípulos, instándolos a que prueben por sí mismos y a que recorran "solos" el aprendizaje, aún a costa del dolor propio y ajeno.

1993). La Escuela Normal Superior tendría su época de oro durante la Tercera República (1871-1940), en que grandes intelectuales y científicos pasaron por sus aulas. Precisamente, tal era su prestigio que acudían a formarse muchos estudiantes que luego se dedicaban a actividades no educativas (cerca de un 30%, Chervel, 1993:189). No es de asombrarse entonces que los profesores de colegios y liceos fueran sólo en parte "agregés": mientras que en París estos últimos representaban el 97% del profesorado, en el interior de Francia sólo el 54% había aprobado el concurso de agregación. El resto eran poseedores de una licencia para enseñar dada por las universidades después de tres años de formación (Judge, 1994). Por otra parte, se constituyó un circuito endogámico en el que los profesores de los "agregés" eran ellos mismos egresados de la misma institución.

Con la masificación del nivel secundario en el siglo XX, y la aparición de otras ramas de enseñanza generales y profesionales de menor prestigio que los colegios y liceos, surgieron otras modalidades de certificación. En 1952 se instituyó el CAPES (Certificat d'Aptitude au Professorat de l'Enseignement du Second Degré) que habilita para enseñar en el primer ciclo del nivel secundario, y requiere una única área de especialización. La agregación se sigue practicando como concurso anual y conserva su prestigio académico y social (varios presidentes de Francia fueron "agregés"), pero la formación docente tiende a ser cada vez más homogénea para los docentes primarios y los secundarios del primer ciclo, y tiene lugar en institutos superiores independientes aunque asimilados a la estructura universitaria. Sin embargo, los profesores "agregés" siguen siendo, por estatus, capital cultural e ingresos, un grupo bien diferenciado de los maestros de escuela primaria, al punto que el sociólogo Pierre Bourdieu, en su estudio sobre las distinciones culturales (1984), los consideró parte de las clases superiores en términos de su perfil sociocultural.

Un camino diferente al del funcionarado siguieron los Estados Unidos. Allí, la idea que se impuso hacia principios del siglo XX fue la profesionalización del cuerpo docente, con la creación de facultades y departamentos de educación y con las primeras experiencias de formación docente a nivel universitario. En el siglo XIX, los profesores habían sido egresados de las universidades o poseedores de un capital cultural considerable. Eran un cuerpo de élite, generalmente conservador en relación a la reforma curricular porque apoyaban y defendían los saberes clásicos en los que habían sido formados. Por ejemplo, estaban en contra de las novelas por "inmorales", y valoraban la recitación y la competencia entre los alumnos como métodos de enseñanza (Reese, 1995). En el siglo siguiente, en cambio, estos profesionales liberales tendieron a decrecer en importancia y aparecieron en cambio los egresados de estudios educativos universitarios. Este cambio se basó a nivel institucional en el reemplazo de las escuelas normales y seminarios por los Teachers' Colleges (instituciones universitarias de formación docente), que se completó hacia la década de 1930. El peso de la autoridad universitaria creció, e impuso la idea de que la docencia debe apoyarse en conocimientos científicamente comprobados sobre las mejores técnicas de enseñanza, mayoritariamente provistos por la psicología conductista y más recientemente por el constructivismo. La formación docente, así, ha estado unida al desarrollo universitario de la pedagogía, a diferencia del caso francés donde se desarrolló en forma paralela.

En los últimos años, la retórica de la profesionalización de la docencia ha cobrado nuevo impulso, no sólo para los profesores secundarios sino para los agentes de todo el sistema educativo. A partir de informes elaborados por el Carnegie Forum y el Holmes Group, dos influyentes *think tanks* que reúnen a especialistas en educación y a decanos de las Facultades de Educación respectivamente, tomó fuerza la idea de reformar la docencia para que se asemeje a otras profesiones liberales. Se creó un Consejo Nacional para los Estándares Docentes que estableció pautas mínimas para la formación docente, entre ellas el requisito de cuatro años de formación universitaria (Bachelor in Arts) y la recomendación de una maestría en docencia (requisito que es exigido en la mayoría de los Estados aunque no en todos). Se propuso un "modelo práctico profesional", con una compensación salarial por mayor capacitación y mayor jerarquización en la carrera docente. Junto con los estándares, emergió otro lenguaje para hablar de los docentes: profesionales de carrera, docentes líderes, profesores-clínicos (debido al peso de la psicología), y el énfasis se puso principalmente en lo que se llama el desarrollo profesional de las escuelas (Labaree, 1992).

David Labaree nos recuerda, sin embargo, que el triunfo de la profesionalización no implica necesariamente un "final feliz" donde el bien y la ciencia se imponen, sino que el propio movimiento de profesionalización debe ser visto como un terreno polémico y conflictivo, que involucró e involucra la disputa entre diversas instituciones y la afirmación de ciertos tipos de saber y de trabajo docente sobre otros, no necesariamente peores. Por ejemplo, la idea de la docencia como un arte, como una tarea idiosincrática, cede terreno frente a modelos más normativizados y operacionales sobre lo que es un buen docente, con el peligro de burocratización y uniformización de las prácticas que ello genera. También, hay que considerar que la profesionalización es vista con la lente de una pedagogía altamente "psicologizada", que la mayor parte de las veces considera al alumno como un sujeto que aprende fuera de un contexto histórico-social específico. Así, muchas veces se definen parámetros de excelencia para los docentes que poco tienen en cuenta las condiciones concretas de las prácticas escolares. Por otro lado, hay diferencias importantes entre quienes abogan por la profesionalización de la docencia. Mientras que para el Carnegie Forum los estándares deben ser alcanzados por los individuos (lo que se mediría por tests o grillas de observación estandarizados), para el Holmes Group son las Escuelas de Educación universitarias las que deben someterse a evaluación institucionalmente, con programas que se evalúan y acreditan periódicamente, como en el caso de Medicina y Derecho. Como se verá más adelante, esta controversia se hace eco del debate sobre en qué institución debe tener lugar la formación docente, si en las universidades o en instituciones terciarias, o aún en cursillos intensivos.

En relación a América Latina, puede decirse que en la mayoría de los países se estuvo más cerca del modelo del funcionarado que de la profesionalización, al menos hasta las últimas décadas, aunque este funcionarado no gozara del prestigio ni los privilegios de sus pares franceses o alemanes. Decía Leopoldo Lugones, escritor argentino que además fue Inspector de Enseñanza Secundaria, en 1910: "[la docencia] no es una profesión liberal ... [sino] una carrera esencialmente burocrática cuya demanda depende de las necesidades del Estado". La estrecha asociación entre el profesorado y la construcción de los Estados nacionales constituye uno de los rasgos característicos –aunque no originales– de la docencia latinoamericana, y si bien fue diferente para la docencia primaria y para los profesores secundarios, ambos estamentos fueron concebidos como actores fundamentales de la conformación de una ciudadanía nacional.

En todos los casos se definió a la docencia como un trabajo individual, un oficio personal, en cuya definición los elementos del carácter y la personalidad del docente eran muy influyentes. El docente, en primer lugar, se definía por una posición con relación al saber letrado, y era este saber el que le otorgaba una autoridad legítima para ponerse frente al aula e impartir clase. Además, esta autoridad gozaba de gran prestigio en la sociedad, y la escuela se sustentaba en una sólida alianza con las familias en pos de la educación de las nuevas generaciones. Como señalamos en el apartado 2, la escuela se transformó, las familias se transformaron y la sociedad también; sin embargo, el imaginario del oficio docente sigue sosteniendo algunas de las mismas características que lo definieron desde hace dos siglos. Sobre esta desproporción y esta crisis nos detendremos a continuación.

3.b. Los nuevos desafíos para maestros y profesores: las transformaciones en las relaciones entre las generaciones

Las tradiciones heredadas con respecto a lo que debe ser el oficio docente hoy colisionan con la realidad de escuelas, familias y alumnos que plantean desafíos muy diferentes a los imaginados hace un siglo. En una tesis reciente, Marcela Nicolazzo investigó las transformaciones de la identidad de los profesores de secundaria en el Gran Buenos Aires, y señala que encuentra un "duelo", una melancolía por una identidad perdida. Dice:

> Los profesores se sienten demasiado lejos de sus alumnos, como habitantes de mundos opuestos: otros códigos culturales, otras expectativas, otras formas de entender el mundo y la vida. Esos alumnos están tan lejos que no existían en su imaginario anterior, y a veces no existen como futuro. (Nicolazzo, 2005:123)

Una de las profesoras a los que entrevistó dice en relación a sus alumnos:

> No tienen interés, no tienen expectativas. Cuando les pregunto qué quieren ser no quieren ser nada. Su meta es ser piquetero, o nada. (...)

¿Qué hacés vos frente a esto que te expresan?
Primero me quedo dura. No sé que decirles. Les pregunto si los padres saben lo que ellos piensan, y me contestan que sí pero que no hacen nada. (...)
¿Cómo es para vos un buen docente de tercer ciclo?
Yo creo que debemos cumplir un poco el papel de padres. (*op. cit*, p. 124)

La posibilidad que surge para esta profesora es reemplazar a los padres, o dejar de pedirles algo. Los padres, y los alumnos, representan al mundo opuesto al que ella se imaginó, y en el que querría trabajar. Aparecen entonces el desasiego, la frustración, el enojo, o bien la obstinación, el seguir peleando, muchas veces a contramano de todo, y muchas veces con gran voluntarismo (Redondo, 2003). Otro profesor entrevistado por Nicolazzo manifiesta:

Yo pongo empeño porque creo que esta es mi obligación. Porque soy uno de los pocos que tengo la suerte de hacer lo que yo elegí hacer. Pero no toda la docencia está llena de docentes. Hay muchas profesiones que se han asimilado a la docencia. Y la falta de trabajo hace que esto se incremente. Abogados que no tienen clientes, ingenieros que no tienen obras, arquitectos sin posibilidades de hacer su trabajo... Y no tienen formación docente, y no tienen compromiso con la tarea que hacen. (*op. cit.*, p. 128)

La apelación a los valores y a las características de personalidad de los docentes se reitera en muchos de los testimonios, porque ellos parecen ser la "última trinchera" que puede defender la escuela pública. Pero, ¿son los valores los que deben responder a esta desproporción? ¿No implica esta apelación una todavía mayor responsabilización de los individuos, frente a cambios sociales y culturales de una magnitud que no se condice con las soluciones a la vista?

Nos parece que es importante volver a plantear la cuestión en términos de lo que se señaló en el segundo apartado, y hacer referencia a las dificultades de transmisión y reproducción de la cultura en un contexto de "modernidad líquida", donde la incertidumbre, la flexibilidad y la novedad aparecen como ejes de estructuración de la vida social, y donde se les pide a los individuos y a las instituciones, cada vez más, que se "autodiseñen" para competir satisfactoriamente en estas nuevas condiciones. Creemos que esas dificultades para la reproducción cultural pueden denominarse "crisis de la transmisión", y que son éstas las cuestiones que más están afectando al oficio docente. Después de todo, si de lo que se trata es de transmitir la cultura, y esta acción aparece severamente cuestionada o dificultada por otras dinámicas sociales, ¿cuál es el eje que definirá al oficio en los próximos años?

La crisis de la transmisión se hace evidente en al menos cuatro aspectos:

1) En primer lugar, muchos analistas hoy coinciden en señalar que hay un quiebre en las relaciones de autoridad entre las generaciones. Jacques Hassoun (1996) dice que hoy a los viejos no se les permite transmitir sus historias, lo que en términos de un tiempo humano implicaría no poder transmitir la historia. En una sociedad crecientemente "juvenilista", donde lo que vale y lo que corre es ser eternamente jóvenes, cuanto más adolescentes mejor, hay una desautorización de los viejos y de sus experiencias. El quiebre en las relaciones de autoridad entre las generaciones también ha llevado a una puesta en cuestión de la misma acción de transmisión. En los debates pedagógicos, no es casual que esta crisis haya coincidido con el auge del constructivismo "natural" que postula que el sujeto aprende solo y que el papel del maestro/adulto es guiarlo o facilitar ese proceso. En sus versiones extremas, pareciera que no hay nada que transmitir, porque el sujeto aprenderá por su cuenta lo que debe aprender.

2) En segundo lugar, las tecnologías de transmisión y de archivo de la memoria también se han pluralizado. La televisión, la computadora, el consumo masivo de bienes culturales, han puesto en circulación una cantidad y calidad de información como pocas veces antes en la historia humana. Para algunos, esta diversidad va en contra de darle un sentido a la transmisión, y los individuos parecen perderse en un laberinto de mensajes; para otros, estos mensajes están altamente estandarizados y la diversidad no es otra cosa que variedad de los mismo, de un monodiscurso; para otros, en fin, implica un desafío mayor para las instituciones tradicionales de transmisión de la cultura, como la escuela, compelida a desarrollar estrategias y capacidades de intelección de este flujo de información, con el propósito de volver a inscribir a los sujetos en una trama colectiva. Cualquiera que sea la lectura que hagamos de esta pluralidad, lo cierto es que está instalada.

Impactos de los cambios en el contexto social y organizacional

La relación entre nuevas tecnologías y autoridad cultural adulta es sin dudas uno de los ejes más interesantes de los debates pedagógicos actuales. Aparecen periódicamente obras donde se expresa el temor (o el sueño) de que los docentes sean remplazados por la autoridad de las PC y los programas de software, y que la mediación del adulto desaparezca frente a la creciente autonomía y libertad de los niños y jóvenes frente a la computadora. Citamos un texto de Neil Postman que muestra esta fascinación con las nuevas tecnologías y que destaca la dilución de la autoridad adulta (la cual es percibida como algo malo) en este nuevo marco:

> La escuela infantil de la era de la información será muy distinta a la que conocieron mamá y papá.
> ¿Te interesa la biología? Diseña mediante simulación virtual tus propias formas de vida.
> ¿Tienes problemas con un proyecto científico? Establece una videoconferencia con el mejor investigador mundial sobre el tema.
> ¿Te aburre el mundo real? Entra a un laboratorio de física virtual y escribe una nueva ley de la gravedad.
> Ésta es la clase de aprendizaje de primera mano de la que nuestros jóvenes podrían estar ya disfrutando. Las tecnologías que la hacen posible están ya disponibles y esos mismos jóvenes, con independencia de cuál sea su posición económica, saben cómo utilizarlas. Pasan muchas horas por semana en su compañía, no en clase sino en los locales de videojuegos o en los centros comerciales. (Hugo McIntosh, citado por Postman, 1999:55)

Volveré sobre este ejemplo más abajo, pero por ahora, quisiera destacarlo para subrayar que hay una relación estrecha entre estas nuevas disponibilidades tecnológicas (permisibilidades de los medios, las llama Günther Kress) y la crisis de la transmisión por parte de los adultos.

3) En tercer lugar, y hasta ahora no hemos hablado de ello pero creemos que está operando también en nuestra "crisis de la transmisión", hay un fenómeno de las sociedades del Cono Sur (pienso en Chile, Uruguay, Perú, Brasil, Paraguay) que se vincula con los efectos de la represión dictatorial en los adultos y en los jóvenes. Hace unos años, en un reportaje, la hija de una desaparecida argentina contaba que había encontrado un casete con la voz de su mamá y que nadie en su familia quería escucharlo con ella. En muchos casos, los adultos no se quieren hacer cargo de esa transmisión y queda al hijo (a los hijos)

ocupar ese lugar de conservar y transmitir la memoria. Como señala Vezzeti en un trabajo por demás controvertido, este lugar deja poco espacio para revisar y recolocarse frente al mandato de los padres (Vezzeti, 1998). Podría decirse, siguiendo también los ejemplos de los inmigrantes argelinos en Francia que analiza Hassoun, que es el silencio y la represión de una memoria traumática lo que más limita a las nuevas generaciones para procesar y compartir esa carga, para vincularse a la historia de una manera que permita una recreación de la herencia que no sea pura repetición. ¿Cuánto se calla en muchas familias sudamericanas? ¿Hasta qué punto no se mantiene esa equivalencia discursiva entre "ser joven = ser culpable" que establecieron las dictaduras? Si hoy los jóvenes son percibidos antes que nada como amenaza, como peligro, ¿qué relación se está estableciendo? ¿Cómo nos estamos haciendo cargo como sociedad de la ruptura traumática que vivimos, y del mandato de transmitir que ésta conlleva?

4) En cuarto lugar, la relación con la autoridad tiene mucho que ver con la idea de la política y la relación con la norma en cualquier sociedad. En el caso de las sociedades latinoamericanas, hay un borramiento de las fronteras entre lo legal y lo ilegal, entre lo permitido y lo prohibido, que tiene raíces mucho más antiguas que la impunidad y la corrupción de los años noventa. El politólogo Guillermo O'Donnell (2002:202) cita una frase de Getúlio Vargas, presidente brasileño de los años cuarenta: "Para mis amigos todo, para mis enemigos la ley". Los ricos y poderosos podían escapar a la ley, que era "sufrida" sólo por los pobres y débiles, incapaces de agenciarse los recursos para esquivarla. Es esta cultura política la que también instaura una crisis de las relaciones de autoridad, y vuelve débiles y poco eficaces los intentos de volver a instalarla como si esa cultura no existiera.[6]

Hoy se dice, muchas veces, que los jóvenes saben manejarse mejor que los adultos en este nuevo mundo, sobre todo en el de las nuevas tecnologías, y que no les hace falta esta guía o "bitácora" sobre sus señales, sus orientaciones, sus tesoros escondidos. Volvamos al ejemplo cita-

---

[6] No queremos decir con esto que esta cultura no deba modificarse; pero sí conviene reflexionar sobre las visiones de reforma que creen que alcanza con promulgar normas y leyes –incluyendo los cambios de los textos y normas curriculares–, como si ellos tuvieran un efecto inmediato sobre las prácticas, o el estado guardara aún un gran poder de regulación de las conductas de los sujetos.

do por Neil Postman, que augura condiciones de accesibilidad inmediata a la información y que postula el fin de la mediación adulta. Pareciera, en ese ejemplo y en muchos otros que se imaginan, que los niños y jóvenes podrían dar el rodeo a la mediación adulta y hacerse cargo ellos mismos de sus propios aprendizajes. En esta (¿idílica?) visión del aprendizaje en la era de Internet hay una presunción que, creemos equivocada: que habrá una inmediata accesibilidad de los conocimientos a través de Internet y que tendrá lugar un nuevo tipo de niñez, la que requiere la tecnología: inquieta, activa, creativa (habría que preguntarse qué clase de niño/a es el/la que, "aburrido del mundo real", decide entrar a un laboratorio de física virtual... También podemos preguntarnos cómo haría este niño/a para escribir una nueva ley de gravedad si nadie le enseñó la primera, y para qué serviría ese ejercicio individual si nadie hace nada con él).

En ese ejemplo también se presupone que habrá un fin de la docencia, que la escuela será reemplazada por una red informática en la que ya no se transmitan conocimientos sino que enseñen estrategias de búsqueda de la información. Se asume que lo importante es que los estudiantes puedan llegar a saber dónde conseguir la información en Internet, producir materiales instruccionales, u organizar una base de datos; que jerarquicen y organicen la inmensa cantidad de información, sin preguntarse otras cuestiones sobre por qué, cómo, quiénes, la produjeron, y qué estatuto de verdad tiene. Es cierto que estas acciones involucran habilidades cognitivas complejas, pero lo que se considera como conocimiento está reducido a llevar y traer información, una información que está producida por otros, en otros lados, cuya función o cuyo uso no nos compete. Pareciera que ese llevar y traer no involucra relaciones de autoridad ni jerarquías, que todos tuvieran igual acceso, y que no hubiera mediaciones de saberes adultos en esta interacción. Sin embargo, la lectoescritura, la forma de organizar la información, las cadenas asociativas que se abren con cada nuevo conocimiento, son parte de la herencia, de la transmisión cultural heredada por las nuevas generaciones, que se encuentra implícita o explícita en sus modos de interactuar con el mundo.

Hacia una redefinición del oficio docente: la necesidad de replantearse el lugar de la transmisión y la autoridad cultural.

¿Qué hacer? Frente a las situaciones que describimos al inicio, o frente a otras, más urgentes y más dramáticas, señalamos que muchos docentes repiten hoy "no estamos preparados para esto": para chicos que contestan, que cuestionan, que argumentan, que negocian, que hablan de sus elecciones privadas abiertamente, que no reconocen más las fronteras de lo permitido y lo prohibido tal como muchos de los adultos las conocimos. No están preparados para debates con colegas, o para charlas con padres que cuestionan o reclaman soluciones para temas que nos superan. Pero este "saber" que falta es, a nuestro entender, menos un "saber" de las palabras usuales de la capacitación, y más un saber ligado a la propia reflexión sobre el lugar de los docentes como adultos educadores, un saber ligado a los gestos y actitudes, y un saber ligado a lo que otros pueden enseñar y aportar en la construcción de una autoridad democrática.

Lo que queremos enfatizar es que esta crisis excede, y en mucho, a la cuestión disciplinaria; que hay transformaciones culturales y sociales muy profundas; y que hay traumas políticos muy serios que aún tienen huellas en las relaciones entre las generaciones, hayan o no vivido directamente el terrorismo de estado o las situaciones de violencia que se vivieron en el Cono Sur. Creemos que efectivamente aún nos falta bosquejar algunas otras figuras docentes que nos ayuden a procesar mejor y más sostenidamente las nuevas condiciones en que trabajamos. Creemos además que en esta crisis, la propia desautorización de los docentes no ayuda a resituarse mejor sino que la empeora. Nos parece que es mediante una reafirmación de la función adulta en la transmisión que pueden plantearse algunas estrategias de salida, y que esta reafirmación no debería dejarse tentar por la nostalgia sino crear nuevas figuras, a la manera Hassoun nos propone: abandonar el pasado para reencontrarlo mejor.

Queremos en este punto retomar la definición de educación que propone Hannah Arendt. Arendt decía que:

> la educación es el punto en el cual decidimos si amamos al mundo lo suficiente como para asumir una responsabilidad por él, y de esa manera salvarlo de la ruina inevitable que sobrevendría si no apareciera lo nuevo, lo joven. Y la educación también es donde decidimos si amamos a nuestros niños lo suficiente como para no expulsarlos de nuestro mundo y dejarlos librados a sus propios recursos, ni robarles de las manos la posibilidad

de llevar a cabo algo nuevo, algo que nosotros no previmos; si los amamos lo suficiente para prepararlos por adelantado para la tarea de renovar un mundo común. (Arendt, 1961, p. 196; traducción propia)

Amor por el mundo y amor por las nuevas generaciones: en este cruce entre conservación y renovación, la educación puede plantearse una autoridad cultural que habilite a los otros a ocupar nuevos lugares, sus lugares, los lugares de una generación que está por venir. La educación entonces implica siempre un ejercicio de poder; es un acto de autoridad que conlleva una responsabilidad: la de asumir la tarea de transmitir/enseñar algo a otros, introducirlos en otros lenguajes y códigos, y darles herramientas para moverse en el mundo. "Responsabilidad" aquí reemplaza a "mandato", que suele tener el rasgo de lo inapelable y lo divino (Puiggrós y Dussel, 1999). Si el acto de enseñar siempre implica un acto de autoridad, es importante notar que no todas las formas de autoridad son iguales ni tienen los mismos efectos. No da lo mismo pensar a la autoridad como mandato incuestionable que como acto particular, responsable, que debe justificarse cada día, que intenta dejar lugar para que el otro enriquezca la transmisión. La responsabilidad de los educadores no es cumplir mecánicamente con un mandato, sino analizar cuál es la transmisión cultural que debe tener lugar hoy, con qué contenidos, con qué formas de autoridad; y dejar espacio para crear pedagogías nuevas. Transmitir, pero habilitando a los otros para que el legado sea recreado y así se enriquezca el mundo común que habitamos adultos y jóvenes.

Esta construcción es compleja y difícil, y no queremos aquí proponer imágenes romantizadas sobre la tarea de enseñar. Una autoridad más democrática debería hacerse cargo de la opacidad y complejidad del acto pedagógico, abandonando la ilusión de un encuentro armonioso y transparente entre educador y educando en el aula. Hay asimetría, hay divergencias y hay conflictos cuando nos encontramos en el mismo espacio educativo con otros que portan otros saberes, otros dolores, otras razones, otras historias; y las hay más todavía hoy, cuando las relaciones entre las generaciones están transformándose, cuando las fronteras de lo legal y lo ilegal se están redefiniendo, y cuando la relación con la autoridad es un elemento en crisis para todas las sociedades latinoamericanas, con tantas injusticias y dolores acumulados. La cuestión es cómo los convertimos en parte de la riqueza del vínculo pedagógico, y no sólo ni principalmente en obstáculo; cómo podemos pensarla como una riqueza que transmite/pasa algo en ambos sentidos, desde/hacia los docentes con sus saberes específicos y sus experiencias de vida, y desde/hacia los alumnos, portadores de saberes, historias, deseos, expectativas, que también enseñan en ese encuentro renovado con lo nuevo. Seguramente ese encuentro vendrá con dolores e injusticias, pero también con la confianza de que los que vienen podrán hacer algo mejor, como decía Arendt, algo que no previmos con aquello que les dejamos. Sin esta confianza, que es otra forma del amor en la pedagogía, no hay educación posible, o hay una educación que es de esas que envejecen, que aplastan la imaginación, que ahogan.

Bibliografía

Antelo, E. y Alliaud, A. (2005), *Grandezas y miserias de la tarea de enseñar* (mimeo).
Arendt, H. (1996) *Entre el pasado y el futuro. Ocho ejercicios sobre la reflexión política*, Barcelona, Península.
Bauman, Z. (2002), *La modernidad líquida*, Buenos Aires, Fondo de Cultura Económica.
─────── (2005), *Vidas desperdiciadas. La modernidad y sus parias*, Buenos Aires, Paidós.
Birgin, A. (1998), *El trabajo de enseñar. Entre la vocación y el mercado: las nuevas reglas de juego*, Buenos Aires, Troquel.
Bourdieu, P. (1984), *La distinción*, Barcelona, Taurus.
Braslavsky, C. y Krawczyk, N. (1988), *La escuela pública*, Buenos Aires, Miño y Dávila.
Britzman, D. (1991), *Practice Makes Practice. A Critical Study of Learning to Teach*, Albany, NY, State University of New York Press.
Brumana, H. (1958), *Obras completas*, Buenos Aires, Editorial Amigos de H. Brumana.
Buisson, F. (dir.), (1911), *Dictionnaire de Pédagogie et d'Instruction Primaire*, París. Librairie Hachette.
Chervel, A. (1993), *Histoire de l'Agrégation. Contribution à l'histoire de la culture scolaire*, París, Kimé.
De Certeau, M. (1987), *La faiblesse de croire, texte établi et présenté par Luce Girad*, París, Ed. du Seuil.
Delpit, L. (1995), *Other People's Children. Cultural Conflict in the Classroom*, Nueva York, The New Press.
Donald, J. (1994), "La alfabetización y los límites de la democracia", en: *Propuesta Educativa*, 6, (11), diciembre de 1994, pp. 29-37.
Donzelot, J. (1987), *La policía de las familias*, Barcelona, Pretextos.
Dubet, F. (2002), *Le déclin de l'institution*, París, Seuil.
─────── (2004), "¿Mutaciones institucionales y/o neoliberalismo?", en: Tenti Fanfani, E. (ed.), *Gobernabilidad de los sistemas educativos en América Latina*, Buenos Aires, IIPE-UNESCO, pp. 15-43.
Dubet, F., y Martucelli, D. (1998), *En la escuela. Sociología de la experiencia escolar*, Buenos Aires, Losada.
Durkheim, É. (1961), *Moral education. A study of the theory and application of the sociology of education*, Nueva York y Londres, Free Press (original 1902/03).
Dussel, I. (1997), *Curriculum, humanismo y democracia en la enseñanza media argentina, 1863-1916*, Buenos Aires, FLACSO/Oficina de Publicaciones del CBC-UBA.
─────── (2005), "De la primaria a la EGB: ¿qué cambió en la escolaridad elemental en los últimos años?", en: Terigi, F. (ed.), *Diez miradas sobre la escuela primaria*, Buenos Aires, Siglo XXI.

Dussel, I., y Caruso, M. (2000), *La invención pedagógica del aula. Una genealogía de las formas de enseñar*, Buenos Aires, Santillana.

Ehrenberg, A. (2000), *La fatiga de ser uno mismo. Depresión y sociedad*, Buenos Aires, Nueva Visión.

Finocchio, S. (2003), "Apariencia Escolar", en: Dussel, I. y Finocchio, S. (comps.), *Enseñar Hoy. Una introducción a la educación en tiempos de crisis*, Buenos Aires, Fondo de Cultura Económica, pp. 81-87.

Giddens, A. (2000), *Un mundo desbocado. Los efectos de la globalización en nuestras vidas*, Madrid, Taurus.

Grumet, M. (1992), "The Language in the Middle: Bridging the Liberal Arts and Teacher Education", *Liberal Education*, 78, (3), mayo/junio de 1992, pp. 2-7.

Hargreaves, A. (1996), *Profesorado, cultura y posmodernidad*, Madrid, Morata.

Hassoun, J. (1996), *Los contrabandistas de la memoria*, Buenos Aires, Ediciones de la Flor.

Himanen, P. (2002), *La ética del hacker y el espíritu de la era de la información*, Buenos Aires, Planeta.

Illich, I. (1993), *In the Vineyard of the Text. A Commentary to Hugh's Didascalion*, Chicago y Londres, The University of Chicago Press. [*En la viña del texto*, México D.F., Fondo de Cultura Económica, 2002]

Judge, H., Phillips, D. (comps.) (1994), "The University and the Teachers. France, the United States, and England", número especial de *Oxford Studies in Comparative Education*, Oxfordshire, Triangle Books.

Kaes, R. y otros (1996), *Transmisión de la vida psíquica entre generaciones*, Buenos Aires, Amorrortu.

Kress, G. (2005), *El alfabetismo en la era de los nuevos medios de comunicación*, Granada, Ediciones El Aljibe-Enseñanza Abierta de Andalucía.

Labaree, D. (1992), "Power, knowledge, and the rationalization of teaching: A genealogy of the movement to professionalize teaching", *Harvard Educational Review*, 62, (2), pp. 123-154.

Lahire, B. (2004), *La culture des individus. Dissonances culturelles et distinction de soi*, París, La Découverte.

Lasch, C. (1999), *La cultura del narcisismo*, Barcelona, Andrés Bello.

Meirieu, P. (2002), *Le pédagogue et les droits de l'enfant: histoire d'un malentendu?* Condé-sur-Noireau, Éditions du Tricorne.

Meirieu, P. (1998), *Frankenstein Educador*, Barcelona, Laertes Psicopedagogía.

Menim, O. (1998), "El ensayo de Escuela Serena realizado por las hermanas Cossettini", en: *Revista Ensayos y experiencias*, 21, Buenos Aires, Novedades Educativas.

Nicolazzo, M. (2005), "Profesores en (la) crisis. Duelos por identidades que no son". Tesis de Maestría, Facultad Latinoamericana de Ciencias Sociales/Argentina, presentada para evaluación del jurado.

OECD/OCDE (2004) *Background OECD Papers: The Schooling Scenarios, International Schooling for Tomorrow Forum*, Toronto, Ontario Ministry of Education.

O'Donnell, G. (2002), "Las poliarquías y la (in)efectividad de la ley en América latina", en: Méndez, J. E., O'Donnell, G. y Pinheiro, P. S. (eds.), *La (in)efectividad de la ley y la exclusión en América latina*, Buenos Aires, Paidós, pp. 305-336.

Pineau, P. (1997), *La escolarización de la provincia de Buenos Aires (1875-1930) Una versión posible*, Buenos Aires, Oficina de Publicaciones del CBC- UBA/ FLACSO.

Postman, N. (1999), *El fin de la educación. Una nueva definición del valor de la escuela*, Barcelona, Octaedro.

Puiggrós, A. (1990), *Sujetos, disciplina y curriculum en los orígenes del sistema educativo argentino (1885-1916)*, Buenos Aires, Galerna.

Puiggrós, A., y Dussel, I. (1999), "Fronteras educativas en el fin de siglo: utopías y distopías en el imaginario pedagógico", en: *En los límites de la educación formal: niños y jóvenes de fin de siglo* (ed. por Puiggrós, A.), Rosario, Homo Sapiens.

Redondo, P. (2004), *Escuelas y pobreza: Entre el desasosiego y la obstinación*, Buenos Aires, Paidós.

Reese, W. (1995), *The Origins of the American High School*, New Haven y Londes, Yale University Press.

Santoni Rugiu, A. (1996), *Nostalgia del maestro artesano*, México D.F., CESU-UNAM /Porrúa Editorial.

Sarlo, B. (1994), "Política cultural e institución escolar", entrevista con Inés Dussel, en *Propuesta Educativa*, 6, (11), diciembre de 1994, Buenos Aires, FLACSO, pp. 43-50.

_____ (1994), *Escenas de la vida posmoderna*, Buenos Aires, Ariel.

Senet, R. (1918), *Apuntes de Pedagogía*, Buenos Aires, Cabaut.

Sennett, R. (2001), *La corrosión del carácter*, Buenos Aires, Anagrama.

Tenti Fanfani, E. (2005), *La condición docente. Análisis comparado de la Argentina, Brasil, Perú y Uruguay*, Buenos Aires, IIPE-UNESCO/Siglo XXI/Fundación OSDE.

Terigi, F. (2005), "Después de los Noventa: prioridades de la política educativa nacional", en: Tedesco, J., (comp.), *¿Cómo superar la desigualdad y la fragmentación del sistema educativo argentino?*, Buenos Aires, IIPE-UNESCO, pp. 229-287.

Tyack, D., y Cuban, L. (1995), *Tinkering Towards Utopia. A Century of Public School Reform*, Cambridge, MA y Londres, Harvard University Press.

Varela, J. (1991), "Las pedagogías psicológicas", en Alvarez Uria, F., y Varela, J. *Arqueología de la escuela*, Madrid, La Piqueta.

Vezzeti, H. (1998), "Activismos de la memoria: el 'escrache'", *Punto de Vista*, 62, diciembre.

Vincent, G. (ed.), (1994), *L'éducation prisonnière de la forme scolaire*, Lyon, Press Universitaires de Lyon.

Viñao Frago, A. (2002), *Sistemas educativos, culturas escolares y reformas. Continuidades y cambios*, Madrid, Morata.

Walkerdine, V. (1995), "Psicología del desarrollo y pedagogía centrada en el niño: La inserción de Piaget en la educación temprana", en: Larrosa, J. (ed.), *Escuela, poder y subjetivación*, Madrid, La Piqueta, pp. 77-152.

La pregunta por la enseñanza y el aprendizaje en el oficio docente[*]

Gloria Calvo

1. Consideraciones preliminares

Sin lugar a dudas, y más específicamente asociados a los procesos de reforma educativa que vivieron los países de la región en la década de los noventa del siglo pasado, las maneras de enseñar y aprender se vieron modificadas.

Si bien es posible cuestionar tal cambio –en el sentido de si en verdad sucedió–[1] por lo menos a nivel discursivo "las políticas de reforma afectaron directamente el trabajo cotidiano de la mayoría de los docentes, quienes se vieron desafiados en sus rutinas y modos de hacer las cosas en el aula y en las instituciones donde prestan sus servicios", tal como lo expresan las consideraciones preliminares de la convocatoria de este Seminario Internacional, titulado "La renovación del oficio del docente: Vocación, trabajo y profesión en el siglo XXI", organizado por el IIPE-UNESCO Sede Regional Buenos Aires.

Cuando el mismo documento refiere las principales transformaciones del oficio docente, en su *literal* enuncia las acciones más significativas que los procesos de reforma educativa llevaron a cabo, a saber, procesos de descentralización de la gestión educativa, y su coro-

---

[*] Comentarios al trabajo de la profesora Inés Dussel, "Impactos de los cambios en el contexto social y organizacional del oficio docente", publicado en este libro.
[1] Una serie de estudios desarrollados por la Red Latinoamericana de Información y documentación REDUC en México, Colombia, Chile, Bolivia y El Salvador, evidenció las dificultades de cambiar las prácticas cotidianas de los maestros, aún en procesos de reforma. Véase por ejemplo, para Colombia, Calvo, Mina, Cera (2001).

lario, la autonomía institucional; introducción de innovaciones sobre todo asociadas al uso de nuevas tecnologías en el aula de clase; el énfasis en los aprendizaje significativos y en la formación en competencias, tanto cognitivas como sociales; la diversidad de ofertas pedagógicas, entre otras; todo esto dentro de un contexto de desigualdad social y cultural acendrado por los procesos de reforma económica.

En este escenario, es legítimo pensar que asistimos a una reconfiguración de este antiguo oficio. Lo que quisiera mostrar es que si bien hay elementos nuevos, existe una *invariante:* y es la pregunta por el enseñar y aprender. El contexto constituiría un campo de fuerzas que reacomodaría cada vez la pregunta, haciendo énfasis o deteniendo la mirada en uno u otro aspecto. En tal sentido, la identidad propia del oficio docente estaría dada por el saber pedagógico.[2] En los apartados siguientes desarrollaré esta premisa.

2. Los nuevos contextos de la práctica docente

¿Qué significa enseñar y qué significa aprender en el marco de las múltiples exigencias que los nuevos tiempos le imponen al docente? Esta pregunta nos lleva a interrogarnos sobre los nuevos procesos pedagógicos que tienen lugar en la institución escolar y sobre la responsabilidad por el conocimiento, más aún si se acepta que la escuela es una *institución cascarón,*[3] es decir, que existe pero que no cumple sus funciones tradicionales.

2.1. Descentralización pedagógica y los proyectos educativos institucionales

El desarrollo de la autonomía institucional, la democratización de la escuela, la construcción colectiva del Proyecto Educativo Institucional (PEI), generan condiciones de posibilidad para integrar la comunidad a los procesos educativos y pedagógicos.

---

[2] Esta noción se debe al grupo Historia de las prácticas pedagógicas en Colombia. En el saber pedagógico confluyen teorías, prácticas, conocimientos que se reconfiguran según condiciones de posibilidad.
[3] Cf. Giddens (2000:30), citado por Dussel(2005).

Los proyectos educativos institucionales estuvieron asociados a los procesos de descentralización pedagógica, su propósito era dinamizar los procesos académicos y pedagógicos mediante acciones que movilizaran la institución escolar en su conjunto, y que tuvieran en cuenta el contexto en el cual estaba inmersa.

Estos proyectos, al menos en el caso de Colombia, adquirieron gran dinamismo porque se anclaron en procesos de innovación pedagógica que venían sucediendo desde la década anterior. Lo anterior hizo que aquellas instituciones que tenían una trayectoria de innovación,[4] pudieran formular muy rápidamente su Proyecto Educativo Institucional y participaran en las distintas convocatorias encaminadas a premiar los mejores proyectos.

Cuando se miran retrospectivamente los Proyectos Educativos Institucionales y la práctica docente, podría afirmarse que los PEI fueron un proyecto más, que *flotaba* en la institución escolar.[5] En este sentido, se volvieron una carga para el docente en su práctica cotidiana. La tensión radicaba en la necesidad de articular los contenidos determinados en el plan de estudios y las metas consignadas en el proyecto educativo institucional. No fue suficiente la definición de contenidos transversales porque la dificultad de unir lo cotidiano del aula y la meta institucional desbordó el oficio del docente.

Por otra parte, el cambio de políticas educativas y el posterior énfasis en los estándares curriculares hizo que la institución educativa perdiera autonomía, y que el maestro debiera replantear su práctica en tanto ya no era tan importante lo particular del contexto, sino la referencia a lo nacional y a lo internacional. En tal sentido, los procesos de innovación se truncaron.

2.2. Nuevas tecnologías de la información y la comunicación

Es un hecho que la cultura electrónico-visual marca una forma especial de relación con el conocimiento. La inmediatez, la simultaneidad, la superficialidad, son condiciones que acompañan a la información que llega por muchos canales asociados a las nuevas tecnologías. De

---

[4] Véase Calvo (1996).
[5] Cf. Camargo y Ávila (1999).

todas formas, el oficio del docente no puede desconocer que los sujetos que aprenden llegan formados en estas modalidades y que, pese a las resistencias culturales del maestro, las nuevas tecnologías modifican las prácticas de aula.

Las nuevas tecnologías de la información y la comunicación han estado asociadas a los procesos de reforma educativa en la región. Son muchas las experiencias de uso de computadores en el aula, de materiales educativos computarizados, de material hipertextual, y de uso de Internet, como el proyecto *Enlaces* en Chile.

Frente a esta situación, no ha sido fácil el oficio del docente. Más que rechazar estas nuevas formas de conocer y, con frecuencia, de aprender, el docente ha necesitado reconocer que las nuevas generaciones utilizan como objetos cotidianos la televisión, el Internet y los juegos de video, y en tal sentido incorporar en las prácticas de aula estos recursos en contravía de muchas de sus creencias frente a la manera como acceden al conocimiento los alumnos de hoy.[6] También ha necesitado socializarse con estas nuevas generaciones, en una nueva modalidad para aprender el *uso cotidiano de las cosas*, tal como lo explica Tenti,[7] y que pareciera ser una constante frente a los retos que impone la *modernidad líquida*[8] de la que habla Dussel.

2.3. Evaluación por competencias

En la última década se ha efectuado un desplazamiento en las formas de evaluar que ha afectado la práctica docente. Inicialmente, se pasó de una evaluación cuantitativa a otra cualitativa que llevaba implícita la conformación de comités de evaluación con participación de padres y alumnos; dicha transformación suponía la elaboración de boletines evaluativos y de apreciaciones frente al rendimiento académico de los estudiantes.

Más recientemente, al menos en Colombia, se ha pasado a una propuesta de evaluación por competencias, que privilegia marcos interpretativos provenientes de la psicología cognitiva. Paralela-

---

[6] Cf. Brunner (2000).
[7] Cf. Tenti (2003).
[8] Véase Bauman (2002), citado por Dussel (2005).

mente, el Ministerio de Educación ha establecido estándares para las distintas áreas del conocimiento. Ante esta situación, el docente ha debido modificar sus prácticas de aula. En primer lugar ha necesitado entender la propuesta conceptual que fundamenta la evaluación por competencias, y el sentido que tiene dentro de las mismas el planteamiento de los estándares curriculares. A esto se suma, la expedición de un decreto que fija en un 5% el máximo de repitencia. Entonces, ¿cuál ha sido el oficio del docente dentro de este marco?

El docente ha necesitado estrategias de apoyo cuando no de permisividad para que sus estudiantes cumplan con los logros establecidos en los programas y ha debido manejar el malestar o la frustración que sienten sus alumnos más aventajados frente a aquellos que pasan a los grados superiores con menores esfuerzos. Igualmente, se ha enfrentado al hecho de que los resultados de sus alumnos en las evaluaciones masivas no siempre sean los mejores, cuestionando, en consecuencia, la utilidad de la evaluación.

2.4. La presión por una escuela democrática

La expedición de la Ley General de Educación llevó implícita la creación de los gobiernos escolares y la elección del personero estudiantil. Esta nueva situación ha constituido un telón de fondo para las prácticas docentes en la institución escolar. Si bien la escuela colombiana es diferente, en cuanto puede ser menos autoritaria una escuela que favorece el laisseferismo también es posible.

Los maestros han pasado de ser la autoridad a no hacer presencia en el aula, o a ser un alumno más. ¿Qué ha hecho el maestro? ¿Privilegiar la cuestión disciplinaria o reafirmar la función adulta en la transmisión, tal como lo propone Dussel? Frente a esto hay maestros que han retomado la tradición pedagógica y establecido *pactos de convivencia*, que han venido a reemplazar los manuales asociados a los gobiernos escolares, y en el contexto de una propuesta basada en la ética de los mínimos, han rescatado la responsabilidad en la formación de las futuras generaciones. También, han aplicado pedagogías como las implementadas por la Escuela Nueva.

La contracara de esa transformación ha sido un maestro temeroso e impotente, que ante el temor de una medida legal conocida como acción de tutela, no actúa o privilegia la permisividad.

2.5. Diversidad, inclusión y marginalidad

Cada vez con mayor frecuencia llega a las aulas de clase una población disímil en lo cultural y en lo social. Para muchos alumnos la educación básica es la única posibilidad formativa y no cuentan con una cultura académico-letrada que facilite sus aprendizajes.

Por otra parte, al docente, en su nuevo oficio le ha tocado enfrentar no sólo la marginalidad sino el desplazamiento, la informalidad y la integración al aula de alumnos con necesidades educativas especiales. "Frente a situaciones que no entiende, que se le escapan, que lo desbordan" (Dussel, 2005:2), el docente tiene que hacer acopio de creatividad, paciencia, comprensión, y hacer de médico, psicólogo, terapeuta, en una clara manifestación de carencia de saberes –distintos al pedagógico–, necesarios para entender dichas situaciones. Por esta razón recurre a colegas, los cursos de capacitación o la vinculación a redes de maestros que trabajen aspectos relacionados con su práctica, con la esperanza de hacer mejor su labor.

Al querer atender estas exigencias del contexto, el maestro pareciera tender a sacrificar su compromiso con el aprendizaje, y su actividad ha estado asociada a una labor de contención y de cuidado que afecta la evaluación de su trabajo, cuando se la mira asociada sólo a los resultados de las evaluaciones de los alumnos, tal como lo expresa la convocatoria a este seminario.

2.6. Maestro investigador

Los recientes procesos de acreditación de las instituciones educativas han llevado a privilegiar la investigación en los procesos de formación de los docentes. Pareciera que se está formando un maestro que privilegia la teoría, pero que es incapaz de atender situaciones de aula en contextos precarios. Ante la inexistencia del recurso, el docente carece de creatividad para hacer efectiva su enseñanza.

También se ha generado una segmentación entre los maestros que investigan y aquellos que no lo hacen. Para los primeros, están abiertas las vinculaciones a redes,[9] las pasantías,[10] los concursos, la publicación en revistas del gremio,[11] a los premios.[12] Para los otros la confinación al aula y el consabido aislamiento.

2.7. Acceso a la carrera docente

También se han modificado las condiciones de acceso a la carrera docente y se ha abierto la posibilidad de que personas de cualquier disciplina puedan concursar para cargos que anteriormente sólo podían ser cubiertos por personas con formación pedagógica. Esta situación ha generado una tensión ya que, se ha devaluado el saber del maestro formado en las instituciones pedagógicas y han llegado a las aulas de clase, personas que si bien tienen los conocimientos disciplinares, carecen de la formación didáctica. A esto se suma, un malestar del docente por sentirse desplazado frente a una labor que considera suya.

Todos los aspectos anteriormente considerados y asociados, en gran parte, a los procesos de reforma educativa, ilustran distintas maneras de ser docente hoy. Igualmente, plantean una serie de retos para la formación del maestro y reconfiguran su campo de saber tanto desde la política como desde las exigencias institucionales, pasando por las funciones que debe asumir hoy la educación de las nuevas generaciones.

Seguidamente, pretendo mostrar por qué, pese a estos nuevos contextos, sigue vigente la invariante que caracteriza el oficio docente, que es la pregunta por la enseñanza y el aprendizaje.

---

[9] La Expedición Pedagógica Nacional ha vinculado, como maestros expedicionarios, a docentes comprometidos con la sistematización de experiencias.
[10] El Premio Compartir, adicional a una remuneración económica, ofrece la posibilidad de una pasantía en una institución española.
[11] La revista *Nodos y Nudos*, de la Red de Cualificación de Maestros en el ejercicio RED-CEE, liderada por la Universidad Pedagógica Nacional, publica experiencias de aula y reflexiones sobre la práctica de los maestros en Colombia.
[12] En Colombia tiene gran fuerza el Premio Compartir al mejor maestro, en el cual la empresa privada premia la mejor práctica docente documentada.

3. El oficio docente

La discusión sobre si el maestro es o no un profesional, ha sido bastante frecuente en los últimos años. El interés de la misma está relacionado con la posibilidad de dar un mayor estatuto a un oficio que es uno de los más antiguos en las sociedades modernas.

En un monográfico de la Revista Iberoamericana de Educación dedicado a la formación docente, Mariano Fernández Enguita, profesor del Departamento de Sociología de la Universidad de Salamanca, discute el sentido de las profesiones y distingue entre liberales y burocráticas. Lo más relevante de su discusión es la afirmación relacionada con que la profesión docente no es ni liberal ni burocrática, sino democrática. Fundamenta su afirmación diciendo que el ejercicio autónomo e individual en la enseñanza no existe, pues aunque los docentes pueden dar clases particulares o mantener academias privadas, esto queda enteramente separado de la acreditación pública del conocimiento, que sólo pueden llevar a cabo las instituciones (Fernández Enguita, 2001:53).

Tampoco es equivalente a la profesión docente el ejercicio asociado, pues aunque un centro de enseñanza puede estar constituido por un grupo de profesores, su validez la da sólo la autorización oficial. "La licencia y el mandato, en suma son ahora institucionales, no personales (residen en la escuela y no en el profesor, como también en la iglesia y no en el pastor; en la embajada y no en el diplomático, en la policía y no en el agente, etcétera)" (Fernández Enguita, 2001:53).

La categorización del oficio del docente como una profesión democrática, da cabida a la participación, a la elección y al sentido de servicio público.

Fernández Enguita afirma que el maestro tiene un conocimiento profesional en cuanto está asociado con la capacidad de diagnóstico, con la posibilidad de decidir acertadamente la rutina para la tarea o el problema. Para él, el maestro se enfrenta en el aula a un problema o situación ante el cual debe definir una serie de estrategias, una secuencia de operaciones que corresponden a un proyecto. En este sentido, hace referencia a un cuerpo de conocimientos que ajusta según la situación y que reacomoda según los resultados. Podría uno recordar la propuesta de Dewey frente a la estructuración de una tarea de aprendizaje.

El oficio del docente, como profesión, está asociado a esa capacidad diagnóstica para encontrar las formas de aprendizaje y de enseñanza adecuadas para diferentes problemas e individuos. El docente tiene la necesidad de atender las especificidades de los distintos grupos poblacionales y preguntarse por sus condiciones de educabilidad. Así, define las estrategias y modalidades más pertinentes para garantizar la enseñanza y el aprendizaje de aquello que haya definido dentro del plan de estudios o dentro de su propuesta curricular.

Los cambios acelerados de la sociedad actual, el acrecentamiento de la distancia intergeneracional, las modificaciones en las formas de vida y de trabajo, han hecho que la escuela, sin dejar de ser necesaria, ya no sea suficiente. El cambio social requiere una y otra vez cambios en el sistema educativo, y una constante y profunda actualización de lo que constituye la formación docente.

Cuando los alumnos eran *iguales,* existía un patrón común y una manera uniforme de tratarlos. Los objetivos y los contenidos no cambiaban, y el maestro se formaba con estudios tempranos y breves. Hoy, ante una situación de inestabilidad y de precariedad conceptual, el docente necesita recomponer su saber constantemente, en una continua dinámica entre enseñanza y aprendizaje. Por tal razón, necesita reflexionar sobre su práctica, y buscar nuevos conocimientos y experiencias que lo lleven a nuevas claridades y posteriormente a nuevos problemas.

Esta continua espiral es la que define el sentido democrático del oficio docente como profesión democrática. La profesión democrática es la mediación que puede hacer de la educación un derecho; puede convertir los centros de enseñanza en escuelas públicas y las organizaciones escolares en sistemas flexibles y abiertos. El oficio del docente como profesión democrática permitiría una sinergia entre los recursos personales, los organizativos y los comunitarios, con el objetivo de hacer frente a la diversidad y al cambio en la educación.

Tal como lo afirma Dussel, el docente necesita tener una relación particular con el conocimiento, con la comunidad y con los sujetos que aprenden. Debe conocer los desarrollos científicos y disciplinares, y a la vez ser competente en su enseñanza.

Estas afirmaciones me llevan a ratificar mi propuesta en el sentido de caracterizar el saber pedagógico como invariante del oficio docente. Recordemos que este saber está abierto, continuamente se reconfigura, está atravesado por las políticas, pero también atiende a las condiciones de enseñanza y de aprendizaje. El saber pedagógico posibilitaría recoger todas las demandas que recaen sobre el docente y le permitirían tomar una postura sobre las mismas, como también comprender por qué los discursos y las políticas vuelven prioritarias unas demandas y relegan otras. El saber pedagógico también permite atender el nuevo contexto de la actividad docente, donde el alumno ya no es una tábula rasa y el maestro incita al alumno a un proceso de aprendizaje que involucra sus condiciones de educabilidad.

La noción de saber pedagógico, y la propuesta de que la pregunta por la enseñanza y el aprendizaje es la que define el oficio del docente, también permite la definición del nuevo contexto de la práctica pedagógica, que ahora es vista como un trabajo más colectivo que involucra la institución y la comunidad educativa.

Propicia, asimismo, condiciones para atender las dificultades de enseñar y de aprender en un "contexto de modernidad líquida en donde la incertidumbre, la flexibilidad y la novedad, aparecen como ejes de estructuración de la vida social" (Dussel: 2005, 17).

La pregunta por la enseñanza y el aprendizaje, como invariante del oficio docente, recogería los dos modelos escolares que según Dussel (2005: 8 y 9) parecen abrirse paso en la actualidad: la escuela como un centro social, que educa en valores y organiza la conducta de los futuros ciudadanos para la vida en común; y la escuela como lugar de aprendizaje, con el privilegio del saber experto, la multiplicidad y riqueza de recursos didácticos, y la idea de innovación permanente.

4. ¿Qué hacer?

Ante todo es necesario rescatar el oficio del docente, y esto pasa porque no sea sólo sujeto de políticas. El oficio del docente es crucial para la equidad y la cohesión social. La pregunta por la enseñanza y el aprendizaje ayudará a la definición de planes de estudio pertinentes y a la propuesta de estrategias didácticas que atiendan los contextos sociales y culturales de los educandos.

La pregunta por la enseñanza y el aprendizaje no se da en el vacío. Es necesario que el maestro tenga una sólida formación pedagógica que le permita el manejo de un corpus conceptual a partir del cual leer los contextos, los del aula y los psicosociales de sus alumnos.

También, es necesario que el docente entienda la institución escolar y los retos que tiene enseñar en un momento en el que la escuela no es la única que educa. Esto lleva a un replanteamiento de su rol como autoridad y a proponer trabajos de aula más participativos.

La tensión que propone Dussel frente a la autoridad, el legado para las nuevas generaciones, frente a la novedad que representa educar, quizá amerita un nuevo *pacto social* por la educación. De igual forma, lo amerita el análisis de aquello que privilegia la escuela, disciplina, regulación y estandarización frente a la *modernidad líquida.*

Quizá sea necesario oír de nuevo a los gremios docentes, y reflexionar con ellos sobre las propuestas más acertadas para definir una mejor formación para atender lo que significa el oficio docente en los nuevos contextos en los que debe desarrollarse.

Mucho se ha dicho que las políticas educativas necesitan ser de Estado y no de gobierno. La manera como se sobreponen directrices de política incide en el oficio docente. La fusión de instituciones, en el caso de Colombia, incidió en la autonomía institucional. De la misma manera lo hizo la adaptación de estándares.

El maestro, como profesional de la pedagogía, posee un saber, pero es necesario formalizarlo: reflexionar sobre la práctica, recurrir a la teoría, hacer acopio de saberes provenientes de las llamadas Ciencias de la Educación para reconfigurar este saber. Sin embargo, también es necesario reconocer las limitaciones del oficio docente en los nuevos contextos de cambio.

La pregunta por la enseñanza y el aprendizaje sigue siendo una pregunta válida para el oficio docente, sólo que cambia frente a los nuevos contextos; es decir, se reconfigura frente a las nuevas condiciones de posibilidad que plantean los discursos y las prácticas.

Bibliografía

Brunner, J. J. (2000), *Educación y escenarios de futuro: Nuevas tecnologías y sociedad de la información*, documento de trabajo, PREAL, n° 16.

Caballero, P., y Aldana E. (comps.) (1997), *La Reforma Educativa en Colombia. Desafíos y Perspectivas*, Bogotá, PREAL–Instituto SER de Investigación, Tercer Mundo Editores.

Calvo, G. (1996), "Los proyectos educativos institucionales y la formación de docentes", en: *Revista Colombiana de Educación 33*, Bogotá D. C., CIUP, Universidad pedagógica Nacional, 1996.

Calvo, G., Mina, A. y Cera, A. (2001), *El Aula Reformada. Un análisis de las prácticas pedagógicas en la lectura y escritura a la luz de la reforma educativa*, Bogotá, UPN-CIAS, Arfo Editores e Impresores.

Camargo, M. y Ávila, R. (1999), *La Utopía de los PEI en el laberinto escolar*, Bogotá D. C, COLCIENCIAS-CIUP-UPN-PIIE, Ediciones Ántropos.

Dewey, J. (1997), *Democracia y educación*, Madrid, Morata.

Dussel, I. (2006), "Impactos de los cambios en el contexto social y organizacional del oficio docente", en: Tenti Fanfani, E. (comp.), *El oficio docente de docente vocación, trabajo y profesión en el siglo XXI*, Buenos Aires, Siglo XXI.

Fernández Enguita, M. (2001), "A la busca de un modelo profesional para la docencia: ¿liberal, burocrático o democrático?", en: *Revista Iberoamericana de Educación 25,* Organización de Estados Iberoamericanos para la Educación, la Ciencia y la Cultura, pp. 43-64.

Tenti Fanfani, E. (2003), "La escuela y los modos de producción de la hegemonía", en: *Revista Colombiana de Educación 45*, Bogotá D. C., CIUP, Universidad Pedagógica Nacional, Arfo Editores e Impresores, pp. 20-40.

El trabajo y el saber del docente: nuevos y viejos desafíos*

Menga Lüdke

El texto de Dussel desarrolla una discusión bien fundamentada y muy lúcida sobre gran parte de los problemas que contribuyen a generar actualmente una situación de incomodidad, de malestar, en las relaciones entre los profesores y la sociedad. Focaliza los impactos de los cambios sufridos por la sociedad y cómo se reflejan en la institución escolar y sobre la configuración del oficio docente; trae a discusión las contribuciones de algunos de los más vigentes autores que se dedican al estudio de la escuela, desde la perspectiva de su evolución histórica, hasta un análisis crítico de su papel y sus problemas hoy en día. Esta discusión se desarrolla de un modo tan claro y cuidadoso que el texto es digno de integrar un repertorio básico introductorio al estudio crítico de la escuela en nuestros cursos de formación de profesores. A la par de estas cualidades, logra mantener un tono estimulante, de indagación y búsqueda, muy alejado de una posición conformista o tímida, ante los desafíos enfrentados por la escuela y los profesores. Por mi parte, ya lo he introducido entre colegas y estudiantes, que están apreciando mucho su lectura.

Al tratarse de un texto muy abarcativo, no sería posible en este comentario tratar todos los aspectos considerados en el mismo. Por lo tanto, voy a elegir algunos de los que considero más próximos a mis afinidades y mis intereses de investigación, sobre los cuales espero poder contribuir con algunas reflexiones y sugerencias.

---

* Comentarios al trabajo de la profesora Inés Dussel, "Impactos de los cambios en el contexto social y organizacional del oficio docente", publicado en este libro.

La constatación de que los permanentes cambios ocurridos en la sociedad no son acompañados sincrónicamente con cambios en la escuela, está muy bien explicitada en la ponencia. En apoyo de esta constatación, se aportan análisis de varios autores se traen como la expresiva imagen propuesta por Giddens (2000) de *institución cascarón*, que da la incómoda idea de una escuela que mantiene a lo largo del tiempo una superficial apariencia de cumplimiento de funciones, pero que en verdad se viene deteriorando y deshaciendo, a tal grado que se vacía en su interior. Son muchas las reflexiones suscitadas por esta imagen fuerte y provocativa. No se puede más que responder que hay un factor resistente, tal vez residual, en la composición de la institución escolar, que la hace parecer casi permanentemente igual, por no decir inmutable. Este factor aflora en las relaciones entre alumnos y profesores, en la estructuración en series y clases o grupos, en la disposición del mobiliario, en la jerarquía del cuerpo administrativo y en otros aspectos, expuestos visiblemente ante la sociedad, que sigue viendo a la escuela como *la misma institución*.

A pesar de esta aparente inmovilidad, sin embargo, varias funciones nuevas se le vienen atribuyendo a la escuela, algunas antes consideradas específicas de la familia, como la transmisión de valores y la formación de los futuros ciudadanos. Dentro de la crisis vivida por la escuela, reflejo a su vez de la crisis de la propia sociedad, dos configuraciones se presentan como respuesta, según la autora: *la escuela vista como un centro social*, preocupada por los valores y la conducta de los alumnos, y *la escuela vista como un lugar de aprendizaje*, volcada a la instrucción cognitiva, con base en el saber especializado y en recursos propios de la didáctica y la innovación permanente. Estas dos configuraciones aparentemente se presentan como respuestas excluyentes

> en un antagonismo que opone la enseñanza al cuidado y que no contribuye a pensar otras relaciones entre la escuela y la sociedad. Sin embargo, lo que nos parece más preocupante es que su análisis es pobre en relación al sentido y las razones de la organización escolar, a qué hacer con las tradiciones heredadas (las que recibimos, y las que queremos pasar "en herencia" a las nuevas generaciones), y a cómo plantearse los desafíos de la transmisión cultural manteniendo las preguntas sobre la justicia y la relevancia de esa transmisión. (Dussel, 2005, p. 8)

La percepción de la autora sobre la pobreza del análisis que antagoniza los dos modelos me parece clave para intentar entender la escuela en una perspectiva de integración, y el papel del profesor dentro de ella. Reconozco la necesidad de un esfuerzo de análisis en esa dirección y me propongo señalar algunas contribuciones que se encaminan en ese sentido. Tengo en la mira más inmediata la realidad de la educación brasileña, sabiendo que ésta, por cierto, presenta diferencias respecto de la de otros países latinoamericanos. Todavía estamos lejos de asegurar la escolaridad básica a todos nuestros jóvenes, si bien hemos logrado garantizar por lo menos el acceso a la escuela al 97 % de ellos, motivo de orgullo para gobernantes anteriores. Sin embargo, este acceso no representa garantía de una trayectoria completa de cada alumno por los ocho años obligatorios según la ley, ni mucho menos que sean éstos cursados en condiciones propias de una enseñanza de calidad. Este breve cuadro permite deducir que para gran parte de nuestros jóvenes la escuela todavía representa un sueño más que inalcanzable, inalcanzado, ¡sin importar la calidad de enseñanza que ofrezca! Para la gran masa de jóvenes que nunca fueron a la escuela, o pasaron por ella sólo durante unos pocos años, esta institución aparece como la puerta que no se abrió, hacia una vida más digna a la que tendrían derecho.

Pero ¿cómo ven la institución escolar los jóvenes que tuvieron la oportunidad de frecuentarla? A esa pregunta responde una investigación hecha, en 2005, entre 5.160 alumnos de la enseñanza media del gran São Paulo (3.000 de escuelas públicas y 2.160 de escuelas particulares), para estudiar el universo de valores en el que viven (Y. de la Taille y E.H. de la Taille, 2005/06). La enseñanza media designa los tres años que suceden a los ocho de la escolaridad obligatoria, estando, por lo tanto, sus alumnos muy familiarizados con la realidad escolar. Sus opiniones tienen así un peso considerable. Según los resultados de la investigación, la escuela es considerada por el 70% de los jóvenes interrogados como la institución más confiable, inmediatamente después de la familia. Los profesores están entre quienes consideran como mayor fuente de influencia sobre sus valores, perdiendo sólo ante padres y amigos. En relación con el conocimiento de los problemas de la sociedad y cómo enfrentarlos, la escuela aparece como el lugar más indicado para el 70%. Cuando se trata del desarrollo personal, también es apuntada como importante por cerca del 70% de los estudiantes investigados, mientras que para el desarrollo social la cifra sube a más del 90%. Se puede divisar por los datos del estudio una imagen muy positiva en relación con la escuela en jóvenes que comparten la vida de esta institución hace por lo menos ocho años y que continúan, como se puede inferir, confiando en ella para su propio desarrollo personal y el de su país.

Esta prueba de confianza en la escuela, ofrecida por sus destinatarios principales, los alumnos, nos estimula a buscar recursos que ayuden a enfrentar el cuestionamiento planteado por Dussel en su texto: *¿qué pasa con el oficio docente frente a todos estos cambios?* La autora avanza la reflexión sobre algunos puntos neurálgicos del complejo oficio y la compleja formación del profesor, sobre los cuales me gustaría agregar algunas contribuciones que iluminan aspectos todavía oscuros de este *métier*.

David Labaree, un investigador americano que hoy trabaja en la Universidad de Stanford, se ha dedicado a discutir algunos de estos aspectos, especialmente en un artículo sobre la naturaleza del magisterio y de la preparación para él, vistas como un conjunto de prácticas *difíciles que parecen fáciles...* (Labaree, 2000). El trabajo señala varios problemas que cercan esta ocupación, haciendo muy difícil su práctica, tales como: a) La dependencia de la cooperación del cliente, sin la cual no se puede verificar una actuación exitosa, como ocurre en la relación entre el profesor y sus alumnos; b) El problema de la clientela compulsoria, exactamente la situación del alumno de la educación básica, obligatoria por ley, tan bien descripta por Perrenoud en un libro originado en su tesis de doctorado (Perrenoud, 1984). Este autor visualiza la situación de un niño de cinco o seis años, que de repente se ve arrancado de sus juguetes, de su tiempo libre y ubicado en una sala, en medio de otros 30 niños completamente desconocidos, que deben permanecer así ubicados durante horas, frente a una señora también desconocida, haciendo cosas que ella ordena y que pueden o no ser interesantes (eventualmente lo son, pero no siempre...). Estas actividades deben ser cumplidas a tiempo y en horario, pues de este cumplimiento va a depender la evaluación de cada alumno, la cual ocurrirá justamente en el mismo momento para todos ellos (al final del año o del semestre) quienes deben demostrar las mismas habilidades esperadas de todos por igual, por distintos que sean. Me detuve un poco en el trabajo de Perrenoud, pues, además de brindarnos un *insight* clarificador sobre lo compulsorio de la escuela de educación básica, ha contribuido mucho para develar misterios del oficio docente (Perrenoud, 2002). Vuelvo al trabajo de Labaree sobre la cuestión de la clientela compulsoria de la escuela, un aspecto desafiante para el trabajo del profesor, especialmente para el iniciante, al sentir en la piel la dificultad de controlar a un grupo numeroso de clientes, obligados a hacer algo que no elegirían voluntariamente si pudieran, como ya lo había notado Waller, en su obra clásica *The Sociology of Teaching* (1932-1965), también mencionada por Labaree. c) Otro problema que pesa en el trabajo del profesor es la administración de sus propias emociones, para lo cual no hay manuales o reglas que seguir o enseñar; d) El problema del aislamiento estructural también es citado por Labaree, cuando analiza la situación de autosuficiencia en la que está circunscripto el profesor, obligado a desarrollar por cuenta propia la habilidad de controlar a sus alumnos, antes que ellos lo controlen, en su sala de clase, o su reino, como a algunos les gusta decir. Lortie, en su también ya clásico estudio titulado *The school teacher* (1975), ayuda a ver cómo esa situación de aislamiento y autosuficiencia termina favoreciendo a un profesor que se autoforma dentro de un proceso de socialización retroactiva, es decir, dirigida hacia ejemplos inspiradores de profesores que lo marcaron en su propia historia escolar. Así, va reproduciendo modelos exitosos, a su parecer, y conservando un tipo de enseñanza a lo largo del tiempo. Este aislamiento también levanta fronteras casi infranqueables entre los propios docentes, que dejan de beneficiarse con soluciones encontradas por sus colegas para los mismos problemas que los afligen.

Finalmente, Labaree plantea el problema de la crónica incertidumbre sobre la efectividad de la enseñanza por parte del profesor. Es lo que se corresponde bien con el lema creado por Perrenoud, que incluso dio nombre a uno de sus libros: "actuar en la urgencia y decidir en la incertidumbre" (Perrenoud, 1996). El profesor no puede permitirse postergar una decisión respecto de un problema vivido por un alumno sólo porque carezca de certeza sobre su eficacia. Necesita decidirse inmediatamente, por la solución que le parezca más conveniente, padeciendo sin embargo toda la angustia de no saber a ciencia cierta cuál era la mejor, pero el alumno no puede esperar. Esta incertidumbre no proviene solamente del carácter urgente de la decisión a tomar, sino de otros varios factores, como señala Labaree. Confluyen en ella la complejidad del fenómeno educativo y de la propia tarea de enseñar, siempre orientada por múltiples objetivos y dirigida a diferentes clientes, implicando enormes dificultades en el desafío de intentar verificar su eficacia e incluso el cumplimiento de sus objetivos.

Tras la presentación de esta lista de problemas, Labaree lanza esta afirmación: "si el magisterio es realmente una práctica tan difícil como informé aquí, entonces no hay ninguna forma de práctica profesional más exigente, excepto, tal vez, la formación de profesores" (p. 231). Sin embargo, el propio autor reconoce que, a pesar de todas las dificultades enfrentadas en el magisterio, como es de público conocimiento, éste sigue siendo considerado como *a job that seems easy*, un trabajo que parece fácil, incluso a los ojos de los propios candidatos a profesores. Esto se explica en parte, según el autor, por la familiaridad que tienen estos candidatos con el trabajo de los profesores que los acompañaron a lo largo de muchos años de escolaridad, lo que los lleva a suponer que pueden fácilmente reproducir los comportamientos, las acciones de sus antiguos profesores, cuando empiecen a dar clases. Lo que ellos no ven, sin embargo, es que este aprendizaje por observación (y de memoria) no les permite el acceso a las razones, reflexiones, estrategias, alternativas, cuyos análisis preceden las acciones de sus modelos, cosa que los cursos de preparación de profesores intentan hacer, encontrando, según Labaree, una fuerte resistencia por parte de los formandos.

Otras características de la ocupación del profesor contribuyen a subestimar este *oficio*, como el hecho de que sus saberes y habilidades parecen comunes a todos los adultos, la falta de un conocimiento sustantivo que los cursos preparatorios deberían brindar a sus formandos para que puedan dar clase, lo cual no los libra de ser responsabilizados por todas las deficiencias en términos de conocimientos demostradas por los profesores por ellos formados. Aporto también una comparación hecha por Labaree, entre el magisterio y otras ocupaciones, pues señala con vehemencia su carácter casi quijotesco: en tanto la mayoría de los profesionales "venden" sus especialidades a sus clientes, sin develar sus misterios (especialmente en el caso de los médicos), los profesores no las "venden", sino que las entregan cada día, en su sala de clases. Un buen profesor se esfuerza por volverse cada vez menos necesario, ansiando que sus aprendices lleguen a aprender sin su ayuda. "Al obrar así los profesores desmitifican su *especialidad*, abandonando la fuente de poder sobre el cliente, cosa que otros profesionales preservan tan celosamente" (p.233)

Varias de las ideas presentadas por Labaree son tratadas también por otros autores que estudian la profesión docente, especialmente R. Bourdoncle (1991 y 1993) y A. Novoa (1995). En el trabajo mencionado el autor logra, sin embargo, además de estas ideas, transmitir un sentimiento de orgullo, o algo semejante, al destacar las dificultades reales que se ocultan tras un oficio que *parece* fácil y, sobre todo, al percibir cierta nobleza en el ejercicio de un *métier* que se abre a sus clientes (los alumnos), así como a los futuros profesores en los cursos de formación, empeñándose en el desarrollo de su independencia como profesionales, desprendiéndose de su propio estatus y poder. La del docente es una situación muy distinta de la que se tienen profesionales de otras áreas, todos ellos habiendo pasado, sin embargo, por las manos de profesores en su educación básica. No puedo dejar de evocar en este punto el interesante trabajo de E. Tenti Fanfani, denominado sugestivamente "En casa de herrero, cuchillo de palo" (Tenti, 2001).

Maurice Tardif es otro autor que presenta una importante contribución al estudio de la profesión docente, habiendo desarrollado a lo largo de muchos años una perspectiva específica sobre lo que terminó siendo tratado académicamente como "el saber docente". Lidera un equipo numeroso, que reúne a investigadores de varias universidades de Canadá, dentro de un Centro de Investigación, el CRIFPE (Centre de Recherche Interuniversitaire sur la Formation et la Profession Enseignante), y desempeña hoy también la función de rector de una nueva institución dedicada a la formación de profesores, la Haute École Pédagogique, de Berna, del Jura y de Neuchâtel, en Suiza, la HEP-BEJUNE. Esta institución, que ya presentó el primer número de su bien cuidado boletín *Enjeux Pedágogicos* (2005), se propone experimentar y estudiar nuevas soluciones para los clásicos problemas que rodean la formación de docentes. Se trata de una rara oportunidad ofrecida a un investigador experimentado para intentar poner en práctica algunas de sus ideas, desarrolladas a lo largo de su ya larga carrera de investigador, acompañado en su trayectoria con la observación y el estudio por todo un equipo de estudiosos bajo su mando. No quiero hacer volar demasiado mi imaginación, pero no puedo refrenar mi entusiasmo por esta oportunidad ofrecida a un querido colega, cuyo trabajo es muy promisorio.

En 1991 un trabajo de Tardif con dos colegas canadienses (Tardif, Lessard y Lahaye, 1991), publicado en una revista de gran divulgación académica de la época, introdujo en Brasil la discusión sobre el saber docente. Todavía hoy este artículo sigue siendo una referencia obligatoria en los estudios de posgrado que abordan el tema, si bien otras referencias han entrado también en escena, incluso de autoría del propio Tardif, algunas ya traducidas, o incluso publicadas originalmente en portugués (Tardif, 2000, 2002, 2005). La fina percepción y la descripción cuidadosa de esta propiedad específica de los profesores, su saber, abrieron una perspectiva de estudios y de postura, incluso en relación con la profesión docente, con repercusión sobre la producción académica, los programas de los cursos de formación de profesores y la propia legislación respecto de estos cursos y la carrera docente. Más importante aun, los propios profesores empezaron a reconocerse como productores de saber, más que como meros repetidores de saberes creados por otros profesionales. Como bien señala D. Bertaux (1985), la aparición de un concepto hace surgir a la luz la realidad de una idea que corría subterráneamente, a la espera del momento de revelarse; ese momento es ofrecido por el concepto, cuando la nombra. Claro que los profesores deben haber tenido siempre la certidumbre de que en su trabajo existe algo más allá de la simple aplicación de conocimientos específicos sobre lo que es necesario enseñar en las diferentes disciplinas, y las maneras de hacerlo. Algo que se desarrolla *en* la experiencia docente, pero que no depende sólo de ella, pues deriva de una combinación de factores que se conjugan *durante* el trabajo de interacción entre profesores y alumnos. Estos factores se vinculan a diferentes órdenes, muy bien analizados por varios autores empeñados en el estudio de esta importante cuestión, entre los cuales Tardif se cuenta como uno de los pioneros. No viene al caso aportar aquí detalles de estos análisis, pero sí llamar la atención hacia su importancia para el rescate, o la conquista, de la confianza en el oficio docente, sin la preocupación de aclarar si tal confianza ya existió en épocas anteriores en la historia del magisterio. No hay duda, sin embargo, de la influencia muy positiva, ejercida sobre el ánimo de los docentes, por esta constatación de que son detentores de un saber específico, propio, en especial en la actualidad, cuando su ánimo se encuentra tan perturbado.

En un trabajo reciente, incluido en un *dossier* sobre la cuestión de las relaciones entre el profesor de educación básica y la investigación, Tardif y Zourhlal (2005) presentan, a partir de una investigación efectuada en Canadá, algunas reflexiones muy oportunas para nuestra discusión en este texto. Tras constatar, una vez más, la distancia entre la investigación realizada en la universidad y aquella que sería necesaria para enfrentar los problemas vividos en la escuela de educación básica, sugieren los autores algunas iniciativas en el sentido de favorecer la aproximación entre las dos entidades polarizadas. Una de ellas es la investigación llamada "en colaboración", en la cual miembros de ambas instituciones entran juntos en la tarea investigadora, aportando cada grupo sus especificidades, sin el establecimiento de jerarquías entre los dos tipos de participantes, los de la universidad y los de educación básica. Esta modalidad de investigación, que ya empieza a ser desarrollada entre nosotros en Brasil (Fiorentini, 2004), puede representar una posibilidad de construcción de un puente entre los dos universos –las dos culturas, como dicen Tardif y Zourhlal–, con beneficios para ambos y también para la propia investigación en educación. Estos dos mundos están cerrados en sí mismos, dicen los autores, no sin razones de un lado y de otro. La universidad pauta su esfuerzo de investigación según el modelo científico, académico, abstracto, con todo el cuidado teórico y metodológico de un trabajo científico. Su discurso se dirige, de modo general, hacia la producción y comunicación de conocimientos, mientras que el discurso pedagógico está más dirigido hacia la acción y la búsqueda de soluciones prácticas a los problemas cotidianos. Las verdaderas dificultades aparecen cuando este discurso quiere alcanzar a los profesores, sin modificar su tenor de enunciado académico. Con razón los profesores lo consideran abstracto y poco relacionado con sus necesidades prácticas. Pero sería un error, dicen ambos autores:

pensar que todos los problemas discursivos están vinculados apenas al discurso de la parte académica. En realidad, también el discurso de los profesores es, a su modo, hermético, pues con mucha frecuencia se cierra sobre sí mismo, planteando la práctica profesional como instancia autorreferencial, que garantiza su propio valor y claridad. Se trata, en este sentido, de lo que podría llamarse "etnodiscurso", o sea, un discurso adecuado a un grupo profesional que posee el mismo universo semántico y pragmático de referencia. (p. 29)

Como el estudio canadiense se realizó junto con diferentes grupos que componen la comunidad educacional, desde representantes de la cúpula del Ministerio de Educación, pasando por sindicalistas y llegando a los profesores de la universidad y de la escuela básica, se puede considerar que obtuvo una visión bastante general sobre el problema para comunicar resultados de investigaciones en educación, que era uno de sus objetivos principales. Las constataciones no son muy optimistas, ya que confirmaron la poca penetración de estos resultados en el universo de trabajo de la escuela básica, si bien se registra un cierto aumento en la frecuencia con que son leídos los informes sobre investigación, sobre todo por los profesores que participaron de programas de posgrado, y que por lo tanto ya están más familiarizados con la jerga universitaria. Respecto de esto, los autores abren una interesante discusión sobre la carencia de vehículos, y de profesionales, que se dediquen específicamente al pasaje de las informaciones provenientes de investigaciones en educación para el personal de las escuelas, donde están los grandes beneficiarios que estas informaciones deberían alcanzar. Discuten la cuestión de la "traducción" sufrida, a veces, por estas informaciones, que las convierte en indicaciones o normas de aplicación práctica inmediata, lo cual juzgan por completo inconveniente. Será necesario estimular, desarrollar y acreditar a profesionales de la academia que se dispongan a hacer el trabajo de pasaje de las informaciones de un discurso a otro, sin pérdida de su integridad, sin desvirtuarla y con garantía de pleno aprovechamiento en ambos universos. La escuela básica se beneficiaría con las sugerencias que muestran posibilidades de alcance en la práctica, con base y respaldo de la investigación científica, y la universidad tendría, entre sus miembros, a profesionales cuyo trabajo sería reconocido y recompensado en su carrera académica, por su capacidad especial de desempeñar el papel de transmisor. Este tema merece atención por parte de investigadores y administradores de instituciones universitarias.

Una obra reciente del estudioso Rui Canário, de la Universidad de Lisboa, agrega también interesantes contribuciones a nuestra discusión (Canário, 2005). Al preguntarse ¿qué es la escuela?, intenta responder, a partir de una mirada sociológica, no sin cierta dosis de expectativa. Una primera gran respuesta, incluso en medio de la crisis que la cerca, es que la escuela es un lugar de trabajo de profesores y alumnos, en "comunidades de aprendizaje que tienen en común el gusto por el estudio" (p. 76). Profesores y alumnos allí deben trabajar como aliados, dentro de una profesionalidad que no se define previamente, prescriptivamente, sino que se construye en concomitancia con el propio trabajo, en una nueva relación entre profesor y alumno, en la categoría de aliados, dejando el alumno de ser visto como "el problema". La escuela es un lugar donde se aprende mediante el trabajo, y no para él, y donde el alumno también actúa como productor de saber.

Para que ella sufra la transformación necesaria son previstos por el autor tres planes de acción: en primer lugar, es necesario pensar la escuela a partir de lo no escolar. Será muy difícil modificarla a partir de su propia lógica. Gran parte de los aprendizajes significativos se originan fuera de la escuela, de modo informal, y es importante que la escuela sea fecundada por esas prácticas educativas, que señalizan el futuro. Recuerdo, a propósito, los análisis hechos por Daniel T. Thin (2005), sobre las diferentes lógicas que se confrontan en la escuela: la que deriva de su propio ordenamiento interior, con sus estrategias propias, y la que viene del exterior, del universo de las familias de los alumnos, con estrategias también propias, pero muy diferentes, a veces incluso opuestas a las dominantes en la institución. El profesor se ve en el centro del enfrentamiento entre estas dos lógicas y necesita disponer de una buena dosis de claridad y equilibrio para poder, si no conciliarlas, por lo menos encontrar un camino entre ellas, que permita al alumno una trayectoria escolar completa, sin grandes sobresaltos.

Un segundo plan, de acuerdo con Canário, implicaría desalienar el trabajo escolar. Con esto se lograría que este trabajo fuera como una "expresión de sí", como una obra, que se realiza con placer, y no con enfado. Me vienen a la mente las lecciones de B. Charlot (2000) sobre las relaciones entre el alumno y el saber, y cómo éste va a resultar parte integrante e importante de su construcción como sujeto, y no sólo una fuente para la adquisición de otros conocimientos o saberes, de otro orden de importancia teórica y/o práctica. El saber por el saber, por lo que propicia para cada uno, individualmente, en el presente, y no en un posible futuro, que vendrá o no. La alegría, el placer del aprendizaje nos acompañan durante toda la vida, sin importar la edad o la etapa de la existencia por que se está atravesando. Por otra parte, es uno de los pocos placeres que tienen esta característica.

En un tercer plan para la transformación de la escuela, Canário recuerda que es necesario pensarla a partir de un proyecto de sociedad, pues no sería posible promover la realización de la persona humana, por encima de tiranías o explotaciones, en medio de una sociedad cuyos valores son "lo opuesto a eso". "Profesores y alumnos hoy son en su conjunto prisioneros de los problemas y presiones que surgen del déficit de sentido de las situaciones escolares" (p. 88). Es necesario construir al mismo tiempo una nueva relación de los alumnos con el saber y otra forma de vivir la profesión por parte de los profesores. En lugar de transformar a los niños en alumnos, como se viene haciendo históricamente, la escuela del futuro debe "transformar a los alumnos en personas" (p. 88).

Dentro de esta perspectiva de transformación de la escuela, el autor concibe al profesor como un agente de innovación, inserto en una institución que vive continuamente innovando. Rompiendo con una visión del profesor como resistente al cambio, atribuye al docente el papel de productor de este cambio. Pero, atención: no se trata de verlo como un simple aplicador de saberes científicos y técnicos o tecnológicos producidos por especialistas exteriores a la institución escolar. Se trataría de una obra colectiva de aprendizaje de toda la comunidad escolar, que implicaría reexaminar el papel de la investigación científica, tomando como base cuatro puntos. El primero consistiría en acoger y reconocer las innovaciones producidas por los profesores, como descubrimientos con base investigativa. En un segundo punto, se deberían buscar modalidades de articulación y comunicación fecundas entre los investigadores y los "prácticos", al contrario de lo que habitualmente ocurre, punto que ya vimos igualmente defendido por Tardif. El tercer punto señala la necesidad de reconsideración de las metodologías de investigación en el campo de la educación, para abarcar toda la complejidad y multiplicidad de los problemas y de los fenómenos comprendidos en él. Éste es un punto sobradamente discutido, desde hace mucho tiempo, por gran parte de los investigadores actuantes en el área y con conquistas bien establecidas, a partir del desarrollo de los abordajes cualitativos, que vinieron a cubrir necesidades que no podrían ser atendidas por los métodos cuantitativos sin desconocer, por cierto, la aplicación de éstos en los casos adecuados. Tuve oportunidad de trabajar sobre este asunto en un pequeño libro que ya está por cumplir veinte años (Lüdke y André, 1986). Finalmente, en un cuarto punto, el autor propone reformular el papel del especialista en investigación y de su relación con el objeto de estudio. De una epistemología de la objetividad él debería pasar a una epistemología del sentido, y .de una epistemología del mirar a una del escuchar, llevando a los actores a desarrollar sus capacidades individuales y colectivas para estructurar de otro modo sus interacciones.

En suma, Canário concibe la postura de innovación como muy importante entre los profesores, pero también como fundamental para la propia renovación y subsistencia del sistema educativo e incluso de la "profesión del profesor en tanto profesión". Para merecer el nombre de profesión se supone que debe haber alguna autonomía y capacidad "de producir saberes sobre su propio ejercicio profesional". En este aspecto el autor lamenta que haya tendencias fuertes "en el sentido no de refuerzo de las dimensiones de la acción de los profesores como práctica reflexiva, sino en el sentido de su desprofesionalización" y hasta de su proletarización (p. 119). "La innovación, entendida en una lógica fundante, corresponde a una condición indispensable para salvaguardar de la extinción a esta especie, que son los profesores como prácticos reflexivos, capaces de producir un saber que viene del interior de su actividad profesional" (p. 120).

La discusión de las ideas extraídas del trabajo de Rui Canário abre camino a la introducción de algunas constataciones de un estudio que vengo realizando sobre la práctica de investigación del profesor de educación básica y su preparación para ésta. Este estudio está siendo desarrollado por un equipo de profesores y estudiantes de mi universidad, la PUC-Río y se encuentra hoy en el final de su tercera etapa, como ya fue informado en algunas publicaciones (Lüdke (coord.), 2001;

Lüdke y Cruz, 2005). Creemos, como Canário, en la importancia de la investigación por parte de los profesores de todos los niveles de enseñanza, y queríamos investigar, junto a aquéllos que trabajan en la red pública de educación básica, cómo ven el asunto en la realidad de sus escuelas. En su primera etapa el estudio focalizó el tipo de investigación realizada por los profesores, las condiciones que las escuelas brindan para esta realización, y la preparación que los profesores recibieron en su formación, específicamente para el trabajo de investigación. Los resultados muestran una práctica de investigación muy modesta, explicitada en productos muy simples, relacionados, sin embargo, con los intereses de trabajo de los profesores entrevistados, quienes fueron señalados por los coordinadores de las escuelas incluidas en la muestra como los que estaban desarrollando investigaciones. Buena parte de estos profesores ya eran portadores del título de "mestrado" y algunos hasta del título de doctor, lo cual se refleja en los temas y en los recursos teóricos y metodológicos empleados en sus trabajos de investigación, tal como el estudio constató. Es necesario aclarar que la composición de la muestra intentó reunir escuelas que tuvieran condiciones mínimas para la práctica de la investigación por parte de los profesores, sea por su régimen de trabajo, o por los incentivos y apoyo a esa práctica. El estudio intentó, por lo tanto, focalizar la situación más próxima a un ambiente favorable al desarrollo de la práctica de investigación, para que sus conclusiones pudieran permitir, por contraste, si no inferencias, por lo menos suposiciones sobre la realidad del gran conjunto de escuelas de la red pública que no disponen de las condiciones de un ambiente favorable, como el de las escuelas de la muestra. Si los índices de la práctica de investigación en esas escuelas, en cierto modo "especiales" por sus condiciones, se revelan tan modestos, puede inferirse que en las otras, que no disponen de condiciones semejantes, éstos serán todavía más reducidos.

Dentro de sus limitaciones, el estudio nos permitió registrar, pues, la presencia de la práctica de la investigación entre profesores de educación básica, si bien en proporciones muy modestas. También dio lugar a una discusión promisoria sobre las condiciones de efectivización de esta práctica, sobre la difícil cuestión de la preparación del futuro profesor en las escuelas de formación, y sobre el propio concepto de investigación dominante en el área de la educación. Sobre las condiciones, pudimos evaluar la importancia de la presencia de ítems de bibliografía específica para los profesores en las bibliotecas escolares, así como de recursos del campo de la informática para todos ellos. También quedó claro el papel que un grupo de trabajo, compuesto por profesores vinculados por un interés común, puede desempeñar a favor de la práctica de investigación, a los ojos de nuestros entrevistados. Dicho papel se ve reforzado si ese grupo puede contar con la participación de profesores de la universidad, en el tipo de investigación hoy conocida como "en colaboración" o "en cooperación", expresiones que no aparecieron en sus entrevistas, pero cuyas ideas ya estaban insinuando en sus aspiraciones, según pudimos percibir.

En lo que hace a la preparación del profesor para la investigación, en los cursos de formación pre-servicio, fueron tantas y tan intensas las manifestaciones de nuestros entrevistados, que decidimos proseguir la investigación en una segunda etapa, junto con profesores formadores que en Brasil actúan en los cursos de licenciatura encargados de la formación de profesores, dentro la universidad, para todas las disciplinas de la educación básica. Se entrevistó a unos cincuenta profesores-formadores, algunos, sorprendentemente, que no habían tenido en su propia formación el paso por los cursos de licenciatura, en los que hoy enseñan. Se revela ahí uno de los grandes problemas relacionados con la formación de profesores por la universidad: los propios formadores no recibieron formación para la docencia, en muchos casos. De modo general, pudimos constatar entre nuestros entrevistados un claro reconocimiento de la tendencia a concentrar esfuerzos en la formación para la práctica de la investigación entre los estudiantes que no se dedican a la docencia, esto es, aquellos que completan sólo el curso de bachillerato, de tres años aproximadamente, siendo que el curso de licenciatura demanda cuatro años. En ese punto de transición ya se puede percibir el viraje selectivo, que encamina a los estudiantes de bachillerato hacia las carreras científicas de la universidad, exigiendo, por lo tanto, una preparación para la investigación, en tanto los de la licenciatura, que se dedican al magisterio, pueden prescindir de ella. Las modalidades más señaladas para la preparación del futuro investigador fueron la elaboración de monografías, el recurso a disciplinas de metodología de estudio y, sobre todo, el participación en grupos de investigación, de preferencia con becas de iniciación científica. Nos quedó la impresión clara de que esta última modalidad era la considerada más eficaz por los entrevistados.

Además, como resultado de la primera etapa del estudio, constatamos una interesante discusión en torno al concepto de investigación. Esta surgió de las afirmaciones de los propios entrevistados, quienes nos decían espontáneamente que no era la "investigación académica" la que mejor serviría para enfrentar los problemas surgidos en la cotidianeidad de las escuelas. Reconocían, según afirmaban, la importancia de lo que denominaban "investigación académica", como el modelo ideal, pero no la reconocían como la más necesaria a su realidad. En la propuesta del estudio ya estaba previsto este tipo de discusión, pero me sorprendió que viniera también por iniciativa de los profesores entrevistados. Este punto terminó convirtiéndose en uno de los principales ejes de nuestros análisis, anclado de modo especial en una clasificación de investigaciones en primarias y secundarias, propuesta por Beillerot (1991), que continúa en pleno debate en nuestro grupo de estudio, el GEProf (Grupo de Estudios sobre Profesión Docente). Inspirados en este debate, continuamos con nuestro estudio hacia una tercera etapa, en la cual interrogamos a un grupo de experimentados estudiosos en educación sobre cómo consideran algunos trabajos de investigación efectuados por profesores y seleccionados por nosotros. Nuestra pregunta a este grupo de "jueces" era: "¿usted considera que se trata de un trabajo de investigación o no? ¿Por qué?". Estamos en el momento actual analizando los pareceres recibidos de estos jueces y tenemos la esperanza de poder montar con ellos un perfil aproximado de lo que importa como estudio en el área de educación, o al menos cuando se trate de evaluar investigaciones realizadas por profesores.

Los resultados de nuestro informe confirman la importancia de la práctica y de la preparación para la investigación, entre los profesores de educación básica. A pesar de las limitaciones encontradas en la mayor parte de nuestras escuelas, sobre todo en la red pública, esta importancia aparece clara, a los ojos de los propios profesores de estas escuela, como ya había sucedido en la literatura académica. Sin embargo, como bien lo destacan Tardif y Zourhlal en el artículo citado, todos conocemos las dificultades para que ésta se convierta en realidad, incluso en un país como Canadá, donde las escuelas, por cierto, cuentan con mejores condiciones que la amplia mayoría de las escuelas pública en Brasil. Hay una serie de otros factores que interfieren para que el profesor se encamine hacia la práctica de la investigación, algunos considerados casi inherentes al oficio docente, como bien relata Labaree, en un artículo dedicado precisamente a las dificultades de la formación del profesor como investigador (Labaree, 2003). No voy a tratar aquí sus análisis, pero puedo asegurar que ellos no desean reconocer esas dificultades como obstáculos insalvables en ese camino. Al contrario, nos ayudan a divisar medios para enfrentarlas, en pro del desarrollo profesional del profesor.

Hablar de profesión docente abarca una serie de cuestiones teóricas de difícil solución, como bien lo prueba la literatura ya abundante a este respecto, en la cual destaco los trabajos mencionados de Bourdoncle (1991 y 1993). Prefiero, por lo tanto, pensar en desarrollo profesional, o en camino de profesionalidad para el profesor (Lüdke y Boing, 2004), que cuenta en la práctica de la investigación y en su preparación para ésta con poderosos aliados. Todos los estudiosos mencionados en este texto, y muchos otros interesados como ellos en el estudio del oficio docente de un modo u otro, coinciden en un punto: la necesaria autonomía del profesor, como productor de conocimiento, de saber, e incluso de su profesión, como dice Novoa (1995). Para la conquista de esta autonomía el componente investigación me parece imprescindible, aun cuando no resulte ejercido en toda su extensión, en todas las instancias, en todas las escuelas, por todos los profesores. Veo el papel de este componente más como una dimensión de la formación, de la perspectiva, de la postura y hasta de la práctica del profesor, ésta sí inherente a su oficio y que lo acompaña siempre, estando siempre pronta a entrar en acción en las diferentes situaciones en que el docente se desempeñe. Es necesario que el profesor esté preparado para activar el "componente estudio" siempre que haya oportunidad, sea como participante de un grupo, como colaborador en algún estudio específico de maestría o doctorado, como informante de una Encuesta Survey, o como promotor de un proyecto propio, a partir de un interés teórico o práctico, vinculado o no con su actividad cotidiana en la escuela. Lo importante es que pueda ejercer plenamente su capacidad de investigador, que active esta dimensión siempre que sea posible y que, por medio de ella, construya conocimientos que contribuirán para su trabajo y el de otros profesores, tal como se espera del producto de toda investigación. No importa de quién o dónde se origine el estudio, si del profesor universitario o aquél de educación básica, con tal que corresponda o responda a las necesidades que provocaron su realización, y que tenga su producto reconocido por patrones o criterios válidos y accesibles a todos, no sólo para un tipo o nivel de investigadores. Cómo llegar a esos criterios, sin imponer límites que cercenen la indispensable producción propia de determinados grupos, y sin tampoco hacer concesiones que comprometerían toda la producción de la investigación en el área, he ahí una cuestión amplia que desafía ahora a toda la comunidad educativa.

Quiero terminar recordando un artículo de dos investigadores canadienses Mellouki y Gauthier (2004), que logran transmitir un mensaje muy positivo sobre el oficio docente, en medio de toda la crisis que atraviesa hoy, como muy bien lo planteó Inés Dussel en su texto. Ellos centran su artículo en la idea de un mandato del profesor, como intermediario, heredero, intérprete y crítico del conjunto de conocimiento, valores y principios de los cuales la institución escolar es depositaria, siendo el profesor uno de sus actores principales. Trabajando muy bien con la cuestión de la gran tarea de intermediación cultural desempeñada por la escuela, entre las generaciones que por ella pasan, los autores focalizan al profesor como un agente especial en esta misión. A él le compete servir como mediador en esta transmisión, que asegura la continuidad del grupo o de la sociedad (me gusta la idea de verlo como un transmisor de corriente, como ocurre con los aparatos eléctricos, que no funcionarían sin este trabajo invisible de paso de energía). Como heredero, él sobrepasa la función de simple transmisor, pues como tal debe cuidar que su herencia no sólo se mantenga, sino que crezca y fructifique bajo su responsabilidad, llegando a la generación siguiente todavía más rica. La función de intérprete me parece muy bien captada por los autores, pues reconocen en el profesor, por excelencia, la función activa, sensible, inteligente, decidida y decisiva en la elección, selección y organización de los ítems del patrimonio cultural que deben salvaguardarse y vivificarse a través del trabajo de la escuela. Cabe aquí una comparación entre el papel del profesor y el de los diversos instrumentos de los medios, a los que los alumnos están expuestos, resultando patente la diferencia a favor del docente, atento a lo que ocurre y capaz de distinguir lo mejor, lo fundamental que merece entrar en la corriente y mantener su continuidad. La idea del profesor como crítico viene a completar la de intérprete y también es función propia y esencial del profesor y de la escuela. Tal como dicen los alumnos entrevistados por La Taille y La Taille (2005-2006), en el estudio presentado al comienzo de este texto, son ellos los merecedores de su confianza, tanto en relación con los conocimientos como en relación con los valores y su formación. Estoy de acuerdo con Inés Dussel cuando se resiste un poco a la idea de mandato, atribuido al profesor, pues le parece algo venido de afuera, de arriba, casi como una imposición. Prefiero, como ella, pensar más en una atribución, una responsabilidad asumida por el profesor, sin desmerecer que el concepto de mandato comprende la garantía de su ejercicio, en tanto dure, preservando al mandatario de los riesgos que amenacen su función, lo cual no deja de ser oportuno recordarle al profesor, en esta época en que siente su oficio tan sacudido.

Bibliografía

Beillerot, J. (1991), "La Recherche: essai d'analyse", *Recherche et formation*, 9, pp.17-31, abr. 1991.

Bertaux, D. (1985), "L' imagination méthodologique", *Recherche Sociologique*, 2, París, Centre d'Etudes Sociologiques.

Bourdoncle, R. (1993), "La professionnalisation des enseignants: les limites d'un mythe", *Revue Française de Pédagogie*, 105, pp. 83-119.

─────── (1991), "La professionnalisation des enseignants: analyses sociologiques anglaises et américaines", *Revue Française de Pédagogie*, 94.

Bulletin de la Haute École Pédagogique, HEP-BEJUNE, *Enjeux Pédagogiques*, 1, novembre 2005.

Canario, R. (2005), *O que é a Escola?*, Porto, Editora Porto.

Charlot, B. (2000), *Da Relação com o Saber*, Porto Alegre, Artes Médicas

Fiorentini, D. (2004), "Pesquisar práticas colaborativas ou pesquisar colaborativamente? en: Borba, M. C. y Araújo, J. L. (orgs.). *Pesquisa qualitativa em educação matemática*. Bello Horizonte, Autêntica, pp. 47-76.

Giddens, A. (2000), *Um mundo desbocado. Los efectos de la globalización em nuestras vidas*, Madrid, Taurus Alfaguara.

Labaree, D. F. (2003), "The Peculiar problems of preparing educational researchers", *Educational Researcher*, 32, (4), pp.13-22.

─────── (2000), "On the nature of teaching and teacher education", *Journal of teacher Education*, 51, (3), pp. 228-233.

La Taille, Y. y La Taille, E. (2005/2006), "Valores e os jovens do ensino médio", *Revista Pátio*, 9, (36), pp.48-52.

Lüdke, M. (coord.), (2001), *O professor e a pesquisa*, Campinas, Papirus.

Lüdke, M. y Boing, L. (2004), "Caminhos da profissão e da profissionalidade docentes", *Educação & Sociedade*, 25, (89), pp.1159-1180.

Lüdke, M. y Cruz, G. (2005), "Aproximando universidade e escola de educação básica pela pesquisa", *Cadernos de Pesquisa*, 35, (125), pp. 81-109.

Lüdke, M. y André, M. (1986), *Pesquisa em educação: abordagens cualitativas*, San Pablo, E.P.U.

Mellouki, M. y Gauthier, C. (2004), "O professor e seu mandato de mediador, herdeiro, intérprete e crítico", *Educação & Sociedade*, 25, (87), pp.537-574.

Nóvoa, A. (1995), *Os professores e sua formação*, Lisboa, Dom Quixote

Perrenoud, Ph. (1984), *La fabrication de l'excellence scolaire*, Ginebra, Droz.

─────── (1996), *Enseigner: agir dans l'urgence, décider dans l'incertitude; savoirs et compétences dans un métier complexe*, París, ESF.

─────── (2002), *A prática reflexiva no ofício de professor: profissionalização e razão pedagógica*, Porto Alegre, Artmed.

Tardif, M. y Lessard, C. (2005), *Elementos para uma teoria da docência como profissão de interações humanas*, Petrópolis, Vozes.

Tardif, M. y Zourhlal, A. (2005), "Difusão da pesquisa educacional entre profis-

sionais do ensino e círculos acadêmicos", *Cadernos de Pesquisa*, 35, (125), pp. 13-36.
Tardif, M. (2002), *Saberes docentes e formação profissional*, San Pablo, Vozes.
―――― (2000), "Saberes profissionais dos professores e conhecimentos universitários", *Revista Brasileira de Educação*, 13, Río de Janeiro, pp. 5-24.
Tardif, M. y otros (1991), "Os professores em face do saber: esboço de uma problemática do saber docente", *Teoria & Educação*, 4.
Tenti Fanfani, E. (2003), "En casa de herrero azadón de palo: la producción y uso de conocimientos en el servicio educativo", en *VI Congreso Nacional de Investigación Educativa. Conferencias Magistrales*, México D. F., Consejo Mexicano de Investigación Educativa A.C., pp. 451-488.
Thin, D. (2005), *Pour une analyse des relations entre familles populaires et école en termes de confrontation entre logiques socialisatrices*. Trabajo presentado en la 28ª Reunión Anual de Anped, Caxambu.
Waller, W. (1932/1965), *The sociology of teaching*, Nueva York, John Willey & Sons.

El nuevo profesionalismo: formación docente inicial y continua

Beatrice Avalos

Introducción

La docencia como profesión ha sido tema de discusión constante en la medida en que ha tenido como referente tradicional las definiciones otorgadas a las profesiones liberales. Esto se debe a que las posturas, discusiones e investigaciones en torno al carácter profesional de la docencia han terminado siempre por revelar su carácter ambiguo y paradójico. En el contexto de lo que llamaremos profesionalismo "tradicional" o "antiguo" el oficio docente ha luchado por su reconocimiento como profesión y ha vinculado parte de esa lucha al mejoramiento de sus condiciones de trabajo. También, en el mismo contexto, la reivindicación de la docencia como profesión ha estado ligada al mejoramiento de la calidad de su formación inicial y de las oportunidades de formación continua o formación en servicio. Lo nuevo surge del hecho de que aun en los contextos de mejores condiciones de formación docente y de relativamente buenas condiciones de trabajo, a las exigencias usuales de calidad del desempeño (equivalente a buenos resultados de los alumnos) se superponen sistemas de aseguramiento o control que en los hechos suponen redefiniciones del concepto tradicional de profesión. Estas redefiniciones se viven como tensiones que afectan la identidad y el trabajo diario de los docentes. Desde esta perspectiva, podría decirse que se postula un "nuevo profesionalismo" que por una parte reafirma aspectos importantes de la postura tradicional como es la calidad de la formación, y por otra restringe los márgenes de autonomía que se entendieron como propios de toda profesión.

Con respecto a lo que debiera ser una formación docente de calidad como base del profesionalismo hay bastante acuerdo, como lo hay también respecto a qué es lo que ella debiera incluir pero que en muchos contextos no incluye.[1] Efectivamente, al revisar lo que se escribe sobre reformas y políticas de formación docente, uno tiene la sensación del niño que después de visitar varios McDonald's al fin de cada día, durante un largo viaje en automóvil con sus padres, pregunta: "¿por qué si llevamos tanto tiempo viajando, siempre llegamos al mismo lugar?" (Yinger, 2005). Las propuestas de este siglo se parecen mucho a las que se formularon en los últimos veinte años del siglo pasado. Esto hace pensar que los dilemas importantes que se refieren a la formación docente tocan más fundamentalmente al concepto de profesional que subyace a sus acciones y políticas, que a las estructuras, contenidos y formas que la preparación docente deba tener.

En este trabajo indicaré, en una primera sección, algunos de los temas que muestran el carácter controvertido de la discusión respecto al profesionalismo docente. Luego, a modo de resumen, destacaré aspectos de la formación docente a la luz de investigaciones y estudios que explican la preocupación sostenida a través del tiempo sobre su calidad y que quizás son más agudos hoy día. Enseguida, procuraré indicar los avances en la Región Latinoamericana en torno a mejorar la formación docente y luego, a modo de conclusión, los caminos por donde pudiera transitar una reforma de la formación docente que evitara llegar en cada etapa al mismo punto de partida.

El "nuevo profesionalismo" de los docentes

Una de las paradojas de este concepto es que lo que pudiera llamarse el "antiguo" profesionalismo docente nunca tuvo como referente real un concepto de profesión similar al de otros campos de trabajo reconocidos como profesionales. Según la visión tradicional de las profesiones, ellas se caracterizan por tener un cuerpo de conocimientos específicos que se comunica a los aspirantes, generalmente

---

[1] Véase por ejemplo el análisis que hace un reciente estudio de la OECD (2004) sobre la formación docente y las recomendaciones que presenta para asegurar un cuerpo docente de calidad.

adquirido en instituciones de nivel superior, y que aumenta mediante la investigación "científica" y pública. Este conocimiento se pone en juego en forma comprometida frente a clientes o usuarios en contextos sociales específicos y es juzgado, por lo general, sobre la base de criterios aceptados como indicadores de calidad (Eraut, 1994). Las profesiones además justifican su ejercicio relativamente autónomo sobre la base de un código de ética generado por sus miembros. El reconocimiento social del ejercicio profesional es un tema crítico que algunos han analizado (Abbott, en Yinger, 1999). Una primera forma de reconocimiento deriva del trabajo que realiza propiamente y del modo como el profesional controla su calidad. Este control lo realiza mediante la competencia avalada por sus conocimientos y su capacidad para clasificar los problemas propios de su campo (diagnóstico), razonar sobre ellos (inferencia) y actuar en consecuencia (tratamiento). La segunda forma de hacer valer el carácter profesional se asocia a las reclamaciones de jurisdicción hechas al público en general, a las estructura legales y en el lugar mismo de su trabajo. El reconocimiento de esta jurisdicción descansa también en la evidencia de un ejercicio profesional competente. Si aplicamos estos criterios a los docentes vemos que nunca han funcionado exactamente en el sentido indicado. Para poder diagnosticar problemas, razonar y actuar en consecuencia, el profesor o profesora debe disponer de una buena base de conocimientos y competencias que le permitan tomar decisiones según lo demandan las diversas situaciones de enseñanza en que se encuentre. Este conocimiento y estas competencias dependen de la calidad de sus oportunidades de formación, que como sabemos son desiguales en distintos países y regiones. Por otra parte, aun disponiendo de una buena base de conocimientos y clara capacidad de analizar y decidir lo que convendría hacer, los límites de su campo jurisdiccional no siempre le permiten actuar en la dirección juzgada. Sus decisiones, pueden chocar con lo que le permite el sistema educativo en el que trabaja, o las demandas sociales (incluyendo las del sistema educativo) pueden exceder lo que el docente razonablemente está en capacidad de hacer dadas las circunstancias. Esto sucede, por ejemplo, cuando se culpabiliza al profesor en razón de los resultados de sus alumnos, sin considerar los factores tanto externos como de contexto de trabajo que pudieran estar interfiriendo. Todo ello nos indica que aún en el mejor de los casos, el profesionalismo docente se ve restringido en la práctica (Etzioni, 1969; Hoyle, 1982). Esta restricción ha sido motivo de constante crítica por parte de quienes ejercen la docencia, en particular, por sus dirigentes sindicales como también por académicos de la educación y otro tipo de asociaciones docentes. La lucha por reivindicar el concepto profesional de la docencia se ha dirigido particularmente al terreno del reconocimiento social mediante salarios acordes con su preparación, pero también al reconocimiento de la importancia de su trabajo y de su conocimiento profesional (Liston y Zeichner, 1993; Torres, 2000), mediante mejores oportunidades de formación centradas en su contexto docente.

Vista la situación en muchos países de nuestra región, la profesión docente, en su sentido tradicional, está todavía en construcción, en la medida en que las oportunidades de formación son insatisfactorias, los controles burocráticos del ejercicio son limitantes, las voces de los docentes son poco escuchadas, y las condiciones de trabajo (producto muchas veces de la pobreza de los países) apenas permiten que los profesores demuestren las competencias profesionales requeridas.[2]

Frente a una profesión a medias, o una profesión en construcción, se va dibujando un nuevo concepto de profesionalismo docente. Se trata de un escenario que a su vez involucra términos ambiguos. Efectivamente, por una parte, se releva la importancia de la tarea docente para una mejor educación de todos, y en particular de los que van quedando atrás; esto, a la luz de la necesidad de crecimiento económico en contextos globales (UNESCO, 2004). Se multiplican las instancias de discusión sobre cómo desarrollar la profesión docente, se ensayan experiencias, se revisan los estudios que puedan dar luz sobre lo que es una docencia efectiva que produce resultados de aprendizaje, y se proponen sistemas de incentivos para estimular la iniciativa y el esfuerzo de superación. Muchas de estas discusiones son realizadas no sólo por instancias oficiales nacionales e internacionales sino también en las organizaciones docentes con apoyos de académicos y edu-

---

[2] Una serie de estudios de casos de varios países latinoamericanos realizados bajo el alero del programa GTD/PREAL (www.preal.org/GTD/index.php) demuestran, a través de entrevistas a profesores, el sentido de limitado profesionalismo que ellos tienen también la fragilidad de sus condiciones de trabajo. Algo semejante aparece en el estudio de profesores en cuatro países de América del Sur realizado por Tenti (2005).

cadores. De este esfuerzo, van emergiendo visiones del profesionalismo docente que apoyan la importancia del conocimiento práctico de los profesores, la construcción de un conocimiento pedagógico de las materias de enseñanza y su puesta en acción por docentes que reconocen su importancia, el diseño de modos de enfrentar los conflictos sociales que penetran en la escuela, y especialmente, la ruptura de las barreras que impiden que el docente asuma la responsabilidad y conducción de su trabajo. Este esfuerzo también incluye el trabajo conjunto de profesores y autoridades educacionales para formular descripciones válidas sobre competencias o estándares que permitan al docente evaluar su trabajo y mejorarlo.[3]

Frente a estas iniciativas que contribuyen a reforzar la base de conocimiento teórica y práctica de los docentes, y por tanto su profesionalismo, otras tendencias optan por el camino del control sobre la profesionalidad de la docencia y son juzgadas como factores de erosión de la profesión y de su ejercicio (Yinger, 2005; Elkins & Elliott, 2004). Estas tendencias se justifican en términos del logro de resultados de aprendizaje por parte de los alumnos y se manifiestan como regulación externa de la profesión mediante demandas de *accountability* (rendición de cuentas vinculadas a estándares y resultados de evaluaciones del aprendizaje) en oposición a la responsabilidad profesional. Quienes reflexionan críticamente sobre estas tendencias, ven en ellas una forma de desprofesionalización más que de afirmación de un "nuevo" profesionalismo:

> En su carácter de marco destinado a hacer más *accountable* a los profesores, el currículo nacional [Inglaterra] desplazó y redefinió la esfera de autonomía profesional restringiéndola a la simple deliberación sobre "medios". Con esto, se sentó una limitación en la tarea de los profesores de reflexionar sobre el valor educacional de los distintos enfoques de enseñanza y aprendizaje, implicando que a ellos sólo les corresponde preguntarse por lo que "funciona" como medio para alcanzar los estándares insertos en el currículum nacional (...) Esta separación de los conceptos de "fines" y "medios" de la educación significa que el currículum nacional y el sistema de evaluación se constituyen en reguladores y controles del juicio pro-

---

[3] Por ejemplo, el Marco de Buena Enseñanza (Ministerio de Educación de Chile, 2003) y los Estándares para la Formación Inicial Docente (Ministerio de Educación de Chile, 2000), ambos inspirados en conceptualizaciones prácticas de las tareas docentes (véase Danielson, 1996).

fesional relegándolos a la condición de "medios". Se le disminuye legitimidad a la consideración de distintos enfoques de aprendizaje y enseñanza (…) que esté dirigida por preguntas que van más allá de saber "lo que funciona". (Elkins & Elliott, 2004, p. 21)

Considerando la complejidad de la vida social especialmente en contextos urbanos modernos, como también la masificación del acceso al conocimiento vía las nuevas tecnologías, Hargreaves (2004) aboga por un "nuevo" profesionalismo sustentado en competencias que recorran todo el rango, desde la expresión de sentimientos y emociones hasta formas de comprender y enseñar que incluyen innovación, creatividad, flexibilidad y trabajo en equipo, argumentando que estas no pueden desarrollarse en situaciones de control y estandarización.

En resumen, en lo que se refiere a "nuevo" profesionalismo, creo que tenemos que reconocer la ambigüedad del concepto. Sus vetas positivas y negativas derivan del mayor o menor grado de confianza social en la capacidad de los docentes para ejercer control sobre su trabajo y responsabilizarse por su calidad, mediante juicios fundados en su experticia. Sobre la base, por una parte, de la necesidad de ofrecer condiciones objetivas para construir el profesionalismo y por otra, del reconocimiento que esas condiciones están vinculadas con las demandas de desarrollo de los países, como también con las características de la sociedad del conocimiento, quisiera plantear en el resto del trabajo, a partir de recuento de los temas problemáticos de la formación docente, cómo estamos avanzando y cómo podríamos avanzar en la dirección indicada.

Situaciones críticas respecto a la formación docente desde la óptica del nuevo profesionalismo

Aceptando que el campo de trabajo docente hoy día tiene demandas más complejas tanto por los cambios y problemas macrosociales, como por las expectativas que se depositan en los resultados educativos en cuanto factor de progreso y desarrollo competitivo, las situaciones críticas a las que me referiré no son nuevas en su enunciado, aunque sí en la amplitud de su significación. Me referiré a cinco factores que cubren tanto a la formación docente inicial como al desarrollo profesional continuo: la identidad del docente como profesional, su base de conocimientos, los formadores de docentes, las formas de su desempeño y la valoración social de su experticia.

La identidad profesional

Quiénes son los que ejercen la docencia y cómo se valoran a si mismos constituye un tema importante de investigación y de preocupación en las políticas. Por una parte, se mantiene en muchos de los países de la región, y fuera de ella, un nivel educacional de quienes ingresan a la preparación docente (base cultural, conocimientos anteriores) más bajo que para otras profesiones. Esto no es necesariamente el producto de menor escolaridad, ya que la mayoría de los países exige o está en vías de exigir como requisito de entrada a la formación docente haber completado 12 años de estudio anterior, sino de la calidad diversa de la educación secundaria y sobre todo, del nivel de entrada exigido por las instituciones formadoras.[4] Por otra parte, muchos de quienes ingresan a la docencia no la han elegido particularmente motivados por ella, sino por razones que van desde no tener otra opción, como modo de acceder a estudios de nivel superior o posiblemente con la intención de cambiar de vía en cuanto esto sea posible. El reconocimiento de esta situación conduce a considerar la necesidad de otorgar incentivos especiales a buenos candidatos que elijan la docencia (por ejemplo, becas), pero también, la de urgir que los programas de formación docente corrijan desniveles de entrada (formación general y destrezas básicas de comunicación y manejo numérico) y procuren motivar un cambio de actitud o influir en una gradual aceptación y compromiso con las tareas docentes de sus estudiantes en formación. Algunas propuestas de mejoramiento de la formación inicial docente están incorporando instancias o programas para corregir desniveles de entrada de los postulantes a la formación docente, como

---

[4] Si bien es difícil documentar esta tendencia, ella se revela en estudios de profesores en servicio que los muestra como teniendo insuficiente base cultural (Rivero, 1999; Tatto y Vélez, 1997 y Delannoy & Sedlacek, 2000). En Chile, sólo recientemente se ha logrado revertir la situación de bajos niveles (calificaciones de la educación media y logros en la prueba de entrada a la Universidad) de los postulantes a las carreras de pedagogía.

es el caso de Perú. Algo similar se intentó en algunas instituciones formadoras en Chile mediante la aplicación de una prueba inicial diagnóstica de habilidades básicas y la oferta de oportunidades de mejorar para aquellos con problemas . Por otra parte, en lo que se refiere a desarrollar en los estudiantes de carreras pedagógicas el interés y compromiso con la profesión, es posible establecer en los currículos de formación actividades dirigidas a este fin, tal es el caso también de algunas universidades chilenas (Avalos, 2002).

    La identidad profesional es más difícil de forjar en instituciones universitarias (especialmente respecto a la preparación de profesores de nivel secundario) donde la formación es compartida por facultades disciplinarias y facultades de educación. En estos casos, el mayor prestigio de las facultades disciplinarias, como también su interés en preparar a especialistas en la disciplina más que a profesores, afecta la visión de sí mismos que asumen los estudiantes (Téllez, 2005). Sin embargo, parece ser que un vez que ingresan al ejercicio docente esta percepción de especialistas se modifica y gradualmente, se asume la identidad docente. Beijaard y otros (2004), al revisar un conjunto de investigaciones sobre identidad profesional, especulan que esta se va reinterpretando a lo largo de su ejercicio, y que sería importante estudiar el efecto de los contextos de trabajo en esta reinterpretación. En un estudio anterior con profesores holandeses, Beijaard y otros (2000) ya habían concluido que la auto visión de especialistas que tienen quienes egresan de la formación docente de nivel secundario se torna, al cabo de algunos años, en una concepción más cercana a la de didactas y pedagogos. Lo mismo se observó en el caso de profesores chilenos que a los tres años de servicio se visualizaban a sí mismos más como educadores que como especialistas, aun cuando para ellos su formación disciplinaria había sido más potente que la pedagógica (Avalos, Aylwin y Carlson, en prensa).

Los conocimientos profesionales

    ¿Qué necesita saber el docente para realizar efectivamente su trabajo profesional? ¿Cómo se adquiere o aprende ese conocimiento? Estas son preguntas ampliamente analizadas en la literatura y la investigación sobre formación docente. En su texto sobre el desarrollo del conocimiento profesional y la competencia, Eraut (1994) describe el conocimiento profesional docente como propositivo y tácito, de habilidades y de "saber cómo". Claramente, esta clasificación puede subsumirse en la clásica distinción entre teoría y práctica, pero al hacerlo se diluye mucho del carácter mixto del conocimiento tácito y práctico que marca a los profesores en servicio. Se dejan también de lado las preconcepciones de los estudiantes de carreras pedagógicas, las cuales de alguna manera pueden asimilarse a un nivel de conocimiento tácito sobre la docencia aprendido en sus años escolares (Lortie, 1975).

En relación a los contenidos propositivos de la formación docente que son necesarios para constituir la base de un buen ejercicio profesional, hay acuerdo en que ellos comprenden conocimientos sólidos de las áreas disciplinarias que subyacen al currículo escolar, y conocimientos profesionales propiamente tales que se vinculan al ejercicio de la labor específica de enseñanza. Esto significa que los docentes, dependiendo del nivel escolar en el que enseñan, necesitan manejar adecuadamente los conceptos centrales de las disciplinas, deben comprender los procesos de desarrollo psicológico y social de los niños y jóvenes, y necesitan manejar un repertorio de formas de enseñar y de evaluar que les permitan orientar su trabajo y lograr los resultados esperados. Necesitan también conocer y tomar en cuenta los factores de contexto social y cultural que marcan el modo de ser y de interpretar el mundo que tienen sus alumnos. También los docentes requieren de una perspectiva educacional que se alimenta de la reflexión sobre lo que es educar, el valor de la educación y su contribución a la vida social y ciudadana.

El proceso de aprendizaje o de adquisición de estos conocimientos se facilita en la medida en que es situado (o referido al campo de trabajo), compartido, en razón de la mayor riqueza existente en la conjunción de intelectos que en el aporte individual (comunidades de aprendizaje), y distribuido entre personas y diversas herramientas de apoyo (tecnológicas y pedagógicas). Esta visión del aprendizaje docente, derivada de la psicología cognitiva (Putnam y Borko, 2000), sugiere que el aprendizaje docente tanto en la formación inicial como en las actividades de desarrollo profesional será mejor si se lo entiende como "un proceso de creciente participación en la práctica docente, y a través de esta participación, en el proceso de adquirir conocimiento y ser conocedor de la enseñanza" (Adler, citado en Borko, 2004). La base de conocimientos que se pone a disposición de los futuros docentes y de los docentes en ejercicio debe actualizarse mediante la investigación, sustantiva en lo que se refiere a las áreas de contenido disciplinario, y formulada desde la práctica para la formación práctica.

Una de las formas más complejas y generalmente descuidada en la formación docente es el así llamado "conocimiento pedagógico de las materias de enseñanza" (Shulman, 1987). Usualmente, en los cursos o actividades de "didáctica" o "metodologías para la enseñanza" se deja de lado el examen conceptual de la naturaleza de la materia de enseñanza (la disciplina) y sus formas apropiadas de representación para los distintos tipos de alumnos. La enseñanza de métodos sin conexión con su contenido es causa frecuente de la dificultad que tiene el profesor en servicio para producir comprensión y así evitar la memorización y reproducción. Como veremos más adelante, este tipo de conocimiento requiere del docente formador habilidades más complejas que aquellas con usualmente cuenta quien enseña los cursos de metodologías.

Los formadores de docentes

Este es un tema de preocupación en muchos contextos y particularmente en América Latina (Vaillant y Marcelo García, s/f). Las mejores reformas estructurales, de organización y de contenidos de la formación docente, tanto inicial como continua, dependen de quienes actúan como formadores y facilitadores en este trabajo. Esta dependencia se hizo evidente, durante el proceso de implementación de cambios en la formación docente inicial de diecisiete universidades en Chile (Avalos, 2002). En este caso, la innovación y la calidad de los procesos formativos estuvo claramente relacionada con docentes formadores de buena preparación tanto conceptual como práctica y también con carisma y liderazgo; mientras que el retardo y la dificultad de cambio estuvo relacionada con docentes formadores de corte "tradicional", que no habían querido o no tuvieron la oportunidad de actualizarse y revisar sus estrategias de trabajo.

La complejidad y diversidad de las instituciones de formación docente convierte el preparar a los docentes formadores en una tarea difícil. En primer lugar, no hay una definición clara de a quiénes corresponde este concepto. ¿Se restringe sólo a quienes directamente trabajan en la formación profesional tanto teórica como práctica, o comprende también a quienes preparan en el conocimiento disciplinario específico? En sistemas donde la formación docente es predominantemente de postgrado como es el caso en Estados Unidos o Gran Bretaña y algunos sistemas europeos, el termino "*teacher educator*" se aplica principalmente a quiénes se encargan directamente de preparar a los docentes para la enseñanza en el aula (mentores, supervisores y profesores de metodología o didáctica). En sistemas concurrentes universitarios (incluyendo universidades pedagógicas) no existe claridad sobre quienes son propiamente formadores de docente. En los hechos, los futuros profesores van construyendo su conocimiento pedagógico y su identidad profesional en el curso de cuatro a cinco años de estudio universitario, y son igualmente partícipes en esta formación todos los docentes tanto en la especialidad como en los cursos pedagógicos-prácticos. Sin embargo, precisamente en estos sistemas, los especialistas suelen no sentirse formadores de docentes y entre los que se dedican a la formación profesional se advierte mucha desigualdad en cuanto a calidad. En los programas de formación docente no universitarios (escuelas normales, institutos de formación docente) el foco unificado de los estudios en torno a la preparación de profesores debiera asegurar una mejor calidad de los formadores, pero tampoco es así por diversas razones que tienen que ver con su preparación anterior y con el limitado acceso a posibilidades de actualización e intercambio de experiencias.

Frente a la desigual calidad de los formadores de docentes y a la falta de especificación respecto a quién corresponde el calificativo, se hace algo compleja la organización de actividades de formación específicas. Una manera de enfrentarla, es distinguir qué tipo de conocimiento y de experiencia formadora necesitan las distintas categorías de formadores: profesores universitarios de especialidad, profesores de asignaturas profesionales, profesores de metodología y mentores. En lo que se refiere a los profesores universitarios tanto de especialidad como de asignaturas, el acceder a estudios de postgrado (magíster o doctorado) es un camino indispensable con el fin de afirmar no sólo el conocimiento específico sino que también la capacidad de investigar. Sin investigación, la calidad y la incorporación de nuevos conocimientos se hace difícil, y por tanto se dificulta el ofrecer a los futuros profesores una formación que desarrolle las habilidades cognitivas de alto nivel que demanda el ser parte de la sociedad del conocimiento.[5]

Respecto a quienes directamente trabajan con los futuros profesores en actividades de aprendizaje docente –los supervisores universitarios, los mentores en escuelas y los profesores que enseñan las metodologías especiales–, los temas centrales de su calidad tienen que ver con el nivel de conocimiento y experiencia que tienen respecto del ámbito escolar, el trabajo personal realizado en torno a elaborar para sí mismos y para los jóvenes estudiantes un conocimiento pedagógico de la disciplina; según lo describe el propio Schulman (en Borko y Putnam, 1995):

> Incluyo en la categoría de conocimiento pedagógico de la disciplina a los tópicos que se enseñan en forma regular en el campo curricular de especialización, a las formas más útiles de representar esas ideas, a las analogías más poderosas, las ilustraciones, ejemplos, explicaciones y demostraciones –en una palabra, a las formas de representar y formular la disciplina para que sea comprendida por otros. (...) El conocimiento pedagógico de la disciplina también incluye formas de entender aquello que facilita o dificulta enseñar ciertos temas; las concepciones y preconcepciones que los estudiantes de distintas edades y antecedentes traen consigo cuando aprenden estos temas.

La capacidad de desarrollar un conocimiento pedagógico de la disciplina,[6] de estimular a los futuros profesores a hacer lo mismo, de guiar y apoyar a quienes comienzan a enseñar mediante retroalimentación efectiva, se aprende en parte mediante la experiencia práctica y la refle-

---

[5] La posibilidad de acceder a estudios de postgrado y realizar pasantías en centros universitarios de formación docente en el extranjero fue uno de los aspectos más valorados por las instituciones que participaron en el programa Fortalecimiento de la Formación Inicial Docente en Chile (Avalos, 2002). Igualmente, la posibilidad de ofrecer una formación de calidad conceptual y pedagógica antes de iniciarse como docentes en los Centros Regionales para Profesores (CERP) en Uruguay fue considerada como elemento central del proyecto (Vaillant y Marcelo García, s/f).
[6] Este concepto también es desarrollado por Perrenoud (1998) con el nombre de "transposición didáctica".

xión y, en parte, mediante actividades de apoyo para quienes se inician en esta tarea. El conocido educador Kenneth Zeichner (2005) relata su experiencia de joven profesor a quien se le encargó actuar de mentor de profesores en práctica en la escuela donde trabajaba. Indica que si bien logró hacerlo, hubiera sido infinitamente mejor haber tenido alguna ayuda. Esta experiencia lo llevó a establecer más tarde, en su universidad, talleres o cursos preparatorios para mentores. Este tipo de cursos se ofrecen también en otros países como Israel (Orland-Barak, 2001 y 2005), y se ofrecieron para profesores mentores en Chile en el marco de algunos de los proyectos del programa de mejoramiento de la formación docente (Avalos, 2002). La creciente acumulación de investigaciones realizadas por mentores y supervisores sobre su práctica en Estados Unidos, Australia y Europa ha llevado a establecer un grupo referente en el contexto de la *American Education Research Association*, que año a año discute los resultados de sus investigaciones y el efecto sobre su trabajo (Cochrane-Smith, 2005).

Buscando especificar qué competencias requieren los formadores de docentes para ser efectivos, Koster y otros (2005) realizaron un estudio en Holanda, sobre la base de una revisión de la literatura y una consulta a docentes usando la técnica Delphi. El resultado del estudio permitió establecer un perfil profesional expresado en seis áreas de trabajo y 29 tareas o competencias específicas (ver Anexo). Las áreas de trabajo delineadas fueron las siguientes:

- trabajo en torno a su propio desarrollo y el de sus colegas (profesionalismo y bienestar),
- desarrollo de un programa de formación docente,
- participación en el desarrollo de políticas y de la formación docente,
- organización de actividades para y con profesores,
- selección de futuros profesores,
- desarrollo de investigaciones (considerado necesario sólo para profesores universitarios).

Como se observa, el de la formación de los formadores de docentes es un tema abierto sobre el cual existen muchas experiencias interesantes (véase Vaillant y Marcelo García, s/f). Sin embargo, como concluye también Vaillant (2004), no parece tener aún la importancia debida en las instituciones formadoras de nuestra región.

El desempeño docente: estandarización o desarrollo profesional

Este tema es quizás uno de los más controvertidos en relación al profesionalismo docente. La controversia que sucita tiene que ver no con el hecho de que no sea importante establecer los parámetros de lo que es un buen desempeño profesional, sino con la tendencia a que estos parámetros sean establecidos desde fuera de la profesión y formen la base para el control de resultados. En su libro sobre la situación de los profesores en el contexto de la sociedad del conocimiento, Hargreaves (2003) describe dos escenarios contrapuestos. El primero es el que viven los docentes que se sienten estimulados a enseñar de modo tal que sus alumnos y alumnas adquieran las capacidades para participar constructivamente en la sociedad del conocimiento. Esto significa que el docente evita tratar al conocimiento como algo que se debe memorizar y reproducir y que se compromete en cambio a que todos los estudiantes alcancen niveles altos de aprendizaje cognitivo pudiendo comunicar ese conocimiento efectivamente a otros y aplicarlo a problemas no conocidos antes. Para ello necesita de:

> formas de enseñanza [y de formación para ello] que permitan el desarrollo de habilidades cognitivas complejas, metacognición, utilización de formas constructivistas de generar aprendizaje y comprensión, estrategias de aprendizaje cooperativo, inteligencias múltiples (...) empleo de una variedad de formas de evaluación y uso de las tecnologías de la información para que los alumnos accedan a la información en forma independiente. (Hargreaves, 2003, p. 16)

El segundo escenario descrito por Hargreaves es uno en que los docentes son empujados a desarrollar un número prescrito de competencias específicas con el fin de mejorar los resultados de las evaluaciones y que los obliga en cierto modo a dirigir su enseñanza a la preparación de exámenes. En gran medida, este escenario, que fuerza a los docentes a un desempeño contradictorio con lo requerido por la sociedad del conocimiento, se está mostrando como un factor crítico de las nuevas políticas en Estados Unidos que acompañan el programa conocido como *No Child Left Behind* (véase el informe crítico del National Conference of State Legislatures, 2005).

Velar por la calidad del ejercicio docente es en primer lugar la responsabilidad de los profesores, como lo es también establecer los criterios por los cuales se juzgará si la formación profesional y el desempeño en servicio son adecuados. Pero la profesión docente está fundamentalmente dirigida al bien público,[7] y su función en sociedades democráticas preocupadas por éste, es compartir con el Estado la tarea de vigilar por la calidad de la educación y el desempeño docente de un modo que posibilite apoyar un buen aprendizaje de la población escolar. Por tanto, a la luz del bien público, los criterios que permiten describir un buen desempeño docente deben resultar de un acuerdo compartido por la profesión docente (incluyendo a las instituciones de formación docente) y las autoridades estatales (nacionales o regionales según el sistema de gobierno del país). Lo mismo debiera ocurrir con un sistema que evalúe el desempeño de profesores que egresan de una institución formadora y el desempeño de profesores que están en distintos momentos de su servicio profesional. Visto de este modo, la formulación de un sistema de estándares o competencias dirigido por el Estado y acordado y validado con la profesión docente, no atenta contra el profesionalismo (ver definiciones de Ingvarson, 1998 y Perrenoud, 1998). Por el contrario, tal sistema muestra públicamente lo que es un buen desempeño docente y al mismo tiempo ayuda a la profesión a ver en qué punto de un continuo se encuentran los docentes en un momento dado y qué necesidades de desarrollo profesional tienen en ese momento. El tema crítico, sin embargo, es el grado en que tal formulación permite ir más allá de competencias mínimas limitantes y acercarse a las capacidades que reclama la sociedad del conocimiento y que Hargreaves (2003, p. 23) enumera como las siguientes:

---

[7] Esta es la postura que adopta Yinger (2005) al examinar los peligros de la estandarización y la regulación del trabajo docente desde el mercado, sugiriendo que es importante visualizar a los profesores en su rol de ciudadanos públicos que cuentan con conocimiento especializado y una obligación moral en torno al bien común.

- Creatividad
- Flexibilidad
- Resolución de problemas
- Ingenio
- Inteligencia colectiva
- Confianza profesional
- Riesgo
- Mejoramiento continuo

Experticia: carrera y desarrollo profesional

El último tema, más reconocido por quienes estudian la vida de los docentes (Huberman, 1993, Goodson, 1992, Guimarães Fonseca, 1997) que por quienes elaboran política educacional, es el crecimiento en experticia de los docentes a través del tiempo, sus condiciones y sus características. El aporte de la experiencia y su conjunción con las oportunidades de desarrollo profesional van imprimiendo a lo largo de la vida profesional distintos sellos en los que se conjuga el modo de manejar el proceso de enseñanza-aprendizaje con grados de encanto o desencanto con la profesión (Huberman, 1993). Sin embargo, en la práctica, y especialmente en los países de nuestra región, el crecimiento en experticia no tiene otro reconocimiento que el que aporta un mayor número de años de servicio. En varios países, la diferencia entre el salario inicial y el de culminación de la carrera docente es poca,[8] y fuera de coleccionar certificados de cursos de diverso tipo tomados por el docente, no hay otro aliciente para mejorar, ni otro reconocimiento a los esfuerzos que realiza a lo largo de sus distintas experiencias. Recién, en algunos países de la región (México tiene un sistema) comienza a hablarse de la posibilidad de una carrera magisterial que reconozca la experticia y que estimule la permanencia de los buenos docentes en el aula. Tal es el caso de Perú, Colombia y Chile. El tema es discutido en el reciente informe de la OECD (2004) y se indican allí los países donde existen sistemas de reconocimiento de la experticia docente, como en Inglaterra y Estados Uni-

---

[8] Específicamente, entre otros, el caso de Chile, Colombia y El Salvador.

dos, que incluyen bonos salariales y asignación de responsabilidades diversas sobre la base de una evaluación voluntaria y compleja de desempeño.[9]

La formación inicial y continua de docentes: avances hacia el desarrollo del nuevo profesionalismo

Lo elaborado en las páginas anteriores permite retomar el tema del "nuevo profesionalismo" y darle un contenido más específico con el fin de estimar los avances y lo que falta por recorrer en términos de la formación a estos nuevos profesionales.

El "nuevo profesionalismo" se dibuja como una serie de rasgos que se requieren de los docentes frente a las demandas complejas[10] de la sociedad del conocimiento por un lado, y de las condiciones socio-culturales y de desarrollo específicas de cada país, por otro. Hay demandas de tipo cognitivo (conocimiento profundo, creatividad, flexibilidad, apertura a lo nuevo), de carácter social y afectivo (capacidad de trabajar con otros), de respuesta a la diversidad de todo tipo que se observa en las escuelas, y de respuesta y manejo de los conflictos sociales que penetran a ellas (la violencia, la droga, las conductas sexuales y sus consecuencias). Frente a todas estas demandas, la tarea central del docente sigue siendo la enseñanza y el aprendizaje, para lo que dispone de herramientas que no se siempre se adecuan a lo requerido. Se observan una tensión y una grieta más o menos profunda entre requerimientos y posibilidades, como también entre el capital cultural y pedagógico de los docentes y su posibilidad de responder a lo esperado de ellos. Las oportunidades de formación docente tendrían que contribuir a cerrar la grieta, reducir las tensiones y aumentar la efectividad de su trabajo, en conjunto con otras condiciones contextuales como salarios, reconocimiento público y condiciones laborales adecuadas.

---

[9] Sobre estos sistemas, sus ventajas y problemas, véase Kleinhenz & Ingvarson (2004).
[10] Entre ellos, el estudio de diez sistemas de formación docente encargado por PROEDUCA-GTZ (Saravia y Flores, 2005), el informe sobre un encuentro latinoamericano acerca de la formación docente (PROEDUCA, 2003), estudios de caso y publicaciones en torno a la formación docente en la región encargados por la oficina regional de UNESCO y publicados en su pagina www.unesco.cl/esp/atematica/formdesarrdocente/index.act además del análisis reflexivo sobre la formación docente de Denise Vaillant (2005) y la revisión de iniciativas de formación docente continua (Avalos, 2004).

Existe una cantidad considerable de documentación y estudios en torno a la formación docente en Latinoamérica que permiten verificar que hay iniciativas que van en la dirección de preparar profesionales con los rasgos mencionados pero que también especifican los problemas y tensiones que se mantienen.

Uno de los elementos de cambio que se advierte al conversar con quienes diseñan políticas de formación docente, como también en los documentos que describen estas políticas, es el cambio de lenguaje. Efectivamente, se usa menos el concepto de "perfeccionamiento" y de "capacitación" para indicar las acciones de formación en servicio, prefiriendo el concepto de formación continua y de desarrollo profesional docente. Esto podría indicar un viraje (aun débil) desde la concepción tradicional de profesionalización como anclada en el concepto de "déficit" a una concepción más centrada en el potencial de autocrecimiento de cada profesor y el reconocimiento de la base existente de conocimientos como soporte desde donde trabajar nuevas opciones y nuevos conceptos.

Sin duda, puede considerarse avance el que en los últimos diez años por lo menos, y coincidiendo con las diversas reformas educativas, se hayan realizado distintos esfuerzos por modificar las instituciones de formación docente y avanzar en la formulación de políticas integradas para la formación inicial y continua. Tal es el caso de Perú, Colombia, Paraguay, Argentina y México entre otros. Más recientemente se empieza a reconocer que la formación continua tiene que prestar atención a lo que Marcelo García (1995) ha llamado el "eslabón perdido" de la formación docente: el apoyo a los que se inician en la docencia (inducción). Chile ha reunido una Comisión especial para estudiar el tema, Colombia lo ha incluido en su política de carrera magisterial y lo mismo ha hecho Perú.

Varias de las reformas de la formación docente implementadas o en propuesta incluyen una revisión curricular que procura modernizar la oferta, hacerla más coherente, favorecer mayor integración entre las experiencias prácticas y el aprendizaje de contenidos curriculares y pedagógicos, extendiendo en el tiempo estas experiencias. Tal es el caso de las de Bolivia, Brasil, de Chile y de Perú, entre otras.

Con el ánimo de favorecer un modo de enseñanza que permita aprendizaje conceptual profundo, algunas de las reformas se refieren explícitamente al enfoque de enseñanza-aprendizaje que propician, centrándolo en las perspectivas constructivistas. Tal es el caso de los Referenciales para la Formación de Profesores elaborados en Brasil (Ministerio de Educaçao, 1999). Algunas reformas innovan mediante la introducción de experiencias decididamente dirigidas a un aprendizaje docente situado y profundo, como sucede con la reforma en la Universidad de Atacama en Chile que ha establecido un currículum de formación centrado en problemas (Iglesias, 2002).

La creación de los Centros Regionales de Profesores en Uruguay constituye una extraordinaria iniciativa dirigida a considerar prácticamente todo aquello señalado como clave en la literatura y práctica internacional respecto a la calidad de la formación inicial docente (Vaillant, 2005). En cierto modo, el programa de Fortalecimiento de la Formación Inicial Docente en Chile (Avalos, 2002) tuvo entre sus metas declaradas favorecer una formación dirigida a la comprensión profunda y el aprendizaje docente situado mediante la reestructuración curricular de muchas de las instituciones participantes y un esfuerzo por mejorar la calidad de los formadores en esas instituciones.

Estas iniciativas hablan de la posibilidad de avance, pero no hay aún suficiente evidencia como para afirmar que tales reformas y experiencias efectivamente estén formando a los "nuevos" profesionales requeridos. Recientemente, representantes de las universidades que forman docentes en Chile, en conjunto con el Ministerio de Educación, revisaron los avances producidos hasta el momento, y detectaron áreas problemáticas que requieren atención, como es aún el currículum de formación y la calidad de los docentes formadores; es un buen signo que se produzcan estas revisiones críticas por parte de las mismas instituciones de formación docente.

En cuanto a las iniciativas de Desarrollo Profesional Continuo, ellas son miradas bastante críticamente en el estudio de Flores y Saravia (2005), pero, se reconoce que al "menos declarativamente [...] se busca pasar de un sistema tradicional de capacitación caracterizado por su verticalidad y centralismo en los ministerios de educación a un sistema descentralizado y con mayor participación de los diferentes actores educativos". Varios países han establecido estructuras específicas para coordinar la formación docente continua. Entre ellas está la Red Federal de Formación Docente en Argentina, con una serie amplia de objetivos desde el desarrollo profesional propiamente tal a la oportunidad de conocer políticas y apoyar innovaciones en los centros escolares (Serra, 2001). Otras iniciativas en América Latina en el campo de la formación en servicio toman diferentes formas. Las más interesantes responden al concepto de un docente que aprende en situación y en colaboración con otros. Es el caso de los "círculos de aprendizaje" que operan en varios países con distintos nombres, las redes de docentes que tienen mucha vigencia en Colombia y que se planean para el Perú, las pasantías nacionales e internacionales que desarrolla Chile para sus docentes, y las "expediciones pedagógicas" que constituyen una experiencia muy exitosa de aprendizaje docente en Colombia, realizada mediante viajes y observación que hacen profesores en distintas situaciones docentes del país. El problema con muchas de estas iniciativas es que suelen ser apoyadas inicialmente desde los ministerios de educación, pero dejadas de lado al surgir otras necesidades o programas que se consideran de más urgencia. Esto sucedió con los Grupos Profesionales de Trabajo en Chile que se difundieron entre profesores de Enseñanza Media durante los años noventa y que lograron movilizar activamente a profesores secundarios pero que finalmente no se instalaron como programa en el Ministerio de Educación. A pesar de esto, la experiencia se arraigó profundamente en algunos grupos, y estos siguen reuniéndose y desarrollando actividades de desarrollo profesional de sus integrantes.

Además de lo anterior, y en directa relación con los temas del nuevo profesionalismo analizados antes, están las iniciativas dirigidas a velar por la calidad del desempeño y que se vinculan directamente con el establecimiento de marcos de competencias docentes que orienten la evaluación de quienes egresan de las instituciones formadoras, como también de los docentes en servicio. Chile desarrolló un esquema de criterios o estándares de desempeño que, con algunas diferencias, son aplicables a la formación inicial y a la formación en servicio. En lo que respecta a la formación inicial estos estándares han sido incorporados a los criterios para acreditar los programas de formación docente (proceso que al momento es voluntario). El *Marco de Buena Enseñanza,* como se conoce a los criterios para la formación en servicio, sirve a su vez para evaluar a los docentes y determinar sus necesidades de formación continua o desarrollo profesional.

La acreditación de los programas de formación docente (tanto inicial como continua) es un modo necesario de velar por la calidad de la formación, especialmente en los países en que la oferta de formación está distribuida en muchos tipos de instituciones públicas y privadas y en modalidades presenciales y a distancia. Existen diversas fórmulas de institucionalidad de los sistemas de acreditación. En Chile se ha estado implementando un esquema provisorio de acreditación de las carreras universitarias de pregrado (que comprende la formación inicial docente) dirigido por una comisión instalada al amparo del Ministerio de Educación. Pero, hay una ley en trámite que modificará el sistema. En Argentina existe un buen sistema de acreditación de la formación que se imparte en las instituciones de formación docente y al mismo tiempo un control relativamente fuerte efectuado a través de los gobiernos provinciales (Aguerrondo, 2005). En otros sistemas se está estudiando la implementación de programas de acreditación, o se proponen sistemas de acreditación de competencias para el ejercicio profesional docente (Namo de Mello, s/f).

Todo lo anterior indica que en los países latinoamericanos se avanza en términos de modernizar la formación docente inicial, tratando de hacerla más acorde con las demandas de los tiempos actuales; se trata de articular esta formación con la ofrecida o al alcance de los profesores en servicio, procurando orientar dicha articulación en un sistema único de formación continua. Los cambios, muchos de ellos aun frágiles, parecen dirigirse a formar docentes con buena base de conocimientos y de competencias para la enseñanza, pero no hay aún mucha evidencia de sus efectos. Esto se debe en parte, a que son recientes, y los que egresan de los sistemas reformados no tienen una presencia fuerte en los sistemas escolares. Por otra parte, para quienes han tenido oportunidad de conocer más cercanamente lo que ocurre en las instituciones formadoras, se advierten aún tensiones entre nuevas formas de enseñanza y las antiguas, entre teoría y práctica (muy relacionada con la calidad de los docentes formadores) y la insuficiente evaluación real de las competencias de egreso tanto de los nuevos docentes como también de los docentes en servicio (Saravia y Flores, 2005).

El futuro

Considerando el estado de movimiento en busca de mejores formas de formación docente inicial y continua que se advierte en América Latina, se justifica proponer una manera de mirar los cambios en proceso, relacionándolos con el "nuevo" profesionalismo que es posible en nuestras sociedades así como su inserción en la sociedad global que llamamos de la información y el conocimiento.

Para ello, apoyamos el concepto de *nuevo profesionalismo* que se centra en las capacidades y actitudes vinculadas con competencias o habilidades que son necesarias para la enseñanza (siendo este el campo propio de ejercicio) y que efectivamente puedan elevar el nivel de conocimientos y capacidades de quienes aprenden. Consideramos que este profesionalismo resulta tanto de la formación a la que se tiene acceso como de las condiciones de trabajo y los estímulos o incentivos para el buen desempeño. No creemos, como tampoco lo hacen muchos de quienes reflexionan sobre estos temas (Torres, 2000; Hargreaves, 2003, Elliott, 2005; Yinger, 2005) que el mejor modo de establecer un nuevo profesionalismo sea mediante formas de *accountability* (responsabilidad por resultados) controladas externamente y dirigidas por los sistemas de evaluación. Sí, afirmamos sin embargo, que el nuevo profesionalismo supone que el docente acepta una responsabilidad por el aprendizaje de niños jóvenes en diversos contextos y con diversas capacidades, y que esa responsabilidad es compartida con las familias, el sistema educativo y la sociedad en general, entendiendo por supuesto, que la enseñanza es su propia responsabilidad.

Desde la perspectiva expuesta, las oportunidades de aprender el oficio de la enseñanza dependen de la calidad de la formación inicial y de las oportunidades relevantes de aprendizaje a lo largo de la vida docente. Utilizando las categorías de Hargreaves para describir los rasgos del profesional que trabaja para la sociedad global del conocimiento, propongo a continuación un esquema de tareas y condiciones requeridas en la formación docente inicial y continua. Ello implica distinguir metas en forma de competencias generales, capacidades docentes más específicas, medios y contexto facilitador.

El nuevo profesionalismo

Tabla 1. Formación para un nuevo profesionalismo: metas, medios y contexto

Metas profesionales	Competencias	Medios formativos	Contextos
Profundidad cognitiva	Comprensión Seguir aprendiendo Buscar, interpretar y elaborar información	Oportunidades de desarrollar habilidades cognitivas de alto nivel, metacognición, reconocimiento de inteligencias múltiples, desempeños de comprensión	Currículum integrador, centrado en conceptos claves y aprendizaje profundo. Desarrollo curricular compartido entre especialistas en contenido y pedagogos. Cursos de actualización situados /uso de plataformas tecnológicas
Creatividad	Imaginar otros escenarios posibles.	Estrategias que inviten a diseñar situaciones de aprendizaje diferentes; enfoques constructivistas; uso de recursos tecnológicos.	Formadores y facilitadores que disponen de estrategias para el desarrollo creativo. Calidad de formadores.
Flexibilidad	Percibir en las situaciones profesionales la necesidad de cambio y ser capaz de cambiar.	Estrategias de formación docente que produzcan disonancia cognitiva y estimulen respuestas flexibles.	Formadores y facilitadores que disponen de estrategias para producir disonancia cognitiva y que exhiben flexibilidad en la interacción con docentes aprendices. Calidad de formadores.
Manejo emocional	Expresar emociones; "sentir" el trabajo; comunicarse en lenguajes no cognitivos con otros.	Talleres de desarrollo personal, reflexión sobre la identidad profesional, inteligencia emocional.	Formadores con buen manejo emocional, y con confianza en su capacidad. Calidad de formadores.
Resolución de problemas	Diagnosticar y proponer salidas, ponerlas en practica y verificar su efecto.	Estrategias de estudios de casos, observación y trabajo en el aula frente a situaciones de diversidad o conflicto. Enfoques constructivistas, investigación-acción.	Materiales, herramientas de evaluación de aula, oportunidades de prácticas en lugares de trabajo. Formadores con conocimiento de manejo de diversidad. Círculos de estudio o comunidades de aprendizaje entre docentes.

Tabla 1. (Continuación)

Metas profesionales	Competencias	Medios formativos	Contextos
Confianza profesional	Valorar y confiar en la profesión y su importancia, confiar en forma comprometida con otros.	Talleres de desarrollo personal, reflexión sobre identidad profesional.	Tiempo y oportunidad para el desarrollo profesional docente situado y colaborativo. Círculos de estudio o comunidades de aprendizaje.
Disposición al riesgo	Atreverse a probar una nueva estrategia, a cambiar un modo de trabajo, a examinar y adoptar una idea distinta.	Estrategias que obligan a jugarse la posibilidad de un resultado adverso.	Desarrollo profesional situado y colaborativo, situaciones de práctica de diversa complejidad para profesores en formación. Círculos de estudio o comunidades de aprendizaje.
Mejoramiento continuo	Comprender que se está siempre en camino y comprometerse en nuevo aprendizaje.	Supervisión formativa, mentorías para principiantes, oportunidad de mejoramiento post-evaluación. Reflexión sobre prácticas mediante portafolios.	Preparación de mentores y supervisores. Disponibilidad de instrumentos para ayudar a los profesores a ver su práctica. Conocimiento de necesidades de formación. Cursos y talleres de actualización situados.
Aprendizaje distribuido	Aprender con otros y de otros. Utilizar herramientas pedagógicas y tecnológicas.	Estrategias de aprendizaje cooperativo. Diseño de tareas y material pedagógico usando diversos instrumentos.	Organización curricular que incluye trabajo colaborativo. Círculos de estudio o comunidades de aprendizaje entre docentes.

El carácter genérico de la propuesta indicada (en el supuesto de que fuera aceptable) significa que las instituciones y los formadores tendrían que aplicarla de acuerdo con sus contextos y necesidades. Muchos de los elementos propuestos ya están considerados en las políticas indicadas antes, pero, la interrogante clave es determinar cuáles de estas condiciones o formas de trabajo, que se repiten como centrales a la consecución de las metas y al logro de las competencias sugeridas, requieren atención y qué sería necesario para hacerlas viables o reales.

Bibliografía

Aguerrondo, I. (2005), *La situación de los maestros de Básica en Argentina*, Trabajo preparado para el proyecto GTD-PREAL.

Avalos, B., Aylwin, P., y Carlson, B. (en prensa), "La inserción laboral de los nuevos profesores en Chile", *Revista Paidea*.

Avalos, B. (2002), *Profesores para Chile: Historia de un Proyecto*, Santiago, Ministerio de Educación.

─────── (2004), "CPD policies and practices in the Latin American region", en Day, C. y Sachs, J. (eds.), *International Handbook on the Continuing Professional Development of Teachers*, Maidenhead, Open University Press & McGraw-Hill House.

Beijaard, D., Meijer, P. y Verloop, N., Jan D. (2004), "Reconsidering research on teacher professional identity", *Teaching and Teacher Education*, 20 (2), pp. 107-128.

Beijaard, D., Verloop, N. y Vermunt, Jan D. (2000), "Teachers' perception of professional identity: an exploratory study from a personal knowledge perspective", *Teaching & Teacher Education*, 16 (7), pp. 749-764.

Borko, H., y Putnam, R. (1995), "Expanding a teachers' knowledge base: A cognitive psychological perspective on professional development", en: Thomas Guskey e Michael Huberman (eds.), *Professional Development in Education. New Paradigms and Practices*, Nueva York, Teachers College Press.

Borko, H. (2004), "Professional development and teacher learning: Mapping the terrain", *Educational Researcher*, 33 (8), pp. 3-15.

Cochran-Smith, M. (2005), "Teacher educators as researchers: multiple perspectives", *Teaching and Teacher Education*, 21 (2), pp. 219-225.

Delannoy, F. y Sedlacek, G. (2000), *Brasil: Teacher development and incentives: a strategic framework*, Human Development Department, Latin American Division, Washington, The World Bank.

Elkins, T. y Elliott, J. (2004), "Competition and control: the impact of government regulation on teaching and learning in English schools", *Research Papers in Education* 19 (1), pp. 15-30.

Etzioni, A. (1969), *The semi-professions and their organization: teachers, nurses, social workers*, Nueva York, Free Press.

Goodson, I. (1992), *Studying Teachers' Lives*, Nueva York y Londres, Teachers College Press and Routledge.

Guimarães Fonseca, S. (1997), *Ser Professor no Brasil, História Oral de Vida*, Campinas, Papirus Editora.

Hargreaves, A. (2003), *Teaching in the Knowledge Society, Education in the Age of Insecurity*, Maidenhead, Open University Press.

Hoyle, E. (1982), The professionalisation of teachers, a paradox, *British Journal of Educational Studies*, 30 (2), pp. 161-171.

Huberman, M. (1993), *The Lives of Teachers*, Nueva York, Teachers College Press.

Iglesias, J. L. (2002), "Problem-based learning in initial teacher education", *Prospects*, XXXII (3), pp. 319-332.
Ingvarson, L. (1998), "Professional development as the pursuit of profesional standards: the standards-based professional development system", *Teaching and Teacher Education* 14 (1), pp. 127-140.
—————— (1998), "Professional development as the pursuit of profesional standards: the standards-based professional development system", *Teaching and Teacher Education* 14 (1), 127-140.
Kleinhenz, E. y Ingvarson, L. (2005), "Teacher accountability in Australia: current policies and practices and their relation to the improvement of teaching and learning", *Research Papers in Education*, 19 (1), pp. 31-50.
Koster, B., Brekelmans, M., Korthagen, F., y Wubbels, T. (2005), "Quality requirements for teacher educators", *Teaching and Teacher Education*, 21 (2), pp. 157-176.
Liston, D. P. y Zeichner, K. (1993), *Formación del Profesorado y Condiciones Sociales de la Escolarización*, Madrid, Morata.
Lortie, D. C. (1975), *Schoolteacher: A Sociological Study*, Chicago, University of Chicago Press.
Marcelo García, C. (1995), *Formación del Profesorado para el Cambio Educativo*, Barcelona, EUB.
Ministério de Educaçao (1999), *Referenciais para Formaçao de Profesores*, Brasilia, Secretaria de Educaçao Fundamental.
Namo de Mello, G. (s/f), *Formación inicial de profesores para la educación básica: una (re)visión radical*", en: www.preal.org/GTD/index.php
National Conference of State Legislatures (2005), Report on No Child Left Behind. www.ncsl.org/programs/educ/nclb_report.htm
OECD, (2004), *Teachers Matter. Attracting, Developing and Retaining Effective Teachers, Synthesis Report*, París, OECD.
Orland-Barak, L. (2001), "Learning to mentor as learning a second language of teaching", *Cambridge Journal of Education*, 31 (1), pp. 53-68.
—————— (2005), "Cracks in the iceberg: surfacing the tensions of constructivist pedagogy in the context of mentoring", *Teachers and Teaching: Theory and Practice*, 11 (3), pp. 293-312.
Perrenoud, Ph. (1998), "La transposition didactique à partir de pratiques: des savoirs aux compétences", *Revue de Sciences de l'Education*, XXIV (3), pp. 487-514.
PROEDUCA-GTZ y UNESCO (2003), *¿Cómo estamos formando a los maestros en América Latina?*, Trabajos presentados al Encuentro Internacional: "El Desarrollo Profesional de los Docentes en América Latina", Lima, PROEDUCA y UNESCO.
Putnam, R. y Borko, H. (2000), "What do new views of knowledge and thinking have to say about research on teacher learning", *Educational Researcher*, 29 (7), pp. 4-16.
Rivero, J. (1999), *Educación y Exclusión en América Latina. Reformas en Tiempos de Globalización*, Madrid, Niño y Dávila.

Serra, J. (2001), "La política de capacitación docente en la Argentina: la Red Federal de Formación Docente Continua (1994-1999)", Trabajo preparado para el proyecto Alcance y Resultados de las Reformas Educativas en Argentina, Chile y Uruguay. Ministerios de Educación de Argentina, Chile y Uruguay, Grupo Asesor de la Universidad de Stanford.

Shulman, L. (1987), "Knowledge and teaching: foundations of the new reform". *Harvard Educational Review*, 57 (1), pp. 1-22.

Tatto, M. y Vélez, E. (1997), "A document based assessment of teacher education reform initiatives, The case of México", en: Torres, C. y Puigross, A. (eds.), *Latin American Education: Comparative Perspectivas*, Boulder, Co.: Westville Press.

Téllez, F. (2005), *Informe sobre los resultados de los procesos de acreditación de las carreras de pedagogía*, Santiago, CNAP (por publicarse).

Tenti Fanfani, E. (2005), *La condición docente. Análisis comparado de la Argentina, Brasil, Perú y Uruguay*, Buenos Aires, Siglo XXI.

Torres, R. (2000), "La profesión docente en la era de la informática y la lucha contra la pobreza", en: UNESCO, *Análisis de Prospectivas de la Educación en América Latina y el Caribe*, Santiago, UNESCO.

UNESCO (2004), *Education for All: The Quality Imperative. EFA Global Monitoring Report 2005*, París, UNESCO.

Vaillant, D. y Marcelo García, C. (s/f), *¿Quién Educará a los Educadores? Teoría y Práctica de la Formación de Formadores*, Montevideo, Proyecto Capacitación y Actualización Docente en Uruguay.

Vaillant, D. (2004), "Construcción de la profesión docente en América Latina. Tendencias, temas y debates", *Documento Preal n° 31*, en: www.preal.org/GTD/index.php

Yinger, R. J. (1999), "The role of standards in teaching and teacher education", en: Gary A. Griffin, (ed.), *The Education of Teachers. Ninety-eigth Yearbook of the National Society for the Study of Education*, Chicago, University of Chicago Press.

_____ (2005), "A public politics for a public profession", *Journal of Teacher Education*, 56 (X), 1-6.

Zeichner, K. (2005), "Becoming a teacher educator: evidence from the field", *Teaching and Teacher Education*, 21 (2), pp. 117-124.

ANEXO

Perfil de competencias consideradas como necesarias de para el formador de formadores (Koster *et al*, 2005)

Competencias muy necesarias:
1. De contenido
- Ser capaz de discutir sobre el campo profesional con otros él.
- Sentirse perfectamente cómodo con el contenido de nuestro campo de especialidad.
- Tener una visión respecto a la dimensión pedagógica de nuestro campo.
- Ser conocedor del estado actual en el campo de la educación.
- Ser capaz de anticipar nuevos desarrollos.
2. Comunicativas y de reflexión
- Poder evaluar la propia enseñanza y realizar cambios acordes.
- Ser capaz de reflexionar sobre la forma como uno opera y desarrollar alternativas.
- Tener la habilidad de comunicarse con estudiantes de distintos antecedentes (*backgrounds*).
- Estar en condiciones de ofrecer un buen ejemplo al interactuar con los estudiantes.
- Conocer excelentes estrategias de comunicación.
- Estar capacitado para de manejar procesos grupales.
- Ser capaz de articular bien la propia opinión.
- Tener una actitud orientada a la indagación.

Competencias necesarias
1. Organizacionales

- Estar en condiciones de trabajar en equipo.
- Ser capaz de interactuar con los mentores escolares.
- Saber equilibrar el trabajo con la recreación.
- Poder ir más allá en el desarrollo de una visión compartida y de implementarla.
- Ser capaz de establecer contactos fuera de la institución formadora.
- Tener la habilidad manejar eficientemente los aspectos de administración y registro.

2. Competencias pedagógicas

- Ser capaz de planificar y organizar las actividades de enseñanza sobre la base de las competencias que ya poseen los estudiantes y trabajar para el logro de las competencias que requerirán en el futuro.

El nuevo profesionalismo

- Ser capaz de ayudar a los estudiantes a trabajar en torno a sus propias necesidades de aprendizaje.
- Tener la facilidad de hacer accesible a los estudiantes nuestro enfoque pedagógico personal.
- Ser capaz de ajustar los componentes del curso al resto del currículum.
- Trabajar a partir de la experiencia de los estudiantes.
- Ser capaz de entregarle a los estudiantes indicaciones o punteros concretos respecto a su práctica docente.
- Estar en condiciones ser un modelo con respecto a las competencias pedagógicas y comunicativas.
- Ser capaz de desarrollar y usar sistemas de evaluación (incluyendo personales) de competencias profesionales.
- Tener el conocimiento necesario para usar las Tecnologías de la Información y Comunicación en la propia enseñanza.
- Ser capaz de estimular el aprendizaje de los profesores en servicio.

- Sólo para la formación en instituciones universitarias.
- Estar capacitado para desarrollar investigación.
- Saber cómo informar sobre los resultados de la investigación..

Notas sobre formación y profesionalización docente*

Inés Aguerrondo

No es bueno ser la última de la tarde, así que las ideas van a tener que ser súper inspiradoras para poder estar a la altura de lo que se está planteando. De todas maneras, con la interesante ponencia de Beatrice Avalos, tengo algunas cosas para decir, un poco salpicadas porque no se puede comentar todo lo que uno quisiera y todo lo que aparece cuando se lee un trabajo de este tipo.

La autora dice que una de las paradojas del concepto del nuevo profesionalismo es que el antiguo profesionalismo docente nunca tuvo como referente real un concepto de profesión similar al de otros campos de trabajo reconocidos como profesionales. Yo iría un poquito más allá, preguntaría si en realidad existe un antiguo profesionalismo, o qué es esto del título de este mismo seminario que habla del oficio de enseñar. ¿La enseñanza es un oficio? ¿Es una profesión? ¿Era un oficio y se está transformando, o pretendemos transformarla en una profesión? Algunos elementos ayudan a pensar esto. Por ejemplo, cuando Hargreaves plantea las cuatro etapas de la profesionalización dice que la primera etapa es la del preprofesionalismo que es, precisamente, el modelo de enseñanza clásico y tradicional que todos tenemos en la cabeza. Esto estaría implicando que no se partió de una profesión. Patricia Arregui planteaba recién otro elemento relacionado cuando

---

* Comentarios al trabajo de la profesora Beatrice Avalos titulado "El nuevo profesionalismo: formación docente inicial y continua", publicado en este libro.
El texto que se presenta es una versión revisada de la exposición efectuada por la autora en el Seminario Internacional, lo cual explica el tono a veces coloquial y la ausencia de referencias bibliográficas.

describía una de las características del hacer profesional, que ya comentó también Beatrice en su exposición. Ambas resaltaron que la acción profesional connota necesariamente un resultado, tiene que producir cambios reales en la dirección buscada.

Esto no siempre está presente cuando hablamos del trabajo de enseñar, y no sería tan grave no conseguir los resultados. Lo que me parece más grave es que la postura que tradicionalmente hemos tenido en nuestros sistemas educativos, y que han tenido y siguen teniendo muchos docentes también, es que el resultado no es un problema en sí mismo. El problema se restringe a cómo planteo la propuesta de enseñanza y qué hago en el aula. Y, finalmente, qué es lo que pasa después, no ha formado parte de la tradición de lo que debe buscarse.

Decimos que un hacer profesional implica manejar un cuerpo de conocimientos elaborados, un cuerpo de conocimientos científicos, de manera que sea posible tomar decisiones personales para realizar intervenciones prácticas eficaces. Me parece que por ahí podemos empezar a encontrar alguna diferencia con el oficio. Creo que el oficio también significa manejar ciertos conocimientos, tener decisiones personales y poder resolver problemas, porque alguien que maneja bien un oficio se encuentra con situaciones diferentes, las puede encarar y las resuelve. Lo particular de la profesión, que también se plantea en la ponencia, es que requiere un saber más elaborado que el oficio. Por eso, decía Beatrice Avalos, se tiende a que las profesiones se enseñen en el ámbito de la educación superior. Pero también hay otro costado, del que algo se habló en estos días anteriores, que me parece importante incorporar en la definición de profesión, que es el hecho de que si tenemos decisiones personales, hay también algo de artesanal o de arte. Lo que llamamos la parte intuitiva, la parte del problema que no siempre -aunque esté igualmente definido- requiere la misma propuesta de intervención. Hay un toque personal, un toque intuitivo, que es lo que hace que reconozcamos un buen maestro, que reconozcamos un buen médico, que reconozcamos un buen profesional. O sea que siempre se acompaña el conocimiento complejo con una experiencia que permite tomar decisiones personales en el orden de la acción; un espacio donde se va juntando lo intuitivo con el conocimiento y esta conjunción conforma la verdadera competencia profesional.

Creo que apostar a mejorar la calidad de la profesión y de la profesionalidad de los docentes como actores del sistema educativo, no es una responsabilidad individual. Me parece que si los pensamos como actores sociales, necesitamos pensarlos en el marco del contexto de una educación pública que está a cargo del Estado, en el marco del contexto de la macroorganización, de las demandas y de los distintos instrumentos que se requieren para que un conjunto grande de personas, individuos, puedan actuar, puedan constituirse como actores sociales y puedan transitar un cambio. En palabras de Cecilia Braslavsky, se trata de reprofesionalizar la profesión.

Por eso creo que la posibilidad de que el cuerpo de profesores adquiera este conocimiento y se profesionalice no pasa sólo por la calidad de las oportunidades de formación que tenga, aunque por supuesto debiera tener otras y mejores oportunidades de formación. Pero el que tenga esas otras oportunidades de formación distintas también se relaciona con el hecho más estructural de que tiene que haber decisiones en un nivel más macro, tanto el nivel de las autoridades como el de los nuevos estamentos de la sociedad que demandan seriamente buena educación.

Entonces me parece que para plantearse esas decisiones es importante tener en cuenta desde dónde se piensa el hacer docente y su profesionalidad. Este es un punto muy importante en tanto y en cuanto la idea de profesionalidad docente, como la entiendo yo, choca un poco con la misma tradición del hacer docente. ¿Y esto por qué? Porque creo que la enseñanza, en su origen, no surge de un referente científico sino de un referente moral. Surge de una postura ética. De hecho no había un desarrollo científico en las bases de la pedagogía cuando se estructuran las primeras escuelas conventuales y se desarrolla el método. Había una consigna de disciplinamiento moral e intelectual y un desarrollo estructurado de cómo lograr los resultados. También es cierto que no podía ser otro modo, ya que no estaba disponible el conocimiento elaborado sobre cómo se aprende, sobre cómo diagnosticar los problemas, el saber científico no había avanzado todavía sobre estos campos.

Este modelo deductivo, del método, defiende su espacio a lo largo del tiempo. Y esto me parece que es lo que nos pone una serie de dificultades al momento de pensar la profesionalización. Porque cuando la perspectiva científica entra a mirar lo educativo, no lo hace desde incluir conocimiento científico en lo pedagógico; lo hace desde lo que llamamos las Ciencias de la Educación, que es otra manera de perpetuar el espacio deductivo de la pedagogía. La perspectiva científica se aplicaba a lo psicológico, a lo sociológico, a lo histórico del fenómeno educativo. Pero no se aplicaba, hasta hace poco, a cómo se debe enseñar. Esto recién aparece cuando se desarrollan las primeras formulaciones en torno a las teorías de currículum que son muy posteriores, casi contemporáneas, y que no llevan tanto tiempo de legitimación y de trabajo dentro de nuestra formación profesional.

Creo que trabajar en la formación inicial y continua de los profesores requiere repensar si queremos seguir reproduciendo este formateo, y también desde dónde se reformatea el conocimiento que se está planteando. Una consecuencia clara de esto es que nos encontramos con ciertas paradojas, estudiadas y conocidas por todos, donde las nuevas teorías se enseñan con los modelos prácticos tradicionales, con lo cual tampoco se ayuda a que se puedan producir los cambios en la práctica.

Falta avanzar un poco más en una discusión profunda que permita elaborar una nueva visión concreta de qué docente queremos. Y sobre todo, una visión concreta de cómo se enseña a ser docente, en el marco de que estamos enseñando una profesión. No estamos enseñando una teoría de la enseñanza. Deberíamos pensar que estamos enseñando a gente que tiene que hacer cosas. Y entonces encontrar un modelo didáctico que sea uno que no solamente enseñe a pensar sino que también enseñe a hacer.

En los esfuerzos para pensar cómo cambiar la formación de los docentes, ya lo dijo Patricia, aparece primero una mirada bastante descriptiva que trabaja sobre los perfiles, elaborando largas listas de las condiciones esperadas en los docentes. Pero esto al poco tiempo no funciona por ser demasiado general e indiscriminado. Se empieza a pensar entonces cómo poner estas características en conjuntos más complejos, lo que ha dado origen a pensar y a definir cuáles son las competencias para la enseñanza y cómo enseñarlas.

Pero hay que reconocer que, lamentablemente, hay pocos avances en este sentido. Muchas investigaciones hechas desde distintas universidades permiten afirmar que la mayoría de las propuestas relacionados con cómo reformular la formación inicial, y ahora la formación inicial y continua, terminan siendo más de lo mismo. No hay un replanteo desde dónde y cómo empezar a incluir los cambios que sabemos que existen en el contexto pero que no llevamos a la práctica.

Ya hice referencia a las cuatro etapas de la profesionalidad de Hargreaves. Sin embargo, no hemos desarrollado modos alternativos de preparar a los docentes. Seguimos pensando que deben formarse en instituciones con las características que siempre tenían y el gran cambio es que, en lugar de ser instituciones terciarias, sean universidades; en lugar de que se haga todo en la universidad, que se comparta con la escuela. Pero el formato fundamental lo seguimos planteando igual.

Los cambios son muchos y nuestras respuestas, pobres. Cambió el sector desde donde se reclutan los nuevos docentes, esto es una evidencia ya de toda la investigación y sabemos que hoy llegan personas con un débil *background* cultural. Pero las propuestas de formación inicial raramente incluyen espacios específicos que traten de trabajar con el mejoramiento de la formación cultural general de quienes van a ser docentes, que busquen compensar este problema.

Cambió la calidad del secundario desde donde salen los docentes, como consecuencia de la masificación. Hoy quienes ingresan en la docencia no tienen los conocimientos básicos, en términos disciplinarios, que tenían los docentes de hace una o dos generaciones. Pero como contrapartida, son contadas las propuestas que incluyen nivelación de contenidos, y la nivelación de contenidos se deja en todo caso para un pequeño espacio al inicio de la formación, como una especie de examen de ingreso que haga lo que se pueda, sin garantizar que realmente se tengan las competencias y el conocimiento para poder enseñar.

Cambió la idea de que no todo se enseña en la formación inicial, que se requiere seguir aprendiendo a lo largo del ejercicio profesional, lo que ubica a cualquier profesión dentro de la idea de aprendizaje para toda la vida. Pero hoy, cuando hablamos de formación inicial, e incluso cuando la diferenciamos de la formación continua, todavía discutimos dentro de la formación inicial lo que *se debería saber*, con la concepción de que tenemos que incluir *todo lo que debería saber* un docente para poder enseñar, sin reconocer los distintos estadios de la evolución profesional que se estaban planteando desde la ponencia de Beatrice Avalos y con el comentario de Patricia Arregui.

Podemos pensar que estos estadios de desarrollo profesional requieren distintas competencias, como también podemos pensar que son estadios en donde se pueden exigir y se deben tener responsabilidades diferentes.

Podemos pensar una carrera profesional que se inicia con un estadio en el cual al profesor novel, al recién recibido, sólo se le pide que ponga en práctica las capacidades y competencias básicas adquiridas sobre su formación y que centre su interés en perfeccionarse y en profundizar los aspectos que tienen que ver con mejorar la propuesta de enseñanza, con poder diagnosticar mejor los problemas, con aprender de los demás.

Seguimos con un nivel intermedio de profesional maduro en donde, ahora sí, se puede pedir que el profesor tenga diversidad de estrategias, que pueda tomar decisiones, que pueda acompañar equipos dentro de la escuela. Luego habría un nivel de profesional experto con gente que pueda hacer tutoraje, monitoreo, acompañamiento, como le llamemos. Gente que por tener nivel experto tuviera la competencia de generar innovaciones, esto quiere decir poder encontrar soluciones a los problemas más complejos que tienen que ver con el aprendizaje, que todavía un profesional novel o un profesional maduro no logra encontrar. Y esto también replantearía, entonces, a lo largo de la carrera docente y en la formación inicial y continua, distintos modelos de cómo enseñar este hacer profesional.

Creo que el esquema final presentado en la ponencia donde Beatrice distingue las competencias básicas, como metas, las capacidades más específicas, los medios y los contextos, es una buena línea porque permite pensar en términos de competencias para poder llegar al objetivo, que es abrir caminos para pensar soluciones que no nos lleven siempre al lugar inicial.

Un último comentario que no tiene que ver con la ponencia ni con lo que estoy diciendo, sino que tiene que ver con una preocupación personal. No la tengo muy estructurada pero me parece que en este marco puede ser interesante de plantear, se refiere a qué nos pasa a los que estamos en educación pensando cómo enseñar a los que tienen que enseñar y pensando cómo se enseña, que en esta sociedad aparece algo que se llama la gestión del conocimiento como campo de trabajo, de reflexión y de práctica; y que no está tomado por nosotros que somos los educadores, que supuestamente debiéramos ser *quienes somos,* los que desde toda la vida y para adelante, deberíamos ser los especialistas en gestionar el conocimiento. Y cuando uno ve qué es lo que hace la gente que se ocupa de esto, cómo lo define y qué cosas están haciendo, uno ve que son quizás un poco más creativos que nosotros, y esto puede deberse, quizás, a que no tienen todo el lastre, toda la tradición y todas las restricciones que nosotros tenemos, y por eso pueden animarse, más sueltos de cuerpo, a pensar alternativas distintas. Esto lo digo para plantear que también sería bueno poder salir de la endogamia que nos caracteriza y empezar a mirar un poquito afuera, no para imitar, no para copiar, pero sí para encontrar alguna idea interesante que podamos usar nosotros para mejorar nuestros problemas. Básicamente, para encontrar los modos alternativos para formar y profesionalizar a quienes se ocupan de enseñar.

Autonomía y regulación externa: tensiones en la profesionalización docente[*]

Patricia Arregui

Tenemos entre manos un documento muy rico, una suerte de cápsula muy comprimida, en la cual casi cada oración suscita reacción, reflexión y nuevas preguntas. No voy a poder hacerle justicia en el corto tiempo que tengo disponible para mis comentarios y en el corto tiempo que he tenido para prepararlos. Me limitaré a presentar algunas notas o puntos para nuestra posterior reflexión colectiva.

Quiero empezar remarcando que, en mi experiencia de introducir el tema de estándares profesionales y evaluación del desempeño docente en base a esos estándares en mi país –cosa que vengo haciendo no como quien agita una bandera, sino como un asunto que merece consideración–, me he topado innumerables veces con la situación paradójica que describe Beatrice Avalos al iniciar su documento. Me refiero a la aparentemente fuerte confluencia de ideas sobre los cambios que es necesario introducir en la formación inicial docente y a las similarmente fuertes discrepancias respecto a una característica esencial del ser y hacer docente, cual sería la naturaleza profesional de su trabajo. Efectivamente, parece extraño que si no hay acuerdo sobre el "producto" que se quiere, sí lo haya sobre los insumos y procesos que se requieren para crearlo. ¿A qué podría deberse eso?

Los grandes acuerdos sobre cómo debe ser el proceso formativo de los maestros, suelen basarse en perfiles bastante consensuales de rasgos personales y de capacidades o competencias considerados dese-

---

[*] Comentarios al trabajo de la profesora Beatrice Avalos titulado "El nuevo profesionalismo: formación docente inicial y continua", publicado en este libro.

ables y necesarios para que ellos puedan cumplir cabalmente –hoy en día y en el futuro próximo–, con su función formadora de personas, ciudadanos y productores.[1] He visto en años recientes gran cantidad de esos perfiles o listas de atributos y capacidades. Algunos son más largos o cortos –o más genéricos o más específicos– que los rasgos propuestos por Hargreaves y que recoge Avalos en su propuesta de metas para la formación inicial y continua de los docentes. Algunos enfatizan más cómo deben *ser* los docentes que qué es lo que deben *saber*, mientras que otros cargan más la mano hacia lo que deben *saber hacer*. Algunos parecen estar más basados en una visión prospectiva o a futuro mientras que en otros se nota más el peso del presente que se quiere cambiar. Unos están formulados de manera tal que parecen casi universales en su aplicabilidad, mientras que otros dejan traslucir una reflexión muy situada para un país en particular y sus circunstancias o, incluso, estar pensados desde y para una diversidad de circunstancias dentro de un país.

Aun así, difícilmente uno podría encontrar en cualquiera de ellos algún rasgo que alguien pudiera considerar indeseable o innecesario, lo que explica quizás por qué es difícil toparse con una propuesta de reforma de la formación docente con la cual uno discrepara fuertemente, excepto, quizás, por consideraciones sobre su viabilidad, ritmo o secuencia. No he tenido oportunidad de escuchar alguna referencia crítica sobre el origen de esas propuestas, sobre quién las formuló ni sobre el grado de participación en su formulación que tuvieron o no los maestros en ejercicio.

Sin embargo, cuando esos mismos perfiles han sido propuestos como punto de partida para la posible elaboración de estándares y criterios de evaluación del desempeño docente (o de la calidad de la formación inicial y el desarrollo profesional docente), inmediatamente surge como reacción la idea de que ello resultaría "desprofesionalizante" y coartaría la iniciativa, creatividad y autonomía de los maestros, que –está demostrado, se argumenta– actúan más por motivación

---

[1] Aunque José Esteve, durante su participación en el seminario, planteó que no es función de la escuela mejorar la productividad, es claro que hay muchos sectores de opinión, incluyendo a los principales agentes de decisión en la asignación de recursos públicos, que sí piensan que la misión de la educación incluye esa responsabilidad, y que una de las razones del fracaso educativo es la escasa atención que la escuela ha dado a ese rol, así como la aparente o real actual irrelevancia o falta de pertinencia de los aprendizajes escolares para la formación para la producción.

intrínseca que en función a incentivos o sanciones externas. Otras veces la reacción consiste simplemente en descalificar de los impulsores: no han sido docentes o no han participado suficientemente los docentes en la elaboración de esos estándares ni en la selección de los criterios de evaluación y, por lo tanto, la propuesta es automáticamente no válida.

El carácter profesional del ejercicio de la docencia es entendido, por quienes así argumentan, principalmente como autonomía, supuestamente ganada sobre la base de un dominio reconocido de conocimientos teóricos y prácticos especializados y valorados socialmente. Esta concepción estaría aparentemente reñida con la idea que tienen otros de que se trata de una ocupación que, por su alto impacto, requiere regulación externa y responsabilización ante el Estado y la ciudadanía, vinculadas ambas a estándares y evaluaciones. Más aun, incluso la posibilidad de una regulación "colegiada" y "entre pares" es a veces rechazada como violatoria de una autonomía que se reclama individual, algo que nos recordaba creo que Emilio Tenti Fanfani o Esteve ayer: "en mi aula mando yo". No es esa la naturaleza del profesionalismo tal como comúnmente se lo define, más allá de si en el mundo real es como se practican o no las ocupaciones que se tildan de profesionales. Otra reacción frecuente es el recurso o la fuga hacia la naturaleza única, irrepetible –y por lo tanto no "codificable" ni evaluable– de la interacción entre educador y educando.

En varias ocasiones me ha parecido que estas reacciones obedecen más a los imperativos de lo "políticamente correcto", que a convicciones profundas respecto a la incompatibilidad entre responsabilidad profesional y regulación externa. Pero no se trata de exponer mis pareceres, sino de comentar el texto y la propuesta de Beatrice, así que voy a centrar mis comentarios en el asunto del viejo y nuevo profesionalismo, su sustento en conocimientos y competencias especializadas y las posibilidades de su materialización en los países de América Latina.

Respecto a la visión tradicional de las profesiones, dice Beatrice Avalos que ellas se distinguen de otras ocupaciones por:

- basar su práctica en conocimientos específicos, adquiridos vía educación superior y enriquecidos mediante investigación científica;

- contar con criterios aceptados –no dice por quién– como indicadores de calidad;
- gozar de autonomía sobre la base de un código de ética generado por sus propios miembros;
- contar con un reconocimiento social del ejercicio profesional, sustentado en:
La naturaleza especializada del trabajo y su autocontrol de calidad, basado en competencias, conocimientos y capacidades diagnósticas, inferenciales y de acción;
"reclamaciones de jurisdicción hechas al público en general, a las estructuras legales y en el lugar mismo del trabajo", concedidas también con base en evidencias de ejercicio profesional competente.

La docencia, dice Beatrice, no parece calzar en esa definición, pero, ¿calzaban en ella realmente otras ocupaciones profesionales antes o ahora, aquí o allá? Y, ¿son esos todos los rasgos que hacen de una ocupación una profesión?

El listado está fuertemente concentrado en los rasgos de autonomía o el ejercicio de autoridad sobre el propio trabajo (a diferencia de lo que distingue al trabajo en una organización burocrática), y la sustentación de esa autonomía en la competencia o los conocimientos de los profesionales.

Pienso que hay otros aspectos –posiblemente subsumidos y escondidos en la apretada y correcta síntesis que hace Beatrice–, que quizás merezcan más atención, y que recojo de un texto de Eliot Freidson que discute por qué el arte no puede ser una profesión (*Why Art Cannot be a Profession*, 1992):

• Los profesionales deciden qué hacen y cómo, al margen de los deseos y preferencias de clientes, supervisores, empleadores (...), quienes vayan a supervisar o evaluar su desempeño, tienen que ser miembros de la ocupación, no lego.

• Los reclamos (y el logro) de jurisdicción (a los clientes, empleadores, y, especialmente, al Estado) se sustentan en el alegato de que una determinada ocupación –los conocimientos y habilidades que requiere su ejercicio y los problemas o tareas que afronta–, es tan importante que su protección y fomento es de interés para el *bien común*. Si se rebajan los estándares de calidad de trabajo, ello podría tener consecuencias indeseables para el bienestar general o de grandes grupos sociales.

- No es sólo que los conocimientos se adquieren en la educación superior, sino que son los profesionales mismos quienes deciden cómo se recluta, entrena y certifica a nuevos miembros. No es cuestión sólo de talento, ni de aprendizaje "en la práctica" supervisada, sino de dominio de conceptos abstractos y teorías formales que se pueden aprender solamente en las escuelas especializadas. Dice Freidson: "Es como portadoras de civilización o alta cultura, no como meras practicantes de algunas destrezas complejas, que las profesiones reclaman no solo protección en el mercado, sino también respeto especial".

- El hecho de que muchas de las ocupaciones que devinieron en profesiones se originaron en sectores medios respetables, seguramente tuvo mucho que ver con la concesión de jurisdicción ocupacional, como también tuvo que ver su status de educación "superior", pero también ayudó el uso del argumento de que los miembros de la profesión están principalmente preocupados por la calidad de su trabajo y los beneficios para sus consumidores −es decir, con el *bien común*−, más que por sus propios intereses.[2] Ese compromiso de los profesionales con la integridad de su trabajo (que imagino es el código de ética al cual se refiere Avalos), es lo que los llevaría supuestamente a ejercer controles sobre aquellos pares que no cumplen con los estándares, que es el argumento con el cual aparentemente se convenció a quienes tenían que otorgar la licencia para el ejercicio de la ocupación/profesión (me refiero al público, a otros trabajadores afines, y sobre todo al Estado), de que se podía confiar en el autocontrol individual o colegiado de los profesionales. Estos argumentos −que son claramente ideológicos y difíciles de sustentar con evidencia empírica o histórica− sirvieron para excluir a otros trabajadores de esa ocupación y, de paso, regular la calidad y cantidad de la oferta de profesionales.

Entonces, es cierto que su supuesto o real dominio de los conocimientos y habilidades especializadas necesarias para ejercer cabal-

---

[2] Este fue uno de los elementos que ayer se usó para distinguir a la profesión de la vocación o el "madreteresianismo", pero, a la luz del argumento de Freidson, parecería quedar anulado como criterio diferenciador entre ambas.

mente una ocupación, es una de las bases del reclamo de jurisdicción exclusiva sobre ese terreno de acción de las profesiones –que es lo que más destaca en la visión tradicional del profesionalismo que nos describe Avalos. Sin embargo los cuatro puntos que he señalado 1) limitación de la supervisión o evaluación a los miembros de la orden, 2) el alegato de que cualquier estándar distinto al que postula la profesión pone en riesgo el bien común, 3) los orígenes mesocráticos de las profesiones tradicionales, 4) la posibilidad de excluir a otros trabajadores del campo de acción con el argumento de la capacidad de autorregulación en base a un código ético autoimpuesto, gracias a la trascendencia del interés particular y el compromiso con el bien común), apuntan a que no es sólo el *conocimiento* sino también el *poder* lo que entra en juego, el poder de los representantes de la profesión para convencer al Estado de que se le debe dar un monopolio para ejercer una determinada ocupación. Este hecho parece no estar suficientemente recogido en el listado de atributos que configurarían el carácter profesional de una ocupación.

Argumentarán algunos que –particularmente hoy en día– *conocimiento* es igual a *poder*, lo cual reduciría el vacío mencionado. ¿Será realmente que las fuentes de poder se están reduciendo?

Ayer, en este mismo seminario, José María Esteve hacía mención a la incapacidad que tiene el sistema educativo de garantizar que sus "productos" tengan acceso al estatus social y económico que antes estaba casi asegurado, debido a que ahora la educación ha dejado de ser un atributo escaso. De manera similar, puede argumentarse que el ejercicio de la docencia tampoco parece ya garantizar, como sí lo hizo antes, el mantenimiento o el acceso a las capas sociales medias; esto, pese a los datos que presenta Emilio Tenti Fanfani en su libro recientemente publicado, que reflejan que el imaginario de los docentes parece preservar esa idea, al margen de las realidades de una distribución muy heterogénea de ingresos que, en el caso de al menos algunos países latinoamericanos, incluye posiciones relativas en los deciles más bajos de ingresos. Y si bien los ingresos no son los únicos componentes de prestigio ocupacional ni de estatus social y poder, es claro que guardan alta correlación con éstos.

Menos claro es si la feminización de la profesión docente (aún concentrada en los niveles más bajos de la jerarquía interna de la misma:

educación inicial-primaria-secundaria-superior-puestos directivos de cada uno), también refleja o preconfigura una pérdida de poder relativo frente a otras ocupaciones.

El poder para excluir a otros del ejercicio de la profesión también parece estarse perdiendo. Ejemplo de ello es el largo debate que hay en el Perú, mi país, sobre si la "solución" al "problema" docente está en la incorporación a la docencia del "ejército de reserva" de otros profesionales o graduados de educación superior que están desempleados, y que podrían –según lo sugiere, se argumenta, la experiencia de muchas escuelas privadas– hacerlo "mucho mejor" que los egresados de las actuales instituciones de formación docente, sin mencionar, claro está, la asesoría hombro a hombro y la intensa formación en servicio que se da a esos profesores legos en las escuelas de elite.

El poder de los profesionales docentes –y hasta del mismo Estado– para regular la cantidad y calidad de la oferta de profesionales, también parecería estarse perdiendo en al menos algunos países: existen excedentes de oferta en varios países latinoamericanos que están en proceso de una transición demográfica que hace que la demanda de nuevos maestros se estanque o incluso disminuya.

Para agravar las cosas, está la ya varias veces mencionada pérdida de identidad y valoración de la profesión como tal: hace pocos años, menos del 1% de más de 1.000 docentes entrevistados en el Perú dijo haber optado por enseñar porque lo consideraba "una profesión interesante".

Parecemos estar, en unos países más que en otros, en camino a mantener tan sólo el poder de la calle, de la movilización puramente política. Ayer alguien mencionaba (creo que fue Lang) que movilizaciones recientes del magisterio no han sido sobre los salarios, sino sobre otras condiciones de trabajo que reducen la efectividad de la acción docente. En mi país, al menos, esos reclamos generalmente sólo sirven de prolegómenos o de frases de cierre de las convocatorias a los paros o huelgas. El cuerpo central de las demandas son la revindicaciones salariales, la ampliación del número de plazas docentes y el incumplimiento por parte del Estado con los derechos adquiridos por los "trabajadores de la educación", bastante al margen de su significado para el mejoramiento de la labor educativa y para los aprendizajes. Así, los dirigentes del magisterio, que pueden estar dispuestos a discutir en una mesa cuestiones como la opción por la militancia de clase, por la identidad de "trabajador" antes que la de "profesional", reafirman estas posiciones en cuanto tienen un micrófono en la mano o un estrado bajo los pies.

Cuando Beatrice distingue al *nuevo* del *viejo* profesionalismo, lo define a partir de los siguientes elementos:

- conocimientos prácticos (como base para la construcción de la teoría);
- conocimiento pedagógico de materias de enseñanza;
- modos de enfrentar conflictos sociales que llegan a la escuela;
- rompimiento de barreras que impiden que los docentes asuman responsabilidad y autonomía;
- formulación de competencias o estándares que permitan al docente evaluar su trabajo (el *propio y el de sus pares*) y mejorarlo.

También este *nuevo* profesionalismo está definido principalmente en función a conocimientos teóricos y prácticos que permiten una autonomía responsable, y se considera incompatible con el control o regulación externa o *accountability* en función a estándares y evaluaciones de aprendizaje escolar.

En mi opinión, no es la existencia de estándares y evaluaciones, ni el hecho de que éstos puedan haber sido generados en espacios algo ajenos o externos a la profesión o a los profesionales en ejercicio (en las aulas), lo que la mayoría de docentes considera inconsistente con el profesionalismo, sino su uso disciplinario o punitivo, antes que facilitador del mejoramiento de capacidades. En nuestros países, la posibilidad de una responsabilidad compartida entre el Estado y la profesión en la vigilancia de la calidad educativa y del desempeño docente que Beatrice propone tiene muchos obstáculos que superar por la gran desconfianza imperante –muchas veces ampliamente justificada– respecto a quién y cómo evalúa.

Debido a ello, la opción por la construcción de este nuevo profesionalismo (incluso el del viejo, que no llegó a hacerse efectivo en muchos de nuestros países), es de muy largo plazo, un largo plazo que se percibe reñido con la percepción catastrófica existente respecto de la situación actual de la educación en la región.

Dice Beatrice que la viabilidad de esa opción "depende del grado de confianza social en la capacidad de los docentes de ejercer control sobre su trabajo y de responsabilizarse por su calidad". Esa confianza está muy mellada, al menos por parte de quienes toman las decisiones. En algunos casos, el mal uso dado a las evaluaciones de aprendizajes ha contribuido a ello.

Los reclamos que hacen los docentes y sus defensores respecto a las restricciones al ejercicio autónomo de sus saberes que introducen las burocracias, o las demandas sociales que exceden largamente sus posibilidades de atención, tampoco contribuyen a regenerar esa confianza. Es cierto que hoy día existen nuevas regulaciones (Eliot Freidson, *Method and Substance in Comparative study of Professions* 1994): mercados de trabajo transnacionales que exigen estándares de formación y certificación comunes, cambios en las posiciones políticas y económicas de los gremios profesionales nacionales, así como hay cambios en la división del trabajo dentro y entre profesiones, controles de costos en los sectores público y privado, etcétera. Pero, ¿no ocurre algo similar, acaso, en otras profesiones? Y, ¿no son quizás peores que las restricciones burocráticas la "autonomía del abandono", o la "autonomía de facto" de las cuales habló también ayer Esteve: "la ley es la ley, pero en mi salón hago lo que quiero o lo que puedo"?.

Puede ser interesante anotar que la inducción a la profesión con mentores u otro tipo de acompañamiento cercano que menciona Beatrice podría ser un elemento central de una formación docente renovada. Ése, sin embargo, ha sido precisamente uno de los puntos más cuestionados por los maestros en el debate que se desarrolla actualmente en Perú, alrededor de la propuesta de una nueva carrera magisterial.

En resumen, quizás por no ser educadora de profesión, no comparto el "optimismo pedagógico" de Beatrice respecto a la construcción de un nuevo profesionalismo vía cambios concentrados en las instituciones de formación inicial y continua de los docentes. Me han deslumbrado muchas veces escuelas y redes institucionales en las cuales los docentes debaten colectivamente los desafíos con que se topa su práctica, y exploran y someten a prueba soluciones diversas, evaluando –con los escasos recursos y capacidades que tienen para ello– los resultados de sus esfuerzos. Indudablemente querría ver generalizadas esas prácticas en todo el sistema escolar, como ejemplo en el ejercicio profesional de la docencia. Sin embargo creo que en nuestros países la ruta hacia un mejor desempeño docente requiere simultáneamente de mecanismos regulatorios externos tanto de la formación como del ejercicio profesional docente. Cómo combinar la presión externa con el empoderamiento real de los profesionales de la educación –basado tanto en el dominio de conocimientos como en la capacidad de influencia política– es un reto que temo continuará desafiando nuestra imaginación aún durante un largo tiempo.

Nuevas tendencias en materia de políticas docentes: qué nos sugieren las reformas en Suecia, Inglaterra y Holanda

Yael Duthilleul

I. El contexto europeo y los actuales desafíos educativos en materia de políticas docentes

El reciente informe de la OCDE (2005) sobre políticas docentes es el resultado de una gran preocupación en los países miembros sobre el estado de la profesión. El estudio de situación realizado en veinticinco países reconoce que uno de los desafíos principales que enfrenta la profesión hoy es el de atraer, formar y retener a los docentes con las competencias necesarias para enfrentar los desafíos de la sociedad contemporánea. Como resultado de esta limitación, muchos países están viviendo problemas graves para contratar a los docentes necesarios. El numero preciso de docentes que falta es difícil de estimar, pues en general no existen datos sistemáticos al respecto. La falta de docentes calificados en el sistema suele ser resuelta con políticas que afectan la calidad, en general incrementando el número de alumnos por clase o contratando docentes no calificados. A los desafíos cuantitativos, se les agregan las mayores demandas y expectativas que hoy por hoy se ejercen sobre el sistema educativo y el rol más complejo que tienen los docentes, que los lleva a requerir nuevos conocimientos y competencias. Si a esta situación se le suma el envejecimiento creciente del cuerpo docente –en promedio el 24% de los docentes de primaria y el 30% de los de secundaria tienen mas cincuenta años–, en un contexto donde la caída relativa de los salarios en la ultima década y el deterioramiento de la imagen de la profesión no contribuyen a atraer y a retener a los docentes necesarios, la situación llega a ser sumamente alarmante en algunos países, a pesar de la gran cantidad de recursos que se invierten en el sector.

¿Cómo están enfrentando algunos países europeos estos desafíos? Este trabajo se concentra en las recientes reformas en Suecia, Inglaterra y Holanda. Los tres han sufrido recientemente de una falta creciente de docentes marcados por periodos también adversos y con limitaciones de recursos. Esta situación los ha llevado a la búsqueda y experimentación de políticas más flexibles e innovadoras y por lo tanto ofrecen experiencias interesantes sobre las cuales se puede reflexionar.

Las reformas adelantadas en Suecia durante la ultima década llevaron a eliminar la uniformidad del salario docente por escalafón, y a acordar un mínimo salarial igual para todos los profesores a nivel nacional, sobre el cual los distintos municipios y establecimientos pueden ofrecer montos diferentes para lograr atraer a los docentes necesarios y para retenerlos recompensando sus logros. En este caso, es sumamente interesante analizar el papel que jugaron los sindicatos en el proceso de reforma, ya que esta suele ser una de las más resistidas por las organizaciones gremiales de los distintos países. Es importante saber que hoy, luego de ocho años de implementación de esta reforma, la mayoría de los docentes expresa satisfacción con el cambio.

Las reformas en Inglaterra surgen de una preocupación por los resultados insuficientes de muchos de sus alumnos y un incremento en las desigualdades de los aprendizajes. Esta situación los llevó a reestructurar la labor docente, distinguiendo sus tareas esenciales y, de las tareas administrativas o de apoyo que un asistente puede realizar. De esta manera, el docente puede contar con mayor tiempo para atender las necesidades individuales de aprendizaje de cada uno de sus alumnos. Esta reforma ha sido acompañada de una reforma en la formación ofrecida a los asistentes. Los mismos pueden poco a poco ir avanzando en el desarrollo de sus competencias hasta lograr completar, si lo desean, los requerimientos necesarios para ser docentes. De esta manera, han logrado abrir a otros candidatos potenciales la profesión y enriquecer la carrera docente.

Finalmente, la reforma en Holanda, integra elementos de las otras dos, pero sobre todo ha permitido abrir y flexibilizar el mercado laboral docente, atraer nuevos profesionales con experiencias diferentes, brindarles el apoyo necesario para complementar sus competencias de manera flexible e individualizada e integrarlos rápidamente al sector

Se presenta a continuación una breve reseña de las reformas en estos tres países. Para mayor información se pueden consultar los informes de Strath (2004) y del Department of Education and Skills (2004) preparados para el IIPE que se encuentran disponibles en el sitio http://www.unesco.org/iiep/eng/research/basic/teachpols.htm, y los informes por país de la OECD relacionados al proyecto *"Atraer, Desarrollar y Retener Docentes Eficaces"* en el sitio http://www.oecd.org/edu/teacherpolicy.

Suecia: Reformas en la estructura salarial

En los años noventa, Suecia inició un proceso de reestructura que terminó transfiriendo las responsabilidades del nivel central al nivel municipal, convirtiéndose hoy por hoy en uno de los países más descentralizados de la OECD. Estas reformas fueron llevadas a cabo con el objetivo de mejorar la eficiencia y aumentar la responsabilidad local por el sector público en un momento en que el país estaba sufriendo serias limitaciones a nivel presupuestario, como resultado de un deterioro económico que se venía viviendo desde los años setenta. La crisis económica de la década de los noventa fue la más severa desde los años treinta. Para dar un ejemplo de su magnitud, el nivel de desempleo creció de un dos por ciento a un diez por ciento en solo tres años. Como consecuencia, el presupuesto público se deterioró cuando los ingresos del estado a través de los impuesto se redujeron y al mismo tiempo se incrementaron los gastos para cubrir los seguros de desempleo. Los salarios docentes se estancaron y perdieron su valor en relación con otras profesiones de nivel educativo similar y en particular en relación con los salarios del sector privado. Existía al mismo tiempo una división poco clara de las responsabilidades entre el nivel central y el municipal en lo que respecta al sector educativo. Si bien los municipios eran responsables de contratar a los docentes, no tenían ninguna ingerencia en lo relativo a la definición de los salarios y a las negociaciones respecto de las condiciones de empleo, que seguían siendo determinadas a nivel central. En vista de la presión creciente por asegurar una educación de calidad y dados los recursos reducidos del estado, era necesario encontrar una forma de racionalizar el funcionamiento del sistema y la descentralización fue una de las maneras de intentarlo.

El proceso de descentralización se fue construyendo paulatinamente a lo largo de los años. Al principio, las autoridades locales asumieron la responsabilidad de financiar la educación primaria y secundaria. El gobierno central continuó redistribuyendo los recursos de los municipios más ricos a los más pobres, pero gradualmente fue eliminando, hasta desaparecer totalmente en 1993, la predefinición del porcentaje de los recursos que debían ser destinados a la educación. Este cambio ha resultado en mayores diferencias en el gasto y la inversión educativa entre los municipios. Con la transferencia de responsabilidades vino también asociada la posibilidad de determinar los salarios y las condiciones de empleo de los docentes, si bien en una primera etapa los salarios mantuvieron su esquema de homologación en base a escalafones fijos. En un comienzo, los sindicatos docentes se opusieron ferozmente al proceso de descentralización temiendo que las condiciones laborales fueran a deteriorarse aun más si las municipalidades obtenían mayor control sobre las mismas. Pero en realidad, los salarios del gremio venían perdiendo valor desde los años ochenta y persistían diferencias en las condiciones de empleo de los docentes de los distintos niveles educativos. Aceptar el proceso descentralización permitió mejorar los salarios, ya que se garantizó un aumento promedio del veinticinco por ciento para los docentes de secundaria en los siguientes dos años, y los de primaria obtuvieron el acuerdo de que sus salarios se equipararan con los de los docentes de secundaria al final de su carrera. Estos incrementos fueron evidentemente el precio que el gobierno estuvo dispuesto a pagar a cambio de que los sindicatos aceptaran la descentralización. Básicamente fue el gobierno central quien financió este incremento, aunque algunos municipios comentan que también tuvieron que contribuir con sus propios recursos.

El gran cambio en materia salarial se introdujo en 1995, cuando el modelo de salario por escalafones fue remplazado por un nuevo esquema que permite ofrecer remuneraciones diferentes a los docentes de acuerdo a sus competencias y logros. Estas diferencias se pueden ofrecer sobre la base de un mínimo salarial y condiciones generales de empleo acordadas para todos los docentes y negociadas a nivel central entre la organización de empleadores locales que representa a los 290 municipios (SALA) y el Consejo Sindical Docente que representa a los dos sindicatos que existen. A partir de las recomendaciones de estos acuerdos nacionales, luego se negoció una nueva serie de acuerdos a nivel de cada municipio con las organizaciones locales. Varios factores favorecieron ese cambio: por un lado, los dos sindicatos docentes decidieron unir fuerzas para aumentar su poder de negociación. También acordaron modificar su posicionamiento e imagen frente a la sociedad. Decidieron cambiar de estrategia y asumir frente a los padres, alumnos y la sociedad en general, la responsabilidad de contribuir a mejorar la educación, en vez de ser vistos siempre como opuestos a los cambio e interesados únicamente por dedicarse a maximizar las ganancias para sus miembros. Al mismo tiempo, empleadores y sindicatos reconocieron que a menos que se aceptaran las propuestas de los municipios respecto al nuevo esquema salarial, había pocas posibilidades de aumentar los salarios de los docentes.

Una serie de acuerdos de cinco años de duración entre empleadores y sindicatos han regido las condiciones de empleo de los docentes desde 1995. El primer acuerdo, fue transitorio y le brindó a los actores locales la oportunidad de decidir y el tiempo de experimentar cómo enfrentar los cambios y cómo recompensar a los docentes por sus esfuerzos de acuerdo a las prioridades definidas localmente. Este primer acuerdo aseguró un incremento salarial colectivo del 10% en cuatro años, si bien le permitía al empleador recompensar de manera diferente a los docentes de acuerdo a su contribución. El segundo acuerdo que se firmó en el año 2000, ofreció menos garantías en cuanto a los aumentos salariales pero definió mejor la relación entre salario y resultados. Mientras que el primer acuerdo le daba a los municipios y a las escuelas la oportunidad de ajustarse a los cambios, el segundo esperaba más en términos de la implementación del nuevo modelo. El ultimo acuerdo que acaba de ser firmado en 2005 y que es válido hasta junio del 2007, ha introducido algunas novedades. Se ha acordado un mínimo salarial, después de un primer año a prueba, para las categorías que requieren el mismo tiempo de formación inicial de acuerdo al nuevo modelo de formación en ejecución. Este cambio involucra a los profesores de primaria y preescolar, y a los especialistas en lengua materna (previamente los docentes de preescolar completaban una formación inicial más breve que los de primaria). Todos los municipios deberán ofrecer este mínimo a partir de octubre del 2007, pero cada municipio es libre de ofrecer salarios por encima del mínimo establecido. Aún no se sabe si el concepto de salario mínimo se mantendrá en el futuro. Se ha garantizado también un incremento mínimo del 2% en 2005 y 2006 para cada sindicato colectivamente y para cada municipio. Para el 2007 no se incluye ninguna garantía de aumento salarial.

Es importante recordar que en Suecia existe una gran tradición que valora el consenso y la voluntad de las partes de comprometerse para obtener un acuerdo, lo cual es conocido como "el modelo sueco". Un elemento fundamental de este modelo es que cada parte tiene la oportunidad de expresarse y que los procesos de decisión son el resultado de numerosas conversaciones y consultas, aunque no siempre se logre el consenso. Uno de los principios fundamentales es que el gobierno no puede proponer reformas a los municipios que impliquen obligaciones financieras sin también proponer como financiarlas.

Como resultado de la introducción de este nuevo modelo salarial con diferencias individuales sobre la base de un mínimo acordado, municipios y actores locales se vieron en la necesidad de definir claramente los objetivos del sistema y los criterios para evaluar la contribución de los docentes al logro de los mismos. Poder definir criterios para evaluar a los docentes depende de tener objetivos claros a nivel municipal respecto de lo que las escuelas deben lograr. Uno de los desafíos más grandes que enfrentan hoy los municipios es el de hacer funcionar efectivamente el proceso de definición de estos objetivos locales, poder definir criterios que respondan a los mismos, y el de recompensar a los docentes no solo por su esfuerzo sino también de acuerdo a sus logros. Este proceso ha resultado ser un proceso desafiante y constructivo al mismo tiempo, y uno de los cuales requiere aun mayor definición y elaboración.

El nivel central a ofrecido muy poca orientación respecto a cómo llevar adelante este proceso de evaluación de los docentes y cada municipio ha debido desarrollar su propio sistema de acuerdo a sus prioridades y en concertación con los distintos grupos de interés local. Algunos municipios definieron unos pocos criterios generales y esperan que las escuelas los desarrollen y definan con mayor precisión. En varios municipios los criterios acordados son bastante vagos, y sólo definen que esperan que el docente participe en el desarrollo de las institución y de los métodos pedagógicos, que colabore con los otros docentes, que estimule a los alumnos a aprender y que mantenga informados a los padres de los alumnos. Pero algunos municipios han ido mas lejos en la definición de criterios de evaluación. Uno por ejemplo, ha establecido una serie de criterios que deben ser evaluados en una escala del 1 al 5. Estos criterios incluyen: (i) el comportamiento hacia los alumnos, (ii) la contribución a un clima escolar que promueva los valores democráticos y el respeto de las opiniones diferentes, (iii) el apoyo al desarrollo de los alumnos y a promover la confianza en si mismos, (iv) el estímulo a los alumnos en su aprendizaje y la adaptación de los métodos a sus necesidades individuales, (v) la colaboración con los otros docentes y la contribución al desarrollo del establecimiento escolar, y finalmente (vi) el interés de los docentes por continuar su desarrollo profesional y compartir los nuevos conocimientos y competencias con sus colegas.

En los años que ha venido implementando este nuevo modelo, no se ha generado una mayor dispersión de la estructura salarial, en parte porque la insuficiencia de docentes vivida en estos años ha llevado a que los salarios iniciales que se ofrecen par atraer a los nuevos profesionales sean más altos que lo previsto inicialmente. De alguna manera este nuevo modelo salarial le ha permitido al sistema ser más competitivo y resolver en parte los problemas que estaba teniendo para atraer a los docentes necesarios, particularmente en ciertas áreas como las ciencias y las matemáticas. En general, la administración municipal y los directores de establecimientos expresan satisfacción con los cambios introducidos, aunque estos demandan nuevas competencias y desafíos al director de establecimiento para seleccionar y recompensar adecuadamente a los maestros. Para los municipios con menores recursos y mayores dificultades para atraer docentes calificados, el nuevo sistema ha implicado que la gran parte de los recursos se destinen a atraer nuevos profesores y que queden menos recursos disponibles para recompensar adecuadamente la labor de los que les preceden. Esto pone en cierto peligro la estabilidad del sistema a largo plazo y de alguna manera contribuyó a que los sindicatos ejercieran mayor presión para asegurar un mínimo incremento salarial en el acuerdo del 2005.

Luego de ocho años de introducido el nuevo sistema, y de acuerdo a una encuesta realizada por el sindicato mayoritario, un sesenta por ciento de los docentes expresa estar satisfecho con el mismo, frente a un tercio que estaba de acuerdo en 1999. Los cambios introducidos también traen nuevos desafíos a los sindicatos en cuanto a que rol deben asumir en el sistema, al no mantener más el papel clave en la negociación de los salarios. Es probable que su nuevo rol se oriente al de asegurar la calidad en el proceso de definición de salarios. También pueden decidir jugar un papel fundamental en el proceso de mejoramiento del sistema, contribuyendo a definir los criterios de evaluación de los docentes y mejorando la imagen de los mismos.

Inglaterra: La reestructuración de la organización escolar y de la labor docente

Las reformas en Inglaterra surgen de la preocupación por el incremento en las desigualdad de resultados entre los estudiantes. Para poder ayudar a los estudiantes que fracasaban era necesario que los docentes contaran con mayor tiempo para poder preparar sus lecciones y atender las necesidades individuales de sus alumnos, pero lamentablemente el tiempo de los docentes escaseaba. Un estudio reciente demostraba que los docentes trabajaban un promedio de cincuenta y dos horas semanales, pero el mismo informe también indicaba que un 20% de su tiempo estaba ocupado en tareas no relacionadas con el proceso de aprendizaje y que tales tareas eran de naturaleza más bien administrativa.

Reclutar docentes adicionales para resolver el problema era una idea atractiva pero no realista. El número de docentes empleados era ya el más alto en los últimos diez años y completar las plazas necesarias hubiera requerido que un gran porcentaje de los graduados universitarios se inclinara por la docencia. Si bien el gobierno se comprometió a contratar 10.000 docentes adicionales, pensar en un número mayor era imposible dadas las restricciones presupuestarias existentes Además, se tenía la convicción que habían otras maneras de lograr que los docentes tuvieran más tiempo para dedicarse al proceso de enseñanza-aprendizaje y que esto dependía de una mejor utilización de las tecnologías y de una reestructuración del funcionamiento de las escuelas. Se creía que era posible ofrecerles más tiempo para dedicarse a lo central de su labor, evitando recargarlos de tareas administrativas y haciendo mejor uso del personal de apoyo de los establecimientos. Un acuerdo tripartito fue firmado a comienzos del 2003 entre el gobierno, los empleadores y la mayoría de los sindicatos con el fin de lograr estos objetivos.

El acuerdo reconoce que el éxito de la reestructuración de las escuelas depende fuertemente del desarrollo del personal de apoyo en una serie de nuevos roles. Dentro de la categoría de personal de apoyo se incluye a los asistentes docentes, personal especializado en la atención de estudiantes con problemas de aprendizaje y a las minorías étnicas, enfermeras, secretarias, empleados administrativos, personal dedicado a la atención de niños en guarderías,entre otros. Esta categoría de personal había ido en aumento desde los años noventa, pasando de unos 100.000 empleados a casi 250.000, mientras que los docentes habían pasado de ser unos 395.000 a unos 425.000.

Un aspecto fundamental de este acuerdo es el haber clarificado los roles de cada uno de estos asistentes y ofrecerles oportunidades de formación y desarrollo profesional. Si bien se espera que el personal de apoyo docente esté calificado para llevar adelante tareas como (i) planificar y preparar lecciones, (ii) evaluar a los alumnos y su progreso, (iii) dar clases y (iv) informar sobre el progreso de los alumnos, todas estas tareas deben ser realizadas bajo la dirección y supervisión del docente y en ningún momento debe el personal de apoyo remplazar al maestro calificado y competente.

A los asistentes docentes no se le exigen calificaciones particulares, pero sí se espera que tengan un nivel de competencia básico en lengua y matemáticas para que puedan ser efectivos en el apoyo que brindan en las clases. Si bien no existen exigencias en cuanto al nivel de estudios a completar, se le recomienda a las autoridades locales y a los establecimientos educativos que promuevan la formación continua de los mismos para permitirles desarrollar una carrera profesional.

Esta reforma permitió clasificar las labores de los distintos ayudantes de acuerdo a sus competencias en cuatro niveles y a la vez estableció los criterios necesarios para pasar de un nivel al otro, asociando a cada nivel un salario diferente. En el nivel inicial, el ayudante trabaja únicamente bajo la dirección e instrucción del docente y está siempre acompañado por él, brindándole fundamentalmente una labor de apoyo en el desarrollo de las actividades y en la atención de los alumnos. Entre los nuevos roles creados, se estableció el de Asistente Docente de Alto Nivel, que corresponde al nivel cuatro de los asistentes. En este nivel, al asistente asume responsabilidades en el aula con mayor autonomía, bajo un acuerdo de supervisión prestablecido con el docente. Se ocupa del aprendizaje de los alumnos que encuentran dificultades particulares, puede también coordinar las tareas de otros ayudantes, establecer relaciones con los padres y apoyar al profesor por ejemplo, en todo lo relacionado a la evaluación y monitoreo de los alumnos.

La creación de este nuevo rol le ofrece a los otros ayudantes, tales como asistentes bibliotecarios, técnicos, encargadas de guarderías y otros, una nueva opción de desarrollo profesional. Para desempeñar estar función, el personal de apoyo debe ser evaluado por la Agencia de Formación Docente y cumplir los requerimientos y criterios profesionales establecidos a nivel nacional. Existe un programa de formación de cincuenta días y una prueba de evaluación que debe satisfacer los criterios establecidos como estándares nacionales para asumir su nuevo rol. Se le ha encargado a la Agencia de Formación Docente el desarrollo e implementación de los planes de capacitación para todos estos nuevos empleados. También se les ofrece la posibilidad de continuar avanzando en su desarrollo profesional hasta completar los requerimientos necesarios para ocupar un puesto docente. El buen funcionamiento de este modelo en gran parte depende de una supervisión y manejo efectivos del personal por parte de los directores de establecimientos y de un trabajo de reorganización de la labor escolar, distribuyendo efectivamente las tareas entre los distintos empleados para que cada uno pueda brindar lo mejor de si mismo y las tareas administrativas no resulten en una pérdida del tiempo originalmente destinado al aprendizaje. Para mayores detalles sobre los distintos aspectos de la reforma y los requerimientos para cada nivel de personal de apoyo consultar www.teachernet.gov.uk.

Si bien es un poco pronto para evaluar el impacto de esta reforma, se comienza a ver que un uso más eficiente del personal de apoyo calificado está contribuyendo a mejorar la calidad del proceso de enseñanza-aprendizaje. Los alumnos están recibiendo una atención más individualizada y las relaciones entre docentes y personal de apoyo se están construyendo positivamente.

Holanda: La apertura del mercado laboral docente y la autonomía escolar

En la ultima década, Holanda también se embarcó en un proceso de desregularización y descentralización que promovió una mayor autonomía de los establecimientos escolares. Mientras el nivel central mantuvo la responsabilidad de orientar al sistema definiendo las tareas a cumplir, las condiciones de cómo hacerlo y los recursos, las escuelas obtuvieron mayores libertades en el manejo de sus recursos financieros y educativos. Una serie de actos legislativos fue aprobada para asegurar la autonomía de los establecimientos, pero al mismo tiempo aumentó su responsabilidad frente a la sociedad por los resultados de su labor y por la calidad de la educación que proveen.

Un importante elemento a tener en cuenta al analizar esta reforma es que si bien en los comienzos de la década de los noventa había un gran excedente de docentes disponibles para ser contratados, a partir de mediados de la década la situación cambió y hoy por hoy el país experimenta una gran crisis por la escasez de docentes. Varias causas pueden ayudar a explicar este cambio, entre ellas el incremento en el número de docentes jubilados, un aumento en el número de alumnos inscritos, una reducción en el tamaño de las clases en primaria, un numero insuficiente de docentes calificados, y un bajo nivel de retención de los mismos. El hecho de que el mercado laboral se volviera más competitivo en los años de prosperidad económica también ha contribuido, y si bien el reverso sufrido en estos últimos años ha cambiado un poco las tendencias, el problema de la falta de docentes sigue siendo considerado como uno de los mas graves del sector.

En estos últimos años, varias medidas se han puesto en marcha para atraer, desarrollar y retener docentes competentes. Todas estas medidas son parte de un esfuerzo más amplio orientado a mejorar la calidad de la educación, a promover la igualdad de oportunidades y a hacer la educación más eficaz. Dentro de las medidas propuestas, este trabajo se concentra en las que se refieren a atraer nuevos sujetos a la profesión, porque ellas son particularmente indicativas de una nueva concepción de la labor y de la carrera docente y de un nuevo funcionamiento de los establecimientos escolares. Cabe destacar que en el caso holandés encontramos elementos presentes en los de Suecia e Inglaterra, como la promoción de la diferenciación salarial, la diversidad laboral y el uso creciente de asistentes docentes.

En la medida en que los problemas de escasez de docentes se hicieron más evidentes en Holanda, fue necesario reconocer que existían graves problemas con la imagen y el status de la profesión que la hacían poco competitiva. Esto llevó al Ministerio a promover una campaña de revalorización de la misma.

Para hacer más atractiva la profesión y competir mejor con el sector privado, se incrementaron los salarios de los docentes. Entre 1990 y 1997 el salario inicial de un maestro de primaria aumentó gradualmente de 1.480 a 2.006 por mes, lo cual les permitió alinearse con los salarios ofrecidos por el sector privado. Al mismo tiempo se fue reduciendo gradualmente el tiempo necesario para alcanzar el salario máximo en la carrera, de veintiséis años a quince. Si bien la definición de salarios, horas laborales y criterios de evaluación se acuerdan a nivel nacional, se han ido transfiriendo algunos aspectos de la negociación de las condiciones de empleo al establecimiento escolar.

Las escuelas cuentan con mayor libertad en la búsqueda de soluciones a sus problemas específicos, permitiéndoles manejar sus presupuesto con mayor flexibilidad de forma que puedan obtener los resultados deseados. Se le permitió a los establecimientos secundarios, y recientemente también a los primarios, ofrecer una diferenciación salarial a los docentes de acuerdo a las contribuciones de cada uno. Los establecimientos cuentan con un presupuesto adicional que pueden destinar a este fin. Como esta reforma es algo reciente aún, no se ha podido evaluar sistemáticamente cómo están siendo utilizados estos recursos. Parece ser que muchas escuelas primarias los guardan como reserva porque el pago de la licencia por maternidad aún no esta previsto en sus presupuesto y se han visto con la necesidad de usarlos para ese fin, pero también se sabe que han sido utilizados para promover la formación continua de los docentes. En los establecimientos secundarios, se ha utilizado para el pago de la licencia por maternidad pero también para reducir la carga horaria, contratar personal adicional y desarrollar proyectos innovadores.

También se ha estado promoviendo el empleo de personal de apoyo para actividades no docentes como fotocopiar, supervisar y corregir tareas simples, y el uso de asistentes docentes en tareas pedagógicas, desarrollándose de este modo un modelo de trabajo en equipo en el establecimiento escolar. Estos asistentes docentes deben completar una formación inicial y también se les ofrece la posibilidad de poder completar gradualmente los estudio necesarios para ejercer como docentes si lo desean. El numero de asistentes en primaria aumentó de 750 en 1998, 3.200 en 2002, hasta casi 5.000 en 2004. El Ministerio ha distribuido una guía a los establecimientos escolares para orientarlos en el buen aprovechamiento de los mismos en los equipos.

Una de las dificultades que el Ministerio encontró al intentar resolver el problema de la escasez de profesores fue que el mercado laboral docente era sumamente cerrado, especialmente a nivel de primaria y secundaria. Si bien algunos docentes egresaban del sistema para desarrollar otras profesiones, ingresar a la profesión proviniendo de otra ocupación era muy difícil. Esta situación llevó al Ministerio a introducir los cambios necesarios para abrir el mercado laboral educativo, ofreciendo a otros profesionales con experiencias laborales relevantes la posibilidad de ingresar a él. Abrir el mercado laboral docente evidentemente tenía implicaciones para la calidad de la educación y era fundamental poder acompañar estas reformas con la oferta de formación necesaria.

Introducir este tipo de políticas implicó un gran replanteo de los programas de formación docente. Era necesario poder evaluar y reconocer las competencias que los nuevos candidatos traían de forma que se pudiera ayudarlos a complementar en un tiempo breve las competencias adicionales necesarias para ejercer la profesión. Se crearon agencias especiales dentro de los institutos de formación, responsables de evaluar a los nuevos candidatos y definir el programa de formación que cada uno necesita. Si bien se reconoce que este proceso de evaluación de competencias y diseño de programas de formación atendiendo las necesidades individuales aún tiene muchas áreas que deben ser mejoradas para su buen funcionamiento, es ciertamente una opción innovadora. El mismo esquema se está experimentando en áreas de la educación técnico profesional, involucrando a obreros y técnicos calificados a ejercer como docentes una parte de su tiempo semanal. Hacia mediados del 2003, unos 2.500 nuevos docentes habían ingresado a primaria y secundaria siguiendo esta nueva modalidad.

Para complementar esos esfuerzos, se ha intentado además atraer a las personas calificadas, pero que no ejercían la profesión, a regresar a la misma y a proponer a los estudiantes de la carrera docente que asuman un puesto, pago, en el último y cuarto año de su formación, en la medida en que el establecimiento escolar que los contrate asuma un rol de mentor.

¿Qué lecciones podemos obtener de estas experiencias?

En los tres casos presentados observamos que ante el agravamiento de la escasez de docentes calificados en contextos de recursos limitados, los tres países optaron por reformas que tienden a *promover una mayor flexibilidad y diversificación en la carrera docente*. En Holanda, esto se traduce en abrir la profesión a otras ocupaciones y agilizar los procesos de formación para rápidamente poder incorporar al sistema a nuevos profesionales con experiencias diversas; en Inglaterra se abre la profesión a nuevas categorías de empleados que tienen como función principal apoyar y facilitar la labor docente, pero a los que también se les ofrecen oportunidades de desarrollo profesional y progresión dentro de la carrera; en Suecia se busca poder reconocer las competencias y habilidades individuales de manera diferente para lograr atraer y retener a los docentes necesarios y competentes.

Este tipo de reformas apunta a una nueva concepción de la profesión que de alguna manera se aleja del concepto de una profesión para toda la vida donde las recompensas están asociadas a la antigüedad. También refleja un enriquecimiento de la carrera docente que tradicionalmente ha carecido de oportunidades de diversificación que no sean las de asumir labores administrativas o de gestión de establecimientos escolares. Se crean nuevos roles y se diversifican las opciones a nivel horizontal para poder ofrecer mayores oportunidades de desarrollo profesional relacionadas a la práctica pedagógica. Esto requiere una mayor precisión en la definición de cuáles deben ser las competencias esenciales de los docentes, lo cual evidentemente tiene grandes implicaciones para el área de formación y desarrollo. Todas estas reformas que tienden a ofrecer mayor flexibilidad y diversidad en la profesión implican modificaciones profundas en los programas de formación, tanto en sus contenidos como en sus modalidades, ya que se espera que sean más flexibles, ágiles y efectivos en su oferta de forma que puedan atender las diversas necesidades.

Se aprecia también en estas reformas una *tendencia a reconocer el esfuerzo y las competencias individuales de los docentes a través de diferencias salariales*. En la medida que la nueva concepción de la carrera docente se hace más flexible, es evidente que mantener el peso de las recompensas en la antigüedad va en contradicción con este objetivo. La posibilidad de ofrecer salarios diferentes ha contribuido en cierta medida a aliviar el problema de la escasez de docentes. Sin embargo, implementar este tipo de reformas no es simple. El éxito de la misma depende por un lado, de la participación de los distintos actores del sistema en el proceso de acuerdo y definición de los criterios sobre los cuales se deben evaluar la contribución y las competencias de los docentes, y por el otro, de la formación adecuada de los directores de establecimientos y los docentes para la realización de estos procedimientos.

Estas reformas estuvieron asociadas a un esfuerzo consciente por mejorar la imagen de los docentes en la sociedad, hacer la carrera más competitiva y aumentar progresivamente los salarios que se habían deteriorado en la última década. En los tres países, son el resultado de *un trabajo conjunto por parte del gobierno, sindicatos y empleadores en la búsqueda de soluciones a los desafíos y problemas de calidad de la educación*. La participación de los sindicatos docentes ha sido determinante en hacer viables esta iniciativas y representa un cambio profundo de posicionamiento de los mismos, pasando a ocupar un rol primordial en el mejoramiento del sistema y no solamente a defender los derechos y beneficios de sus miembros.

En los tres casos, las reformas se fueron *desarrollando e instrumentando gradualmente*, dándole tiempo a los actores involucrados de adaptarse al nuevo sistema y buscar las soluciones necesarias para su buen funcionamiento, sin por eso cambiar el rumbo de las mismas.

Tal vez no es casualidad que estos tres países tengan *modelos de gestión descentralizados*, siendo el director del establecimiento escolar el responsable de contratar a los docentes tanto en Suecia como en Holanda. En el caso de Inglaterra son las autoridades locales las responsables. En ninguno de estos países los docentes son funcionarios del estado sino empleados regidos por una legislación laboral general, aunque acuerdos colectivos determinan las condiciones de trabajo de los mismos. En Suecia, aspectos generales de estos acuerdos se establecen a nivel central, mientras que otros aspectos y sus interpretaciones se hacen a nivel municipal. En Holanda se realizan a nivel central para los docentes de primaria y a nivel local para los beneficios adicionales de los docentes de secundaria. En Inglaterra es un organismo independiente el que revisa las condiciones salariales, y los otros aspectos relacionados con las condiciones de empleo se establecen a través de un acuerdo colectivo.

Implicaciones para Latinoamérica

Cabe preguntarse entonces qué aplicación o viabilidad tienen este tipo reformas en el contexto latinoamericano y si son las adecuadas para los desafíos que enfrenta la región. Latinoamérica aún no experimenta graves dificultades por atraer candidatos interesados en la docencia: la estabilidad y los beneficios asociados al empleo público en contextos de inestabilidad económica aún resultan atrayente, aunque el perfil de los interesados es evidentemente diferente hoy que hace cincuenta años, lo cual tiene implicaciones para la formación que se le debe brindar a los mismos. Sin embargo, a nivel de secundaria, donde solo en promedio el 64% de los estudiantes estaban escolarizados en el 2000, se enfrentarán próximamente ciertos desafíos para atraer los docentes necesarios si se pretende universalizar este nivel en poco tiempo.

Si bien persiste la noción generalizada de que los salarios de los docentes son bajos en la región, en la mayoría de los países estos han mejorado en la ultima década y algunos países como Chile, han invertido recursos considerables en aumentar el ingreso de los docentes, logrando mejorar de esa manera el atractivo de la profesión y el número de interesados en la misma. Pero la estructura básica de los salarios tiende a ser sumamente homogénea, con incrementos básicamente determinados por antigüedad y calificaciones que no reconocen los esfuerzos individuales o talentos particulares de los docentes. La carrera ofrece pocas oportunidades de desarrollo y crecimiento profesional que no sean otras que el asumir roles directivos en los establecimientos o puestos administrativos, sin estimular el mejoramiento de la práctica docente própiamente dicha.

En los últimos años, algunos países de la región han estado experimentando con una serie de programas de estímulos para los docentes. Los sistemas de evaluación introducidos en Chile, México, Bolivia y El Salvador, por ejemplo, tienden a enfatizar el valor de los insumos como educación y antigüedad, en parte los procesos, y en menor manera los resultados obtenidos (Mizala y Romaguera, 2004). Los resultados de estas experiencias son mixtos, lo que sugiere la dificultad de poner en práctica este tipo de políticas de manera efectiva. El monto relativamente bajo de recursos designados para este reconocimiento individual, el hecho de que muy pocos docentes puedan beneficiarse, así como las dificultades para evaluar los logros y claramente asociarlos a las recompensas, han sido algunos de los factores que han incidido en esos resultados poco alentadores (Vegas y Umansky, 2005).

Vale la pena, sin embargo, reconocer que los países que más avanzaron en materia de reforma de la carrera docente, como Chile, lo han hecho a través de un proceso de dialogo y compromiso conjunto con los sindicatos, lo mismo que en los casos europeos. Queda entonces pendiente la posibilidad de orientar las políticas docentes en América Latina hacia modelos más diversificados y flexibles que contribuyan a desarrollar la profesión y asegurar la disponibilidad de los docentes adecuados. Sin embargo, esto dependerá en gran medida de las voluntad de los actores involucrados, de los recursos disponibles para hacerlo efectivo y de una perspectiva a largo plazo que le permita al sistema irse adaptando y encontrando las soluciones adecuadas a su contexto.

Bibliografía

Department of Education and Skills (2004), *Raising Standards and Tackling Workload: The Use of Support Staff*, París: UNESCO-IIEP. Disponible en el sitio web del IIPE : http://www.unesco.org/iiep/eng/research/basic/PDF/teachers1.pdf.

Mizala, A., y Romaguera, P. (2004), School and teacher performance incentives: The Latin American experience, *International Journal of Educational development*, 24, 739-754.

OECD (2005), *Teachers Matter: Attracting, Developing and Retaining Effective Teachers*. Paris:OECD.

Strath, A. (2004), *Teacher Policy Reforms in Sweden*, París, UNESCO-IIEP. Disponible en el sitio web del IIPE: http://www.unesco.org/iiep/eng/research/basic/PDF/teachers1.pdf.

Salarios docentes en América Latina*

Alejandra Mizala

Introducción

La calidad de la educación es una preocupación mundial debido a la importancia que ésta tiene para la vida en sociedad, el crecimiento y la distribución del ingreso. Una pieza clave en la calidad de la educación es la calidad de los docentes y, por ello, tanto países desarrollados como en desarrollo, han mostrado preocupación por las políticas hacia los profesores. En este sentido las recientes reformas sobre docentes de las que da cuenta el trabajo de Yael Duthilleul (2005) son extremadamente interesantes para los países latinoamericanos.

Los desafíos que enfrenta Europa son similares a los nuestros: atraer, formar y retener a los docentes con las competencias necesarias para asegurar una educación de calidad a todos los niños y jóvenes. Mientras en Europa el problema más importante parece ser la falta de docentes; en América Latina actualmente el problema fundamental es la calidad de los docentes.[1]

Una pregunta relevante a plantearse en este contexto es en qué medida la estructura de remuneraciones y la carrera profesional de los docentes generan los incentivos para que los mejores estudiantes ingre-

---

* Comentarios al trabajo de la profesora Yael Duthilleul titulado "Nuevas tendencias en materia de políticas docentes: qué nos sugieren las recientes reformas en Suecia, Inglaterra y Holanda" publicado en este libro.

[1] A pesar de los aumentos de matrícula en primaria y secundaria en América Latina no se ha experimentado hasta la fecha una escasez de docentes. Sin embargo, a futuro la región puede enfrentar escasez en la medida que se universalice la cobertura en educación secundaria.

sen a la carrera de pedagogía, los mejores docentes se mantengan en la profesión, y se mejore el desempeño en el salón de clases.

La estructura salarial docente en Latinoamérica tiene el problema de que se paga igual por diferentes esfuerzos y habilidades, no diferencia entre quienes tienen buen o mal desempeño, no retribuye la mayor educación, se encuentra desvinculada de las actividades desarrolladas en los establecimientos educacionales, y considera la antigüedad como la principal razón de los aumentos salariales; esto último determina que finalmente se recompense más bien la fidelidad que el desempeño efectivo en el trabajo (Liang, 1999; Mizala y Romaguera, 2004; Hernani-Limarino 2005).

Por su parte, la carrera profesional en general está asociada con ascensos que implican el abandono del aula por parte de buenos profesores, los que muchas veces dependen de la jubilación o el retiro de quienes ocupan puestos superiores en la escala jerárquica.

En general, no existe la posibilidad de promover al docente dentro de su mismo cargo, sino que éste debe aspirar a otros puestos con el objeto de mejorar su remuneración. Al mismo tiempo, la forma en que se accede a un cargo superior fomenta el credencialismo, es decir, los docentes asisten a numerosos cursos de capacitación que no ofrecen un aporte sustantivo a sus conocimientos y habilidades, pero que les otorga puntos para ascender en la carrera. Esto hace que no se incentive a los mejores docentes a continuar su perfeccionamiento (Morduchowicz, 2002).

En este sentido, las experiencias de Suecia y Holanda son sumamente interesantes en tanto apuntan a abrir la estructura salarial docente y retribuir no sólo por antigüedad, sino también por desempeño y posiblemente por el grado de escasez. Asimismo, es relevante la experiencia de Holanda abriendo el mercado laboral docente a otros profesionales, los que pueden tener fortalezas en la preparación disciplinaria.

Estos comentarios apuntan a ofrecer una visión de los que ocurre con los salarios de los profesores en América Latina y revisar algunas experiencias que han buscado introducir incentivos monetarios al desempeño docente.

1. Remuneraciones docentes en América Latina

Analizar lo que ocurre con las remuneraciones de los profesores es importante porque en muchos países existe la percepción de que los salarios de los profesores son bajos y menores que los de otros profesionales. Si este fuera el caso habría al menos tres posibles efectos que impactarían negativamente al proceso educativo y por tanto al aprendizaje de los estudiantes.

En primer lugar, los menores salarios afectarían el esfuerzo y la calidad del trabajo de los profesores. En segundo lugar, salarios bajos influirían negativamente en la calidad de los estudiantes de pedagogía y por tanto la calidad de los futuros profesores. En tercer lugar, sería difícil mantener en la profesión a los buenos docentes, quienes buscarían mejores ingresos en otras actividades.

A continuación se examinan el nivel salarial y los salarios relativos de los docentes en América Latina.[2] En términos del nivel salarial, un estudio desarrollado por la CEPAL en 8 países latinoamericanos muestra que los salarios docentes se incrementaron en los años noventa entre el 3 y el 9% al año (CEPAL, 1999). Asimismo, el gráfico 1 muestra que en varios países se han producido aumentos en los salarios reales promedio de los docentes de educación primaria. En Brasil, Chile, Perú y México los salarios reales en relación al PIB aumentaron entre el año 1999 y el 2000. En Uruguay, si bien aumentaron, en el año 2000 eran más bajos que en 1997, y en Argentina, producto de la crisis económica, los salarios el año 2000 estaban por bajo los del año 1999 (Vegas y Umansky, 2005).

---

[2] Este análisis está basado en Vegas y Umansky (2005), Mizala y Romaguera (2005) y Hernani-Limarino (2005).

Gráfico 1. Relación entre salarios docentes reales en la educación primaria (con 15 años de experiencia) y el PIB per cápita (1997-2000)

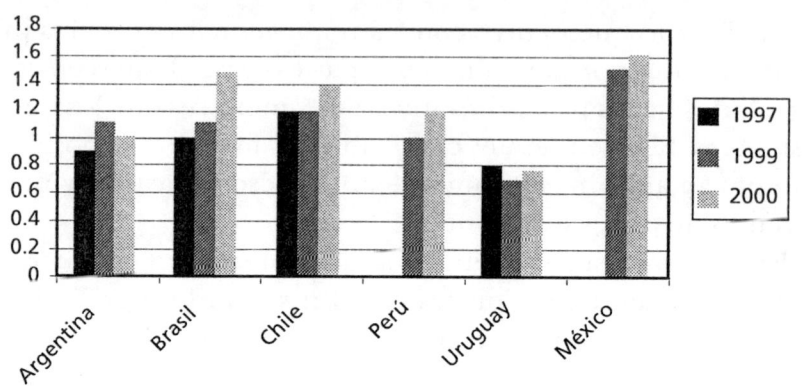

Fuente: Vegas y Umansky (2005) con datos de Unesco.

Por su parte, el cuadro 1 muestra que en el año 2001, en México, Brasil y Chile, la razón entre los salarios de docentes con quince años de experiencia, tanto de primaria como de secundaria, y el PIB per cápita, era superior a la del promedio de los países de la OECD. Por otra parte la razón entre los salarios y el PIB per cápita en Argentina, Perú y Uruguay era menor que la del promedio de los países de la OECD.

Sin embargo, para atraer a los mejores estudiantes y retener a los mejores docentes en la profesión no sólo importan los salarios absolutos, ya que los salarios relativos juegan un rol fundamental.

Al respecto, la percepción generalizada es que los profesores están subremunerados, particularmente en América Latina; esto es, que ganan menos de lo que podrían obtener en otras profesiones con sus mismas características de capital humano. Los estudios realizados, que incluyen varios países latinoamericanos, muestran que esta percepción no es válida para todos los países, en algunos de ellos efectivamente los docentes ganan menos que trabajadores con similares características, mientras que en otros países los resultados muestran que los profesores ganan más que otros trabajadores con las mismas características observables.[3]

---

[3] Véase, por ejemplo, Psacharopoulos, Valenzuela y Arends (1996), Liang (1999), Hernani-Limarino (2005).

Salarios docentes en América Latina

Cuadro 1. Compraciones de salarios docentes, 2001 (dólares quivalentes de EE.UU. convertidos usando PPP)

País	Educación primaria				Educación secundaria 1" ciclo				Educación secundaria 2° ciclo			
	Salario de entrada	Salario después de 15 años	Salario máximo	Razón salario con 15 años/PIB per capita	Salario de entrada	Salario después de 15 años	Salario máximo	Razón salario con 15 años/PIB per capita	Salario de entrada	Salario después de 15 años	Salario máximo	Razón salario con 15 años/PIB per capita
México	11,703	15,455	25,565	1,69	14,993	19,588	32,240	2,14	-	-	-	-
Argentina	8,181	11,362	13,568	0,92	10,617	15,249	18,454	1,23	10,617	15,249	18,454	1,23
Brasil	7,922	10,695	11,628	1,45	14,900	17,263	18,800	2,35	16,701	17,777	20,326	2,42
Chile	11,631	12,902	17,310	1,37	11,631	12,902	17,310	1,37	11,631	13,487	18,107	1,43
Perú	5,597	5,597	5,597	1,22	5,536	5,536	5,536	1,20	5,536	5,536	5,536	1,20
Uruguay	5,734	6,872	8,295	0,76	5,734	6,872	8,295	0,76	6,240	7,378	8,801	0,82
OECD	21,982	30,047	36,455	1,31	23,283	31,954	38,787	1,34	24,350	34,250	41,344	1,43

. Con entrenamiento mínimo.
. Año de referencia 2000.
. Salarios para un puesto de 20 horas por semana. Muchos profesores tienen dos trabajos.
Fuente: OECD (2003).

Un estudio reciente de Hernani-Limarino (2005) analiza 17 países de América Latina e intenta responder la siguiente pregunta: ¿en qué medida un individuo con un determinado conjunto de competencias y experiencia que trabaja como profesor recibe una remuneración por hora mayor (o menor) que otro individuo con las mismas características que se desempeña en un trabajo diferente?

El gráfico 2 presenta los resultados obtenidos por Hernani-Limarino (2005). El investigador concluye que los diferenciales salariales, controlando por las características de los trabajadores, varían dependiendo del grupo de comparación. Cuando ésta se hace con todos los trabajadores del país, sólo en Nicaragua los docentes ganan menos que trabajadores con características observables similares. Cuando se comparan los docentes con todos los trabajadores que han finalizado sus estudios secundarios, se encuentra que, en promedio, los docentes están peor remunerados que trabajadores similares en Nicaragua, Brasil y Bolivia.

Finalmente, al comparar los docentes con trabajadores similares que se desempeñan en ocupaciones administrativas, técnicas y profesionales, éstos están peor remunerados en Nicaragua, Brasil, Bolivia, República Dominicana, Ecuador y Uruguay.[4]

Se concluye que los docentes de Argentina, Chile, Colombia, El Salvador, Honduras, Panamá, Paraguay y Perú están, en promedio, mejor remunerados que trabajadores similares que se desempeñan en otras ocupaciones.

---

[4] Se entiende que este último grupo tiene educación superior.

Gráfico 2. Diferenciales de salarios por hora entre profesores y otros trabajadores. Estimaciones de las diferencias en los retornos a partir de la descomposición de Oaxaca.

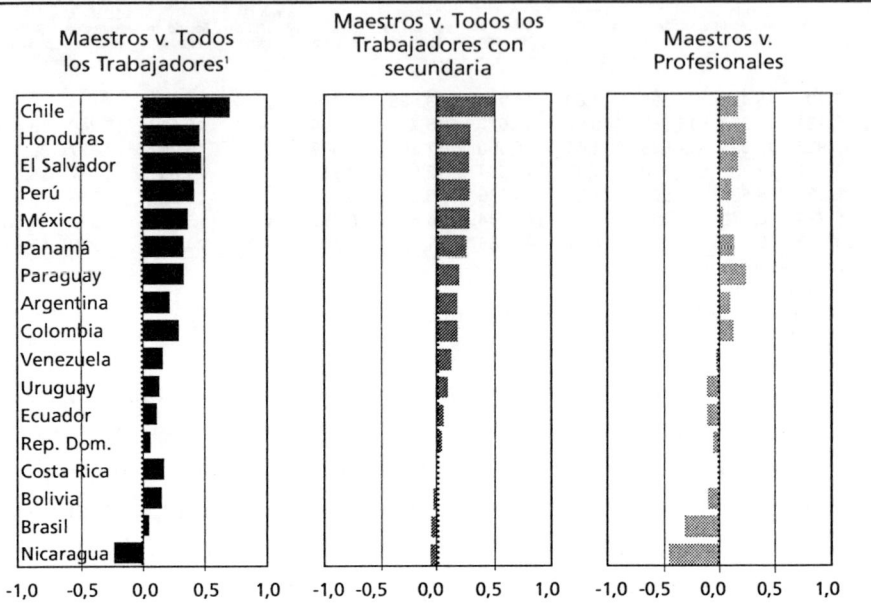

Fuente: Hernani-Limarino (2005)

Los resultados anteriores muestran que en 10 de los 17 países examinados los salarios docentes, en promedio, son iguales o mayores que los que perciben trabajadores similares que se desempeñan en ocupaciones administrativas, técnicas o profesionales. No obstante, para efectos de atraer y retener a los profesionales más capaces a la profesión docente y motivarlos en su trabajo, no sólo importan los salarios relativos promedio, sino que también juega un rol importante la estructura salarial.

Como ya se mencionó, un problema que enfrenta la estructura salarial docente es que es extremadamente plana, esto es, los profesores reciben salarios similares, independientemente de su desempeño, sus habilidades o su educación. Los aumentos salariales están fundamentalmente atados a la antigüedad en el cargo. Esto, sin duda, no incentiva que los mejores ingresen y permanezcan en la profesión, ya que el techo salarial es muy bajo. En otras profesiones, si bien el promedio salarial puede ser similar, la dispersión salarial es mayor producto de la existencia de premios por educación y desempeño.[5]

El gráfico 3 muestra la descomposición del gasto salarial docente en Chile y Bolivia. En ambos casos se observa la preeminencia del pago por antigüedad, en segundo lugar se remunera la capacitación y en tercer lugar el trabajo en condiciones difíciles.

Gráfico 3. Descomposición del gasto salarial docente

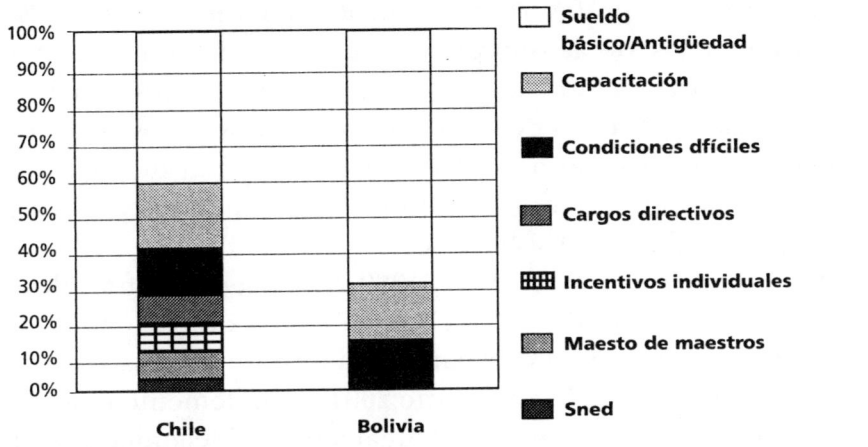

Fuente: Cox (2003) y Urquiola y Vegas (2005)

En Chile, si bien en los últimos años se han introducido pagos por desempeño a nivel individual y colectivo, aún se observa una importante participación de la antigüedad en el salario docente.

2. Experiencias latinoamericanas con introducción de incentivos docentes

A partir de los años noventa unos pocos países de América Latina incorporaron sistemas de evaluación del desempeño docente y lo ligaron al pago de incentivos monetarios. El objetivo de estos sistemas era,

---

[5] En Chile, por ejemplo, el retorno a la educación de los docentes es 5,5%, mientras que el retorno de los no docentes es 9,1% (Mizala y Romaguera, 2005), el estudio de la CEPAL (1999) muestra que en los países examinados, con la única excepción de Costa Rica, los docentes tienen un menor retorno por cada año de educación que otros trabajadores.

por una parte, evaluar el desempeño docente, ya sea a nivel individual o colectivo. Por otra parte, se pretendía introducir incentivos monetarios que permitieran, al menos parcialmente, abrir la estructura salarial premiando el buen desempeño.[6]

México introdujo, en el año 1992, la Carrera Magisterial, que es un incentivo individual otorgado a los profesores que voluntariamente acepten ser evaluados. Este incentivo otorga un aumento de salarios permanente que puede llegar a cuadruplicar el salario de quien no está en la carrera. Los profesores son evaluados en 6 áreas: antigüedad, grados académicos, desarrollo profesional (capacitación), preparación profesional (resultados de pruebas de conocimientos), desempeño profesional (evaluación de los pares), resultados de los estudiantes en pruebas estandarizadas de logro educativo. A pesar de ser voluntario, un porcentaje importante (75%) de los docentes de enseñanza básica ha participado en el sistema.

Bolivia experimentó en 1998 y 1999, con incentivos individuales, un sistema en el que los docentes eran evaluados a través de pruebas, de modo que quienes las aprobaban obtenían aumentos salariales. El sistema fue descontinuado y en el año 2001 se implementó un sistema de incentivos colectivos donde se evaluaba el establecimiento educacional a través de un proceso de autoevaluación que incluía mediciones de insumos, procesos, y en menor medida productos educacionales, como las tasas de retención y aprobación. Los profesores de los establecimientos premiados recibían un bono salarial. Este sistema también fue descontinuado y hoy día Bolivia tiene fundamentalmente asignaciones de zona y por educación bilingüe.

El Salvador inició, el año 2000, un sistema de incentivos colectivos que entrega un bono en dinero equivalente en promedio a un 4% de aumento salarial, a cada profesor que trabaje en un establecimiento que ha sido calificado como de excelente desempeño. La evaluación se realizó hasta el año 2004 a base de una encuesta realizada por evaluadores externos, la cual recogía información fundamental de insumos educativos como la administración del establecimiento, gestión escolar, planificación institucional, planificación educativa y preparación de material didáctico.

---

[6] Estas experiencias han sido analizadas en Mizala y Romaguera (2004).

Todas las escuelas que obtenían un puntaje de 7 o más (de entre 0 y 10) recibían el incentivo. Sin embargo, el año 2004, bastó con que las escuelas permitieran el acceso a los evaluadores externos para que se hicieran acreedoras al 60% del bono, el 40% restante se les pagaba si la escuela alcanzaba el puntaje de 7 o más.

El año 2005 el sistema sufrió un nuevo cambio, no siendo ya necesaria la calificación por parte de evaluadores externos. Las escuelas que aprobaron la evaluación el año 2004 automáticamente reciben el bono el 2005. Por su parte, aquellas que no aprobaron el 2004 deben realizar un proceso de autoevaluación, si en éste la escuela alcanza 7 o más, los docentes reciben el 50% del bono. Luego se realizan visitas externas por parte de técnicos y asesores pedagógicos de las direcciones departamentales del Ministerio de Educación, éstas se basan en el mismo instrumento de autoevaluación; si el establecimiento aprueba este proceso, los docentes reciben el restante 50% del bono. El instrumento de autoevaluación considera tres áreas: ambiente físico, oportunidades de aprendizaje (matrícula, deserción, repitencia, rendimiento académico), y efectividad de la didáctica. El foco de la autoevaluación está en determinar si el establecimiento identifica a los estudiantes de bajo rendimiento, reconoce las causas de su pobre desempeño, y ejecuta acciones para superar los problemas.

Chile, a partir del año 1996 estableció el Sistema Nacional de Evaluación del desempeño Docente de los Establecimiento Subvencionados (SNED), este sistema también se inserta en el marco los incentivos colectivos a los establecimientos, según el cual todos los docentes de los establecimientos premiados reciben un aumento salarial de acuerdo a sus horas de trabajo en el establecimiento. El incentivo, a diferencia de la carrera magisterial en México, es transitorio, ya que cada dos años se evalúan todos los establecimientos que reciben financiamiento del Estado. Un 65% de la evaluación se basa en los resultados de los alumnos en pruebas estandarizadas; un 22% en igualdad de oportunidades; que se relaciona con tasas de retención y aprobación y con la no discriminación de estudiantes, el resto de los factores considerados son iniciativa (5%), integración de profesores y padres (6%) y mejora en las condiciones laborales (2%). El SNED se ha aplicado en seis oportunidades, en las cinco primeras aplicaciones premió a alrededor del 20% de los colegios y al 28% de los docentes, y el bono anual por docente correspondió a un poco más que medio salario extra al año para aquellos docentes que trabajan 44 horas semanales. En la sexta aplicación del SNED, correspondiente al período 2006-07, se aumentó la matrícula premiada y el monto del premio, lo cual se reflejó en que se premió al 21% de los colegios y al 31% de los docentes, y el bono anual por docente representó un 80% del salario correspondiente a 44 horas de trabajo semanal.

Este breve recuento nos permite tener una idea de la turbulenta vida que tienen los sistemas de incentivos en educación. De los cuatro casos, sólo Chile y México consideran pruebas externas en la evaluación de los docentes o establecimientos educacionales según sea el caso, siendo además los únicos que enfatizan resultados educativos en contraposición a insumos o procesos. También se puede decir que son los dos que quedan efectivamente en pie. El incentivo colectivo a las escuelas fue desmontado en Bolivia y ha sido "licuado" en El Salvador, si todos lo ganan deja de ser un incentivo y volvemos a salarios parejos, independientes del desempeño docente.

Sería interesante estudiar en qué medida estos dos sistemas que aún están vigentes, lo están gracias a que ambos han sido de alguna forma negociados con los sindicatos de docentes. La Carrera Magisterial surgió como uno de los instrumentos que se aprobaron con la firma del Acuerdo Nacional para la Modernización de la Educación Básica de mayo de 1992; los firmantes del acuerdo fueron el Ministerio de Educación, el sindicato de profesores (SNTE) y los gobernadores de los 31 estados. En el caso de Chile, el SNED surgió a partir de una negociación salarial entre el Ministerio de Educación, el Ministerio de Hacienda y el Colegio de Profesores. El SNED es aceptado mayoritariamente por los docentes y bien valorado por los directores de establecimientos como un instrumento útil para su labor en el establecimiento educacional (Mizala y Romaguera, 2005).

3. Comentarios finales

La calidad de la educación depende en gran medida de los docentes, y por tanto de las características, habilidades y competencias de quienes ingresan a estudiar pedagogía y se mantienen en la docencia.

Para atraer y retener a los mejores en la profesión docente se requiere una estructura salarial que premie el desempeño y las competencias de los docentes. No basta que, en promedio, los docentes obtengan remuneraciones similares a trabajadores comparables, ya que si el techo salarial es muy bajo no se incentiva a los mejores a ingresar a la docencia, sino, en general, a aquellos individuos que son reticentes al riesgo y valoran fuertemente la estabilidad laboral. Sin embargo, abrir la estructura salarial no es una tarea fácil, como lo muestran algunos casos en América Latina.

En este sentido, la experiencia de países como Suecia y Holanda con la diferenciación salarial docente puede ser muy relevante para América Latina. Por eso mismo sería útil tener más información acerca de los elementos que se han considerado en la diferenciación salarial y la forma como ellos se han operacionalizado. Esto es importante, dado que, por una parte, es necesario ser conscientes de que los mensajes que se envían a través de la evaluación son contundentes, obteniéndose aquello por lo cual se remunera; en este sentido es básico definir indicadores que apunten al objetivo fundamental: el aprendizaje de los estudiantes.

Por otra parte, es sabido que los factores e indicadores considerados deben ser validados socialmente y los docentes deben conocer claramente cómo se les evaluará y qué deben hacer para obtener el incentivo. De otra forma, la presión social hará que se licuen los premios o se los cancele, como lo muestran los casos de Bolivia y El Salvador.

En relación con este último punto, es importante conocer más en detalle el rol de los sindicatos de docentes en las reformas implementadas en Europa, dado que, al menos en Suecia y Holanda, éstas involucran descentralización en la determinación de los salarios. Es bien sabido que los sindicatos docentes tienden a estar en contra de esta descentralización, ya que ella socava su poder en la negociación colectiva.

También sería útil estudiar desde un punto de vista metodológico los sistemas más adecuados para evaluar el desempeño escolar y jerarquizar escuelas, puesto que existe la posibilidad de que las pruebas estandarizadas de logro educativo ofrezcan una medida "ruidosa" del desempeño, lo que puede afectar la identificación de las escuelas y maestros que deberían ser premiados.[7]

---

[7] Véase Kane y Staiger (2002) y Chay, McEwan y Urquiola (2005)

El desafío, por tanto, no sólo es establecer sistemas de incentivos para los docentes, sino diseñarlos e implementarlos de forma que permitan mejorar la calidad de la educación.

En este contexto, es fundamental aprender acerca de las condiciones institucionales requeridas para implementar los programas de diferenciación salarial que se están llevando a cabo en Europa y evaluar el impacto que han tenido, de forma que se obtengan lecciones para nuestros países.

Bibliografía

CEPAL (1999), *Panorama Social de América Latina 1998*, CEPAL.
Chay, K., McEwan P., y Urquiola M. (2005), "The central role of noise in evaluating interventions that use test scores to rank schools", *American Economic Review*, 95 (4).
Cox, C. (2003), "Las políticas educacionales de Chile en las últimas dos décadas del siglo XX", en: Cox, C. (ed.), *Políticas educacionales en el cambio de siglo*, Santiago, Editorial Universitaria.
Duthilleul, Y. (2005), "Nuevas tendencias en materia de políticas docentes: Qué nos sugieren las experiencias de las reformas en Suecia, Inglaterra y Holanda", trabajo presentado al Seminario Internacional *La renovación del oficio del docente: Vocación, trabajo y profesión en el siglo XXI*, IIPE-UNESCO, Buenos Aires.
Hernani-Limarino, W. (2005), "Are teachers well paid in Latin America and the Caribbean? Relative wage and structure of returns to teachers", en: Vegas, E. (ed.) *Incentives to improve teaching. Lessons from Latin America Directions in Development*, World Bank.
Kane, T. y Staiger, D. (2002), "The promise and pitfalls of using imprecise school accountability measures", *Journal of Economic Perspectives*, 16 (4).
Liang, X. (1999), "Teacher Pay in 12 Latin American Countries: How Does Teacher Pay Compare to Other Professions, What Determines Teacher Pay, and "Who Are the Teachers?", *Latin America and the Caribbean Region Human Development Department Paper 49*, Washington, D.C., World Bank.
Mizala, A. y Romaguera, P. (2004), "School and teacher performance incentives: The Latin American experience", *International Journal of Educational Development*, 24.
_____ (2005), "Teachers' salary structure and incentives in Chile" en: Vegas, E. (ed.), *Incentives to improve teaching. Lessons from Latin America*, Directions in Development, World Bank.
_____ (2006), "Socioeconomic status or norise? Tradeoffs in the generation of school quality information" *Journal of Development Economics* (por publicarse).
Morduchowicz, A. (2002), "Carreras, incentivos y estructuras salariales docentes", *Documento N° 23*, Buenos Aires, PREAL.
Psacharopoulos, G., Valenzuela, J., y Arends, M. (1996), "Teacher Salaries in Latin America: A Review", *Economics of Education Review* 15 (4) 401–6.
Vegas, E. y Umansky, I. (2005), "Mejorar la enseñanza y el aprendizaje por medio de incentivos. ¿Qué lecciones nos entregan las reformas educativas de América Latina?", Banco Mundial, Washington DC.
OECD (2003), *Education at Glance*
Urquiola, M. y Vegas, E. (2005), "Arbitrary variations in teacher salary. An analysis of teacher pay in Bolivia", en: Vegas, E. (ed.) *Incentives to improve teaching. Lessons from Latin America*. Directions in Development, World Bank.

Formación docente y el contexto de América Latina*

Edgar Jiménez

A la riqueza analítica y propositiva de las conferencias y comentarios de los días anteriores, ahora se suma el trabajo de la doctora Yael Duthilleul, una investigación, por demás muy clara e interesante, que expresa la realidad de los tres países analizados Suecia, Inglaterra y Holanda.

El análisis comparado sobre los actuales desafíos educativos en materia de políticas docentes en los tres países analizados por Duthilleul, aborda muchas problemáticas afines a México y a la realidad latinoamericana. Con esto me refiero a las reformas educativas, a la descentralización y municipalización, al mercado laboral, a la autonomía escolar, al consenso y el acuerdo de voluntades entre los distintos actores del campo educativo (Suecia), y a la flexibilidad y diversificación de la carrera docente, orientada a una nueva concepción e imagen de la profesión docente.

Duthilleul concluye su exposición con un análisis para América Latina donde aborda el problema salarial y la estabilidad del empleo público, así como las particularidades de los sistemas de evaluación en Chile, México, Bolivia y El Salvador.

---

* Comentarios al trabajo de Yael Duthilleul titulado "Nuevas tendencias en materia de políticas docentes", publicado en esta obra.

Introducción

En el transcurso del seminario se abordó la problemática del oficio docente desde la perspectiva de las ciencias de la educación, de la sociología, la psicología y la pedagogía. Por la importancia que hoy tiene el oficio docente, conviene introducir en la reflexión y el debate el análisis desde la mirada de la ciencia política.

Cuando en México y América Latina se plantea la necesidad de articular el sistema y la reforma de la educación a la dinámica de la globalización y de la sociedad del conocimiento, se vuelve significativo incorporarlos en la lógica de la modernidad (posmodernidad, según Lyotard o desmodernidad, según Alain Touraine). Modernidad que supone decisiones, voluntades, intereses y objetivos de carácter político (Lyotard, 1990; Touraine, 1995).

En esta perspectiva, el artículo busca analizar el impacto, en el sistema educativo y en la educación, de sectores que influyen en su funcionamiento, sentido y orientación. Nos referimos al gubernamental, al de la economía de mercado, al de la transición y la emergencia de nuevos actores políticos; esos factores son analizados más ampliamente en cada uno de los apartados a lo largo del documento.

1. La reforma del Estado y la nueva gestión gubernamental

El momento actual que vive América Latina es visto como un período de transición y de ruptura con el viejo orden que vive el Continente y es, en este contexto, que deben entenderse las nuevas tendencias en materia de política educativa que se observan en la región.

La transición obliga al Estado a un nuevo protagonismo, a las fuerzas políticas a una redefinición ideológica, y a los ciudadanos a la necesidad de enfrentar las nuevas condiciones laborales y económicas definidas por la economía del mercado.

La reforma estatal no es una simple reconstrucción o renovación de antiguas estructuras y métodos, se trata de la construcción de un nuevo proyecto estatal y de la instauración de instituciones renovadas, depuradas de sus vicios anteriores, de un nuevo espacio político, producto de una nueva relación entre las instituciones emergentes y la sociedad civil, los partidos políticos y las organizaciones sociales (Kliksberg, 1998).

En este marco, la reforma estatal adopta hoy en América Latina una tendencia a desempeñar una nueva función, abandonando buena parte de sus antiguas responsabilidades sociales, hoy estigmatizadas como *no rentables*. Las propuestas a favor de la descentralización se formulan tanto en países de organización política unitaria (Chile, Perú, Colombia, Uruguay, Bolivia), como en aquellos en los cuales el sistema político ha sido, en virtud de la reforma de organización federativa, formalmente descentralizado (Argentina, Brasil, Venezuela).

El debate en los países de la región busca establecer fórmulas para lograr que el Estado sea menos costoso para los contribuyentes y que actúe de manera más eficiente y transparente frente a los ciudadanos. De ahí que, en algunos países como Chile, Brasil, entre otros, se aplicaron algunas medidas para elevar la eficiencia del aparato estatal: la descentralización, la profesionalización de los servidores públicos, la carrera docente y la desregulación de los sistemas administrativos.

De ello se desprende que la descentralización y la transparencia de la gestión pública son expresión de un "nuevo modo de acción pública", en virtud de la cual el propio espacio de lo "privado y lo público" tiende a ser redefinido.

En esa perspectiva, la actitud de los gobiernos que asumen la redefinición estatal como un nuevo proyecto busca generar un impacto en los sistemas educativos y en el debate sobre la educación, a través de las nuevas modalidades de gestión gubernamental, definidas éstas como *buen gobierno* (gerencia y reingeniería estatal, gobernanza y reingeniería educativa).

La autojustificación de la nueva gestión estatal descansa en el hecho de saber que el tiempo político que la anima no corresponde al del resto de la sociedad. La nueva gestión estatal, y el saber en el cual se suscribe, le otorga a la decisión gubernamental un carácter desideologizado, lo que le permite al Estado ubicarse por encima de la sociedad. En esta perspectiva, el Estado es conceptualizado como la "Organización Organizada de Organizaciones" (O.O.O.), concepto que facilita entender la orientación de la gerencia estatal y la privatización de la educación.

Así, la modernización, para Latinoamérica, se convierte en un referente desde el cual se organiza la Reforma Educativa, y busca definir el futuro que se intenta construir. De esa manera, la "modernidad-posmodernidad" se constituye en el tema central de actualidad como el espacio que marca la necesaria reforma de la educación.

Es probable que los recientes cambios tengan que ver con la sociedad del conocimiento, la organización del trabajo, las tecnologías de comunicación y la nueva institucionalidad política, pero lo cierto es que, la tendencia contemporánea a interpretar los fenómenos sociopolíticos y educativos en términos de complejidad, incertidumbre e ingobernabilidad, tiene un contenido estructural al que debemos prestar preferente atención.

De hecho, las sociedades van en camino de transformarse en sistemas más complejos (véase Morin, 1998), en donde los procesos parecen autoregularse al margen de lo político. Así, los partidos y las organizaciones sindicales se ven desbordados por la globalización e internacionalización de los mercados; la democracia también se halla en una fase de reconstrucción, y la sociedad se moderniza en la dirección de los países que buscan ingresar en la posmodernidad. Este proceso permite otorgar a las naciones, sobre todo de América Latina, una nueva tipología que las ubica como "emergentes", "en vías de emergencia", "de riesgo" y "de alto riesgo". Por lo tanto, la nueva tipología y las modalidades de reinserción de los países en el mercado internacional condicionan y, en su caso, definen la orientación de las reformas educativas del mercado laboral y el de la calidad educativa (Morin, 1988).

A partir de los ochenta, la región Latinoamericana optó por un nuevo paradigma de desarrollo económico, cuyas características fueron el impulso a las exportaciones, la integración a la economía mundial, el redimensionamiento del Estado y la reforma estructural en sus distintas fases y modalidades. En esas condiciones, los individuos se quedaron literalmente sin marcos referenciales, de allí la tendencia a la apatía, la confusión, la desorientación, la desafección y al desinterés por la política, situación que según el BID encamina a la región a la llamada "democracia fallida", entendida como una democracia sin contenido político y, por lo mismo, sin la posibilidad de garantizar la satisfacción de las cada vez más amplias necesidades y demandas de las sociedades de la región. Para el sistema educativo, el problema en esas circunstancias es cómo entender la modernización en un contexto de democracia fallida.

En este marco, los docentes expresan su incertidumbre. Surge la decodificación de la sociedad (Guy Bajoit), como producto de la transición asistimos a la pérdida de valores, principios y normas, a la que se suman la desinstitucionalización y el desorden (George Balandier), que de conjunto acrecientan la despersonalización del docente (Bajoit, 1991; Balandier, 1994).

Por último, conviene señalar que en la discusión sobre el tema han influido diversos marcos teóricos de la ciencia política contemporánea, como la teoría conocida como *Public Choice* y la de la "reinvención del gobierno" (*Reinventing Government*), que plantea la necesidad de constituir un Estado que trabaje mejor y cueste menos.

Por otra parte, subyace una nueva consideración sobre el concepto de la gestión pública para establecer un régimen basado en el control estratégico de resultados, en el que los instrumentos son: la autonomía de las entidades públicas, la tercerización de servicios, la transparencia de la información pública, la flexibilización de los sistemas administrativos, y la atribución de responsabilidades de la gestión de los funcionarios encargados mediante un sistema de indicadores de gestión. Tales instrumentos están siendo asumidos por el sistema educativo con mayor o menor intensidad, dependiendo de cada país.

En ese contexto, la experiencia de Nueva Zelanda se retoma como un ejemplo, como una vía radical para lograr los tres objetivos sobre los cuales existe consenso: reducir el costo del Estado, mejorar su desempeño y hacerlo más transparente y responsable. Dicha experiencia también está siendo retomada en América Latina, especialmente en las modalidades de la educación convencional y la educación virtual y a distancia.

2. La economía de mercado

El desmantelamiento del Estado intervencionista convierte a la esfera privada en el espacio de construcción de la sociedad, de la práctica político partidaria y sindical, así como en el único espacio de reproducción cotidiana del individuo. El sistema educativo y la educación están siendo interpretados a la luz de la nueva situación, entre la necesidad de enfrentar las nuevas condiciones definidas por el mercado como el nuevo espacio económico y social privado, y la posibilidad de recuperar lo público y la centralidad de la educación.

Esto quiere decir que el campo educativo está invadido por:

- la presencia estatal;
- el mercado educativo;
- el mercado laboral;
- el mercado económico, y
- los nuevos enfoques teóricos.

En ausencia de un proyecto o plan nacional de educación, surgen principios vinculados al mercado y a la administración del sector educativo con pautas y orientaciones diferentes. Se incorporan nuevos criterios de privatización en la gestión y en la educación pública, tales como la:

- competencia-rendimiento;
- disciplina;
- evaluación;
- productividad docente y,
- el desempeño.

Surge también la Opinión de la Opinión Pública (O.O.P.), que define la imagen de prestigio o desprestigio de las escuelas, los partidos y los docentes. Escuelas de primera, de segunda y de tercera clase aparecen frente a la opinión pública, con calidad y sin calidad educativa.

Según Giovanni Sartori, el problema de la realidad es la lectura e interpretación que se haga de ella. Resulta que los medios de comunicación se apropiaron de la realidad, la sociedad sigue el debate y opina sobre lo que comentan los editorialistas y articulistas de los principales periódicos del mundo y los canales de televisión. Los medios masivos de comunicación magnifican o minimizan, crean o alteran la opinión; asimismo, desvalorizan la función de la educación pública, sobre todo a nivel superior, y revalorizan a las universidades privadas asociadas con las extranjeras (Sartori, 2002).

Por otra parte, el campo educativo está invadido por la informalidad económica, laboral y docente, las consecuencias de ello se observan en el salario y en las condiciones del trabajo de los maestros, así como en las distintas modalidades que el docente encuentra para hacer frente a las condiciones de reproducción de su vida cotidiana y familiar. Maestros que son docentes en la mañana, comerciantes en la tarde y taxistas de noche. Maestros formados en historia que dan clases de inglés, o que dan cuatro o cinco materias diferentes. En otros casos, la escuela se convierte en un lugar para el comercio informal.

En nombre de la democracia y de la modernización escolar, se aceleró la presencia de la iniciativa privada en la educación, lo cual no ha mejorado los problemas de deserción, el rezago y la exclusión educativa.

En este contexto, una reflexión importante se orienta a la centralidad del mercado como el nuevo sujeto, que requiere de un sistema jurídico moderno, una institucionalidad estatal adecuada y una educación de calidad en los tres niveles de escolaridad (Hinkelammert, 1984). El mercado no tiene rostro, no lee pobreza-riqueza, incorpora a individuos eficaces y eficientes, o con desempeño educativo adecuado. Acepta a países competitivos y desplaza a los individuos y países no competitivos e ineficientes.

La calidad es un requerimiento exigible no sólo a la educación, lo es también para la democracia (PNUD) la gobernabilidad, los servicios de salud, la gestión municipal, y también para el individuo en su vida cotidiana (La democracia en América Latina, 2004).

El mercado interno, que antes funcionaba de acuerdo con los requerimientos de la nación, es o debe ser reemplazado por la demanda de los mercados internacionales, justificado por la apertura y la globalización.

El bienestar económico, esto es, el desarrollo como meta, comienza a perder peso, mientras lo adquiere la *calidad de la vida*. También adquieren presencia los nuevos principios exigidos por el mercado: eficiencia, competitividad, realismo, pragmatismo y disciplina.

La vigencia del mercado es totalizante pues irrumpe en el ámbito político, laboral, educativo y económico. El reino aparente del mercado redefine los conceptos de libertad, justicia e igualdad, de lo público y de lo privado, del éxito y del fracaso.

La sociedad de consumo, el estatus y la individualización de la pobreza son algunos de los rasgos más significativos del impacto que genera el mercado. A nivel político es muy significativo el papel del marketing, los eslogans, las imágenes, los sondeos y las encuestas que marcan las posibilidades de éxito o fracaso electoral de los candidatos. De la misma manera, como el mercado laboral reorienta los contratos colectivos, favorece los individuales y desplaza al sector social de la tercera edad del espacio productivo. Por su parte, el mercado educativo fomenta la educación privada, portadora de la calidad, frente a la educación pública, carente de ella; esta situación se refleja en la imagen que se tiene de los egresados de unas y otras universidades.

Dado ese estado de cosas, analizar los problemas y consecuencias que genera la centralidad del mercado es fundamental en las actuales circunstancias, toda vez que este no constituye un orden autorregulado. La autorregulación supone capacidades de autolimitación y de autosuficiencia, mismas que el mercado no posee, en tanto requiere de factores externos para su funcionamiento, como la educación, el derecho, la cultura y la política, las cuales le posibilitan delimitar y encauzar su campo de acción.

3. La transición y la emergencia de los nuevos actores

Sin entrar en el debate teórico sobre la transición, y en función de los alcances y objetivos de este trabajo, nos interesa señalar que ésta se encuentra vinculada necesariamente a la democracia y a la gobernabilidad; podemos conceptualizarla también como un proceso de modernización de la sociedad tradicional (Cansino, 1994).

Se trata de una ruptura de los viejos actores, una ruptura de la vieja tradición de intervención estatal y de participación política. En esta perspectiva, se modifican no sólo los rasgos económicos sino también el contenido y la percepción de la política. Es un proceso que resquebraja las viejas relaciones del Estado, por eso debe ser analizado como un proceso o momento de oportunidad, pero también de amenaza.

La transición revela el surgimiento de un nuevo pacto con la sociedad civil, en ella, la sociedad adquiere un nuevo protagonismo, el problema es cómo conducirla y administrarla, porque hay nuevas orientaciones políticas que están en pugna. Hoy se habla de centro, de centroizquierda, de centroderecha, y de nueva izquierda. Pareciera ser que las tendencias en pugna nos enfrentan, básicamente, a la centroderecha o a la centroizquierda, opciones que marcan el rumbo y la orientación de la educación. Los campos del conflicto se ubican en estas dos tendencias. También se ubican intereses, identidades, demandas, orientaciones y necesidades; y, en esta perspectiva, hay un riesgo enorme debido a la polarización política que ello genera.

En ocasiones da la impresión de que la sociedad está obligada a desembocar, a transitar y a desenvolverse en esos dos espacios. El problema es que, entre ellos, uno no tiene una configuración definida y una estructura doctrinal claramente identificable, en cambio el otro plantea su oposición al neoliberalismo y busca reivindicar lo público y la gratuidad de la educación.

Las viejas relaciones que mantenía el Estado con la sociedad, el mercado y la política, se modifican y se alteran radicalmente. La gestión estatal se desplaza por otros cauces, irrumpiendo y alterando las vertientes tradicionales; en ese nuevo orden, el pasado, carece de valor. De nada sirve invocar al pasado o sus logros, todo aquello carece de importancia, el futuro se revaloriza y el presente se presenta como el punto de partida de ese futuro en construcción. Por lo mismo, en el plano político surge un nuevo horizonte que desvaloriza los viejos tiempos, una nueva temporalidad política, las viejas temporalidades no sirven más que como una invocación referencial histórica o ideológica. La temporalidad que permitía la práctica, la ubicación y el posicionamiento de la nación como sujeto referencial, no nos es útil porque la transición genera un nuevo espacio político, la relación Estado-Nación tiende a modificarse. Este nuevo espacio exige comportamientos diferentes que una demandan una práctica distinta y una línea política diferente que obliga a repensar la política y la manera de hacer política, a repensar la educación desde y para el futuro.

La transición revela con claridad quiénes son actores y quiénes simulan serlo; revela y desnuda a la sociedad, al sector empresarial, a los partidos y a las organizaciones sindicales. Desnuda también al sistema educativo, sus fortalezas y debilidades, sus logros y los desafíos a los que se enfrenta.

Por ello, la transición es al mismo tiempo un proceso de desintegración y uno de integración, porque altera la normatividad interna, los esquemas institucionales y orgánicos, tanto de los sistemas educativos como de la educación misma. La transición también debe ser vista como un espacio de autonomía. Así, la transición, es un espacio de libertad; por primera vez en la historia, las organizaciones sindicales de educadores rompen el vínculo que tenían con las instituciones estatales y adquieren su autonomía, de ahí que la transición sea también un momento de oportunidad. Esta no sólo es económica o política, es también educativa y se ubica entre la educación del siglo XX y la emergente del siglo XXI. Se asiste al rediseño del sistema educativo y a la necesidad de administrar ambos sistemas: el del pasado y el emergente.

En este sentido, la transición está vinculada necesariamente a la gobernabilidad. No hay transición en la que la gobernabilidad de la educación no este presente.

La gobernabilidad se modifica, renueva los mecanismos de redimensionamiento del sistema educativo, de la descentralización de las funciones y de la adecuación de la vieja estructura educativa a los nuevos requerimientos de la sociedad del conocimiento y la información. El tiempo apremia, se acelera, y el gobierno y la escuela deberán adecuarse a ese tiempo y a esa nueva celeridad.

En suma, toda la sociedad se ve interpelada y surge el desafío por la modernización de la educación. ¿Cómo entender la educación? ¿Es suficiente la democratización de la educación? A partir del nuevo contexto social surgen nuevas identidades organizacionales, emergen sectores diferentes con identidades distintas, se manifiesta una nueva relación enseñanza-aprendizaje e irrumpen nuevos actores en el campo educativo y político.

La democracia adquiere un carácter integrador frente a la desintegración de la economía, la educación asume el reto de la inclusión frente a la exclusión social. ¿Cómo hacer posible democráticamente esa exclusión y esa desintegración? La economía decodifica, la educación codifica. ¿Cómo hacer compatible y viable ese estado de cosas?

En la medida en que la transición redefine los espacios, los intereses y las demandas de la sociedad, surgen nuevas bases fundacionales de las sociedades emergentes, a las cuales la educación debe dar respuesta oportuna; no se puede llegar tardíamente.

¿Cómo incorporar en una sola agenda, la reforma económica junto a las reformas sociales y educativas?

Sin duda alguna, la democracia y la transición deben ser espacios fundacionales de la nueva sociedad que se está construyendo, deben ser la nueva esencia institucional del Estado que se está reconfigurando, y algo más importante, deben ser el espacio que permita la participación de la sociedad y de la ciudadanía en el diseño de la agenda educativa.

En estas circunstancias, pareciera ser que los docentes y sindicatos están buscando su identidad y la posibilidad de repensarse como actores, desde el campo político y no solamente desde el campo educativo. Los sindicatos hoy están dejando de ser fuerza meramente sindical para transformarse en fuerza política, su estructura interna se está modificando, convirtiendo y se están en aparatos de movilización política y electoral; encabezan los nuevos movimientos sociales como en Perú, Ecuador, Bolivia, Uruguay y Haití.

El espacio político está permitiendo que organizaciones sindicales de docentes se transformen en partidos políticos no sólo en México, también en Costa Rica, El Salvador, Nicaragua y Uruguay son aliados de frentes políticos nacionales, como en su momento lo fueron de Alejandro Toledo y de Hugo Chávez. Están buscando ser parte integrante de la transición y no simples observadores, intentan otorgarle a la democracia un contenido político-educativo, y a la globalización una forma de administración nacional. La educación se está convirtiendo en "espacio estratégico" para pensar y construir el futuro. Sin embargo, en el contexto regional de América Latina no queda claro dónde se define el desarrollo estratégico de la educación como estrategia de acumulación y manejo nacional del conocimiento.

Por último, vale la pena la reflexión sobre si podemos vernos como país, como región, desde la educación, o desde el sistema educativo vigente, cuando, desde ese espacio pareciera ser inadecuado dar respuesta a la nueva realidad y al contexto internacional.

Para Joaquín Brunner, la globalización como contexto internacional es causa directa o indirecta de una variedad de efectos negativos para el desarrollo educacional de las naciones (Brunner, 2000). En nuestra opinión, la globalización provoca impactos favorables y desfavorables, más que positivos o negativos. El problema, en esas circunstancias, descansa en cómo leer al sistema educativo, cómo entenderlo estratégicamente desde la globalización (Esteve, 2003).

Al mismo tiempo, la globalización requiere ser administrada, debe otorgársele un sentido y una significación nacional. Es decir, la pregunta es si es posible otorgarle a la globalización un contenido nacional, de acuerdo con los requerimientos y necesidades del país en el ámbito educativo.

Bibliografía

Balandier, Georges (1994), *El desorden*, Barcelona, Gedisa.
Bajoit, Guy (1991), *Pour une Sociologie Relationalle*, París, PUF.
Brunner, José Joaquín (2002), *Globalización y futuro de la educación: tendencias, desafíos, estrategias*, Documento presentado en el seminario sobre prospectiva de la educación en América Latina y el Caribe, UNESCO, Chile.
Cansino, César, (1994), *Modelos de transición (una aproximación conceptual)*, CIDE, División de estudios políticos, 26, México.
Esteve, José M. (2003), *La tercera revolución educativa. La educación en la sociedad del conocimiento*, Buenos Aires, Paidós.
Hinkelammert, Franz (1984), *Crítica de la razón utópica*, San José, DEI.
Kliksberg, Bernard (1998), *Rediseño del Estado en América Latina y el Caribe*, México, UNESCO.
Lyotard, Jean François (1990), *La condición posmoderna*, México, Editorial Red Iberoamericana.
Morin, Edgar (1998), *El método 3. El conocimiento del conocimiento*, Madrid, Cátedra.
Portales, Carlos (1990), *El mundo en transición y América Latina*, Buenos Aires, Grupo Editor Latinoamericano.
Programa de las Naciones Unidas para el desarrollo, *La democracia en América Latina. Hacia una democracia de ciudadanos y ciudadanas*, Informe del PNUD, Lima, Perú, 2004.
Sartori, Giovanni (2002), *La política: Lógica y método en las Ciencias Sociales*, México, FCE.
Touraine, Alain (1995), *¿Qué es la Democracia?*, México, FCE.

La profesión docente en España: retos de futuro. Una perspectiva sindical

Isabel Galvin

Educar es lo mismo que poner un motor a una barca...
hay que medir, pensar, equilibrar...
... y ponerlo todo en marcha
pero para eso,
uno tiene que llevar en el alma
un poco de marino...
un poco de pirata...
un poco de poeta...
y un kilo y medio de paciencia concentrada

GABRIEL CELAYA

Este trabajo se propone hacer un recorrido por la situación de la profesión docente en España. Para ello se realiza un breve repaso de los elementos sustanciales que la realidad española tiene en común con los países de su entorno, para destacar algunos elementos específicos que presenta el contexto español. Por último se plantean algunas propuestas para el debate desde una mirada que, en estos momentos, se encuentra situada en el sector sindical.

1. Elementos convergentes de la realidad española

Modelo de gestión descentralizada

En España, como en muchos otros países de su contexto socioeconómico, se ha profundizado en modelos de gestión educativa descentralizados. Tras el fin de la dictadura, la Constitución de 1976 establece que España es un Estado de las Autonomías. Se reconocen 17 Comunidades Autónomas que van recibiendo a diferentes ritmos las competencias en las distintas materias (educación, sanidad, justicia, etcétera.). Las Comunidades Autónomas consideradas históricas como Cataluña, Galicia, Euskadi o Andalucía recibieron las competencias en materia de educación en los primeros momentos de la transición democrática. Después, de manera paulatina, se fueron incorporando el resto de comunidades hasta 1999, año en el que el traslado de competencias quedó finalizado. En estos momentos, el Ministerio de Educación sólo tiene competencias educativas plenas sobre las ciudades de Ceuta y Melilla.

Durante los últimos treinta años las diferentes leyes educativas (LODE, LOGSE, LOCE) han desarrollado el artículo 149 de la Constitución determinando los espacios de actuación del Estado y los ámbitos competenciales autonómicos. La LOE (Ley Orgánica de Educación), publicada el 4 de mayo de 2006, es la última ley y la que está en vigor en estos momentos. En su artículo 6 se determina que el gobierno fijará los aspectos básicos del currículo en aquello que tiene que ver con objetivos, competencias básicas, contenidos y criterios de evaluación para garantizar la formación común y la validez de los títulos. Los contenidos básicos de las enseñanzas mínimas reguladas por el gobierno central tienen que representar el 55% del horario en las Comunidades Autónomas con lengua cooficial y el 65% en el resto de las Autonomías. De igual forma, las características de la prueba de acceso a la universidad previa consulta con el Consejo de Universidades son decididas por la administración central. Son, también, aspectos competenciales del gobierno central la compensación de las desigualdades, los criterios de escolarización del alumnado, los criterios de concertación con centros privados, la elección de los directores, y el funcionamiento de los Consejos Escolares en los centros públicos.

En lo que respecta al profesorado, está dentro de la competencia del Estado la formación inicial, los criterios de acceso a la condición de funcionario, las habilitaciones requeridas para impartir docencia en las distintas etapas. Por el contrario, la formación continua entra en el abanico de competencias de las administraciones autónomas. El desarrollo de medidas que impliquen el reconocimiento, el apoyo y la valoración del profesorado se contempla en el artículo 104 de la LOE, determinando que este sector ha de recibir el trato, la consideración y el respeto acordes con la importancia social de su tarea. No obstante, el artículo 105, en el que se habla de medidas concretas, queda fuera del marco competencial del Estado, determinando que las administración educativas deben "favorecer", mediante incentivos profesionales o económicos al profesorado de los centros públicos por la realización de diferentes tareas. De hecho, se desregulariza el desarrollo profesional de los docentes y el peligro es que a la vuelta de unos años puede llegar a haber 17 modelos profesionales diferentes.

Existe un organismo interautonómico, la Conferencia Sectorial de Educación, donde están representadas todas las Comunidades Autónomas a través de sus respectivos Consejeros de Educación. Una de las funciones de esta institución es promover acuerdos entre comunidades. En la practica, las dificultades de coordinación son muy grandes y son muchos los sectores desde lo que se denuncia la divergencia educativa entre las distintas comunidades y las dificultades para garantizar la mejora del sistema educativo, la equidad y la igualdad de oportunidades en el conjunto del Estado español.

La LOE prevé la descentralización democrática a través de la cesión de competencias educativas desde las Comunidades Autónomas a los municipios. Este aspecto queda regulado en el artículo 8, apartados 1 y 3, así como en la adicional decimoquinta de la ley. No obstante, ninguno de los dos tiene carácter básico, por lo que el desarrollo futuro de esta posible descentralización se realizará de diferente manera y a distintos ritmos en cada una da las autonomías.

Cambios sociales

En España, como en los países de su entorno, se han producido en los últimos años grandes cambios que ha supuesto transformaciones profundas en la economía, la política, la vida social y el imaginario cultural. Así, la incidencia, en todos los aspectos de la vida, de los procesos ligados a la globalización ha sido muy alta. Por esta razón, se han modificado, por ejemplo, el sistema productivo, el mercado de trabajo, la estructura familiar, y los roles de género. En pocos años, España se ha convertido en una sociedad multicultural donde conviven personas de una amplísima diversidad de lenguas y culturas. Hemos asistido, en muchas ocasiones perplejos, al "final de las certezas" (Hargreaves, 1996). La cuestión esencial para nosotros es cómo han incidido, están incidiendo o van a incidir en el sistema educativo estos cambios que se producen de manera rápida y continua, como lo van a hacer, y en especial en la profesión docente.

En este sentido, España no es una excepción, y la generalización del acceso a los medios de comunicación de masas y a las nuevas tecnologías de información ha traído consigo otras formas de vivir, de pensar, de comunicarse, incluso, de sentir. Han cambiado los roles, las funciones, el papel de los adultos con respecto a los jóvenes. La familia y la escuela han perdido su monopolio como agentes de socialización. Los medios de comunicación audiovisual han asumido esta función, convirtiéndose en trasmisores de valores, en difusores "de información sin secuenciar" (Tedesco, 1995). Las instituciones educativas se han visto superadas, sin capacidad de competir, con los medios de comunicación que condicionan los gustos, las aficiones y los valores; en definitiva, regulan los significados del mundo que nos rodea.

Se ha roto el frágil y maltrecho consenso sobre la educación que queremos para los niños y jóvenes de ahora que serán los adultos del futuro. A ello han contribuido los cambios producidos, la diversificación de los agentes socializadores, la realidad multicultural que dificulta alcanzar elementos identitarios comunes y, además, la perdida de eficacia de la educación como instrumento esencial para alcanzar un futuro mejor. Ahora nadie puede garantizar que, de manera automática, a más educación un empleo mejor a lo largo de toda la vida. La sociedad ha situado bajo sospecha a la educación: es cara y no da los resultados económicos esperados.

En definitiva, nos encontramos ante procesos de socialización con tendencia divergente en que cada diferente sector social quiere hacer imperar sus intereses y valores. Este peligro es especialmente grave porque el desarrollo extremo de esta tendencia pondría en peligro una mínima cohesión social. Por esta vía, abandonados a la deriva de esta dinámica, los sectores sociales más desfavorecidos se encuentran en una situación de permanente riesgo (Esteve, 1998b). En España el desencuentro entre las expectativas e intereses, en materia de educación, de los distintos sectores sociales e ideológicos se plasma en una escolarización polarizada en una doble red (pública y privada concertada), cada vez más útil para escolarizar de manera segregada a un alumnado de diferente procedencia social, cultural, étnica y religiosa.

En este contexto, la tendencia, también constatada en España, es percibir a los docentes como causantes de todos los problemas, de las deficiencias, de las limitaciones de la educación. Desde la perspectiva neoliberal, esto significa culpar al profesorado de los resultados mediocres del sistema educativo sin considerar otros factores, y desde algunas lógicas más progresistas se llega a interpretar al profesor como el principal causante de la discriminación y de la exclusión educativa al trasmitir los valores propios y reproducir las relaciones sociales dominantes discriminando al alumnado de origen social, étnico o cultural diferente al dominante (Tedesco). En ambos casos se evita analizar el sentido de las reformas educativas que una y otra vez se intentan poner en marcha, el papel de la inversión en educación o la necesidad de buscar nuevos consensos educativos.

Sobre el profesorado

El profesorado en España, al igual que en el resto de países desarrollados, se encuentra desorientado y se puede afirmar, de manera rotunda, que la profesión está en crisis. Las causas de esta situación son diversas porque la realidad es compleja.

Por un lado, la crisis está vinculada a los cambios sociales anteriormente apuntados (económicos, culturales, familiares, nuevos roles de género, multiculturalidad, violencia), a la crisis de conceptos como autoridad, disciplina, entre otros, esfuerzo, a las nuevas demandas que la sociedad hace a la escuela y a los dobles discursos que se manejan sobre la educación y los valores que ésta ha de trasmitir. Hay discursos contradictorios sobre la educación. Se repite insistentemente desde los ámbitos políticos la importancia de la escuela pero esto no se plasma en hechos concretos. Muy al contrario, la tendencia a invertir menos en educación se consolida. De la misma manera, se exaltan la violencia, la competitividad y la agresividad desde diferentes sectores de la sociedad y los medios de comunicación, a la vez que se pide a la escuela que eduque en los valores del respeto, la tolerancia, y la resolución pacífica de conflictos.

En segundo lugar, esta situación de crisis se relaciona con los grandes cambios educativos. Las instituciones de enseñanza se han visto conmocionadas por las transformaciones sociales: el trabajo del profesorado ha pasado a ser otro (funciones, competencias, exigencias, conocimientos). En España, como en otros países ocurrió con anterioridad, se ha producido la tercera revolución educativa (Esteve, 2003). En 1990 (LOGSE) se extendió la obligatoriedad a los 16 años. La educación ha pasado de ser un privilegio a ser un derecho básico. El profesorado se encuentra en clase con grupos heterogéneos de diferentes contextos sociales, culturales, lingüísticos, con diferentes modelos de socialización, con distintas capacidades, intereses, motivaciones. Está escolarizado todo el alumnado. También el de bajas capacidades, el que no desea estudiar y al que antes se expulsaba mientras ahora la ley obliga a dar respuesta educativa a su especificidad.

En tercer lugar, la crisis se ancla en los grandes cambios profesionales que se han producido en poco tiempo. La tercera revolución educativa es, a efectos de la democracia, un gran logro, pero para el sistema educativo en general y para el profesorado en particular supone un gran reto. En este nuevo contexto social y educativo, la sociedad pide al profesorado que, en las etapas obligatorias, haga un trabajo más educativo que académico. Por otro lado, aparecen nuevas demandas educativas del alumnado recién llegado a las aulas mientras se mantienen las antiguas. Después de la ruptura de los consensos educativos existe una confusión social sobre el qué (contenidos científicos, valores, actitudes), el para qué (fines) y cómo (metodología, habilidades sociales, materiales curriculares) enseñar. Tres leyes educativas en, apenas, quince años, muestran que no hay acuerdos básicos entre los diversos sectores políticos, y que la educación es materia de confrontación ideológica. Además de todo esto, en los últimos años se ha producido una revolución científico-técnica (contenidos, tecnologías de la comunicación y de la información) que ha exigido la actualización permanente del profesorado para estar a la altura de los nuevos tiempos.

En este contexto complejo, la profesión docente en España muestra sus límites: no hay carrera profesional, los topes salariales son bajos, el reconocimiento social decrece, aumentan la frustración y la ansiedad. El imaginario de la profesión que tienen los docentes recién incorporados es diferente a la realidad que encuentran. Han cambiado lo que se exige y se espera del profesorado y de la escuela, el tipo de alumnado que acude a los centros, las funciones que han de realizar los docentes. La sociedad desconfía de la escuela y de sus profesionales, los medios de comunicación hacen eco de aquellas situaciones en las que la función docente queda en entredicho y aumenta la tendencia a ver al profesorado como un colectivo ciertamente extravagante que, en tiempos de competitividad en los que el éxito se plasma con altos salarios, se conforma con un trabajo mal pago y mal considerado porque lo que desea es tener muchas vacaciones a lo largo del año.

Las políticas educativas de los sucesivos gobiernos y las distintas leyes educativas se han ocupado poco de adaptar al profesorado a los nuevos tiempos. Así, los programas de formación inicial han permanecido iguales y las condiciones laborales del profesorado no han cambiado de manera sustancial. Lo cierto es que el reconocimiento social del profesorado y de la profesión docente decrece de manera constante. Las administraciones educativas declaran la importancia del trabajo docente y su intención de prestigiarlo pero no toman medidas concretas para que el prestigio social del profesorado aumente y la profesión sea satisfactoria para los profesionales actuales y atractiva para buenos estudiantes del presente que puedan ser magníficos profesores del futuro. Esta pérdida de prestigio, en España como en otros lugares, ha aumentado en paralelo a la expansión cuantitativa del colectivo así como a la feminización (Tedesco). Invertir la tendencia requiere de un amplio consenso social sobre la importancia de la tarea docente que se plasme en políticas integrales que en España aún no se vislumbran en el horizonte.

2. Aspectos divergentes del caso español

Dificultad histórica para desarrollar políticas educativas de estado

En España, en contraste con la gran mayoría de los países de su entorno, han existido y siguen existiendo grandes dificultades para que la educación no sea materia de confrontación política. Las dos Españas que tristemente anticipaba Antonio Machado y que se enfrentaron en la Guerra Civil han tenido, en la historia reciente, dos proyectos educativos para el país.

Durante la dictadura que siguió a la Guerra Civil, uno de los objetivos fundamentales de la política educativa fue acabar con la educación pública laica y gratuita que los gobiernos de la República habían tratado de generalizar. Esto supuso que a muchos maestros y maestras que habían estudiado, ejercido docencia o accedido a la profesión durante la República se les impidiera el ejercicio de la profesión, fueran encarcelados, e incluso ejecutados. El número de maestros y maestras que sufrió esta dura represión fue muy importante ya que durante la República las plantillas habían crecido significativamente, al haberse producido una extensión masiva de la educación básica. Así, se abrieron muchas nuevas escuelas (27.151) y se llevó la educación a lugares recónditos del territorio español. Otras de las acciones de gobierno, en esa época, fue dignificar la profesión docente mediante el cambio de los planes de formación inicial, el modelo de acceso y un aumento muy significativo de los sueldos. Los docentes pasaron a ocupar un aumento preferente en la vida pública de tal manera que muchos manuales de historia hablan de "la república de los maestros".

Durante los cuarenta años de dictadura el panorama educativo cambio radicalmente. Se *ultracatolizó* e ideologizó la escuela y se encontró en la educación un instrumento útil para trasmitir los principios fundamentales del régimen. Los diferentes gobiernos subvencionaron a la escuela privada y abandonaron la extensión de la red pública. Las grandes órdenes religiosas recuperaron el peso y la influencia perdida durante el desarrollo del proyecto republicano. En cuanto a las condiciones laborales del profesorado y la regulación de la profesión, las medidas fueron totalmente regresivas, puesto que los sueldos de los maestros fueron ajustados a la baja y se degradaron los estudios de magisterio eliminando el Plan Profesional para la formación de los docentes. Solo a finales de los años de la dictadura, se dieron tímidos pasos para cambiar la situación educativa a través de una nueva ley de educación, conocida como la ley del 70 o Ley Villar Palasí.

El fin de la dictadura, el proceso de transición y el paso a la democracia supusieron grandes expectativas en materia de educación. Los debates que llevaron a los consensos que hicieron posible la Constitución de 1978 pusieron de manifiesto las dificultades para alcanzar acuerdos en la materia. El resultado final queda expresado en el artículo 27 sobre el derecho a la educación. El texto busca el equilibrio entre el derecho a la educación (igualdad de oportunidades y compensación educativa) y la libertad (referida a la elección de las familias y a la creación de centros). En 1982 entró en vigor la LODE (Ley Orgánica del Derecho a la Educación), la cual es el primer desarrollo del texto constitucional y regula las condiciones en las que las Administraciones Educativas pueden realizar conciertos con centros privados, así como la participación de los diferentes sectores de la comunidad educativa.

Desde el 1978 hasta nuestros días la tensión ha sido permanente. El termino "guerra escolar" ha estado en la opinión pública durante los debates de la LODE y la LOGSE, así como últimamente, durante el trámite parlamentario de la recientemente aprobada LOE. De fondo hay una lucha por el peso de las dos redes (pública y privada-concertada) en el total del sistema educativo. Según los estudios realizados por la Federación de Enseñanza de CC.OO, al inicio de la democracia la proporción era 70% frente al 30% a favor de la privada. En 1996, al final del primer periodo de gobierno socialista, el sector público se había consolidado y sacaba ventaja suponiendo, aproximadamente, el 65% de la red. En los ocho años de gobierno del Partido Popular la enseñanza pública retrocedió aproximadamente en 5 puntos. El denominado "equilibrio entre redes" se mantiene en las diferentes comunidades autónomas según el partido en el gobierno. A modo de ejemplo, en Andalucía, Comunidad gobernada por el partido socialista durante los últimos veinticinco años, el peso de la enseñanza pública está estabilizado en el 65% de la red mientras que en la Comunidad de Madrid tras los doce años de gobierno del P.P. la enseñanza pública se ha situado por debajo del 60 % en el conjunto de la Comunidad y cerca del 45% en la Ciudad de Madrid.

En este contexto, la derecha política junto a los sectores eclesiásticos más conservadores han abanderado la libertad para la elección de centros, reclamando la concertación de todos los centros que las familias demandan así como la total autonomía de gestión. Los sectores liberales y neoliberales proclaman la necesidad de regular la educación según las leyes del mercado de tal manera que la oferta educativa se planifique de acuerdo con la demanda, y se reduzca el gasto público en el rubro. Ambos sectores encuentran en la selección del alumnado y el esfuerzo (individual), los referentes de su modelo educativo, denostando las leyes desarrolladas por los gobiernos socialistas y en espacial la LOGSE.

Por el contrario, la izquierda ha hecho suyos los discursos educativos socialdemócratas que ven en la educación el instrumento esencial para alcanzar la cohesión social. Los grandes lemas han sido la igualdad de oportunidades y las políticas de compensación educativa. Un objetivo de gobierno fue la enseñanza obligatoria de carácter comprensivo hasta los 16 años, que se alcanzó con la entrada en vigor de la LOGSE en 1990. Estos sectores políticos plantean la escuela pública como vertebradora del sistema educativo y la oferta concertada como su colaboradora, y mantienen un discurso de "control social de todos los centros sostenidos con fondos públicos", de tal manera que ninguno seleccione al alumnado y ningún centro financiado con dinero público se exima de coresponsabilizarse de todas las necesidades educativas existentes.

Al contrario de lo que ha pasado en muchos países, en España no se ha avanzado, en los últimos años, en el desarrollo de lo que Tedesco denomina una "cultura de acuerdos educativos", que tienda a otorgar a las estrategias educacionales el carácter de políticas de *Estado* y no de *partido* en el ámbito del gobierno central. Bien es verdad que en el nivel autonómico sí se han desarrollado Acuerdos Educativos para la mejora de la calidad de la enseñanza, que se han situado en el ámbito de representatividad de los diferentes sectores de la comunidad educativa (sindicatos, asociaciones de padres y madres, asociaciones estudiantiles, patronales de la enseñanza privada), más que en los escenarios políticos. Es por esto que hasta ahora, y de momento no parece que esto vaya a cambiar. Uno de los elementos programáticos clásicos de los distintos partidos cuando están en la oposición es cambiar la ley educativa en vigor.

Este hecho cobra especial valor por la importancia que en España se da a las leyes educativas, que son interpretadas como elemento esencial de las políticas educativas por encima de otros como la inversión, la procedencia socio económica del alumnado, el nivel educativo de los padres y madres, y la formación del profesorado. Esto es así, hasta tal punto que comúnmente puede encontrarse en medios de comunicación, en la literatura educativa o en el discurso de un sector de la clase política, del profesorado o de las familias, la idea de que el causante de problemas complejos como la violencia o el fracaso escolar es la LOGSE.

Doble red

De todo lo dicho hasta ahora se deduce que la realidad educativa española está marcada de manera muy definitiva por el hecho de estar organizada en torno a una doble red de centros que llega, en la práctica, a convertirse en tres tipos de centros: públicos, privados-concertados y privados sin concertar. En estos momentos, se puede decir que el alumnado accede a éstos de manera directamente relacionada con el nivel de renta y la situación sociocultural tanto de su familias como de la Comunidad Autónoma donde vive. Se sitúan en un extremo los centros privados que escolarizan a los niños y niñas de las familias españolas más acomodadas y tienen especial peso en las grandes capitales o en las Comunidades Autónomas con mayor nivel de ingresos (Madrid, Navarra, Cataluña, Euskadi). En el otro extremo, los centros públicos de las comunidades gobernadas por los partidos conservadores del espectro político español tienden a convertirse en asistenciales.

La situación es especialmente grave, y, parece urgente abordar un debate sobre el papel social de la educación pública y la privada. En ciudades como Madrid y Barcelona, los datos manifiestan que la escuela pública escolariza de manera mayoritaria al alumnado inmigrante, minorías étnicas y la población socialmente desfavorecida con necesidades educativas de compensación, mientras que los centros privados-concertados atienden al alumnado del amplio abanico de las clases medias. La pregunta es qué se quiere hacer con este modelo de socialización divergente que sólo puede llevar a una sociedad fragmentada y sin cohesión.

Esta realidad determina la identidad del profesorado en España hasta el punto en el que podemos hablar de una identidad fragmentada. Esto es así porque el modelo de acceso a la profesión, así como el modelo profesional de los trabajadores del sector público y del sector, privado son totalmente divergentes. Tanto es así que cuando nos refiramos de aquí en adelante a las especificidades de la profesión docente en España estaremos hablando, en general, de los funcionarios y el personal interino de los centros públicos, puesto que los trabajadores de los centros privados ven determinadas sus condiciones laborales por un convenio colectivo y sus relaciones laborales dependen de unas patronales dominadas por las grandes ordenes religiosas, las cuales ejercen un control ideológico tan fuerte sobre sus trabajadores, que estos se ven obligados a acatar el ideario del centro si quieren mantener sus puestos de trabajo, o ven vulnerados sus derechos fundamentales de asociación o sindicación de manera sistemática.

Sobre el reclutamiento

Es preciso, antes de entrar a analizar en profundidad la situación de la función docente en España, señalar una peculiaridad del caso español que sin duda, hasta el momento, ha condicionado las políticas educativas con respecto a los docentes en España. Al contrario que en la mayoría de los países del entorno, en España no se ha producido aún crisis en el reclutamiento.

Para entender esta realidad, es preciso realizar algunas consideraciones. En lo que respecta estrictamente al sector educativo, hemos de señalar que llegamos a la democracia con un fuerte déficit de profesorado que fue preciso subsanar en diferentes etapas con convocatorias de empleo público masivas. Por otro lado, y ya en los años noventa, tras la aprobación de la LOGSE y la extensión de la obligatoriedad hasta los dieciséis años, fue preciso hacer una ampliación muy importante de las plantillas para dar respuesta a esta nueva realidad y a los retos que traía consigo. Esta demanda cuantitativa desde el sector ha hecho que la enseñanza haya sido un destino profesional atractivo para muchos jóvenes recién salidos de la facultad. El crecimiento cuantitativo ha venido acompañado de un proceso de feminización y democratización del sector al producirse el acceso de los hijos e hijas de las clases trabajadora a la docencia.

La atracción ejercida por el sector se ha visto complementada con una coyuntura económica sostenida en el tiempo en la que la tasa de paro ha estado muy alta con un mercado de trabajo incapaz de dar empleo al alto porcentaje de titulados universitarios que existían en España. A esto se añade una bajísima inversión en I+D (investigación y desarrollo), que hace prácticamente inviable la salida hacia la investigación de los recién titulados y doctorados de las distintas especialidades de ciencias y letras. Por otra parte, España tiene un alto porcentaje de su economía sumergida, y una tendencia importante a ofrecer empleo precario y mal pago a los jóvenes que, sobradamente preparados, están conformado un sector social llamado "los mileuristas". El nombre viene de los mil euros mensuales que, aproximadamente, ganan y que representa alrededor de la mitad de lo que puede ganar un profesor de secundaria recién ingresado al cuerpo.

Con este orden de cosas, la enseñanza ofrece unas perspectivas profesionales limitadas (en límites salariales y en la progresión profesional), pero constituye una salida laboral y un empleo mínimamente estable en el que se encuentra seguridad y libertad. Es por esto que, a pesar del desconcierto y el malestar docente que se viene percibiendo desde hace varios años, no sólo no se ha notado, hasta el momento, una tendencia hacia la crisis en el reclutamiento del profesorado, sino que podemos hablar de mano de obra excedente al existir grandes bolsas de trabajadores de todas las especialidades que desean desempeñarse en la función pública. Esto sin duda ha condicionado definitivamente la actitud de la clase política y de la sociedad en su conjunto hacia la función docente.

Políticas educativas no sensibles al profesorado

Otra característica específica de las políticas educativas españolas es la ausencia de actuaciones activas dirigidas al apoyo decidido al profesorado, la definición de la función docente, la carrera profesional. Al contrario de lo que ocurre en otros países europeos, no existen incentivos de ningún tipo que reconozcan el trabajo de los docentes ni vías para el desarrollo profesional docente más allá de la progresión de un cuerpo a otro en el sentido de menor a mayor (infantil y primaria, secundaria, catedrático, inspección), el aumento de las retribuciones a través del aumento de la antigüedad, el de acceder a un puesto en los equipos directivos o alcanzar alguna asesoría técnica en alguna administración. A esta vía de progreso profesional se suma la de alcanzar una plaza docente en alguno de los centros españoles en el exterior, donde los complementos retributivos que se cobran hacen que sea percibido por el colectivo como una forma de alcanzar, temporalmente (estos destinos tienen el límite de 6 años), un estatus profesional superior en el que el reconocimiento aumenta a través de un sueldo muy elevado. Todas ellas son vías a través de las cuales los docentes que se proponen el desarrollo profesional tienden a abandonar la enseñanza o, al menos, a hacerlo en determinadas etapas. Estas son salidas profesionales para el profesorado que ejerce sus funciones en la red pública, porque los trabajadores de la red privada-concertada, por las razones que se han anticipado anteriormente, quedan fuera de ellas.

Hemos llegado a este estado de cosas porque no ha habido, hasta ahora, la necesidad de abordar con rigor el papel del profesorado. La clase política no ha tenido sensibilidad en esta materia y los grandes temas educativos en los que España estaba tan atrasada han hecho, probablemente, que el asunto de la función docente quedara en un segundo plano. A esto se ha sumado la escasa preocupación de la opinión pública por el asunto y la tendencia a que el profesorado sea considerado como un colectivo privilegiado por la jornada y el calendario de los que disfrutan. Esto es tan así, que ante movilizaciones sectoriales, muy comúnmente los medios de comunicación se posicionan claramente en contra, propagando la imagen de que los profesores se mueven porque quieren trabajar menos y ganar más. Esta desidia hacia el profesorado se ha plasmado en las sucesivas leyes orgánicas que se han desarrollado en materia de educación durante el período de la democracia, pero sobre todo se ha consagrado en las actuaciones (o "no-actuaciones") de gobierno de las diferentes administraciones educativas.

Por un lado, las tres leyes orgánicas implantadas durante el primer periodo de gobierno socialista no se han ocupado especialmente del profesorado. En este periodo es especialmente significativa la huelga que en 1988 protagonizó el profesorado de la enseñanza pública, considerada como una de las movilizaciones más importantes de la democracia. La primera ley educativa del gobierno socialista, la LODE del año 1982, se refería al profesorado en el artículo 3 para garantizar la libertad de cátedra y que esta se desarrollara según los fines educativos y los principios que establecía dicha Ley.

Posteriormente, en la LOGSE (1990) las menciones al profesorado fueron fundamentalmente sobre los cuerpos docentes encargados de impartir las diferentes etapas educativas. Se consolidó la fragmentación del "cuerpo docente" mediante la gradación de menos a más en el nivel profesional, según la edad del alumnado con el que se trabaja, a la vez que se mantenía la promoción interna (paso de un cuerpo a otro) como vía para la progresión profesional. En cuanto a la formación, se comprometía la puesta en marcha de un título de especialización didáctica que, finalmente, no llegó a entrar en vigor tal y como lo preveía la Ley. Sobre la formación continua, el aspecto más novedoso era su reconocimiento como derecho del profesorado. Esto no es independiente del complemento retributivo vinculado a la formación continua (sexenios) que se alcanzó tras la huelga de 1988. Además, en esta ley se contemplaba el compromiso para la creación de centros de formación de profesorado. La LOGSE entró en vigor sin financiación y en una etapa en la que los efectos de la recesión económica se hacían sentir. El legislador ocupado en la tarea histórica de generalizar la enseñanza obligatoria y comprensiva hasta los dieciséis años, torpemente, tuvo muy poco en cuenta la necesidad de ganarse al principal actor de su puesta en marcha: el profesorado. Esto tuvo su precio a lo largo de los años porque un sector importante de la comunidad le dio la espalda o, al menos, no se sintió involucrada en esta reforma.

La tercera ley de este primer periodo socialista se propuso regular los centros docentes, la evaluación y la participación. Se refería al profesorado en los artículos 30 y 31 para regular la valoración de la función pública docente. El segundo se refería a el desarrollo profesional de los docentes en los centros públicos y se vinculaba directamente a la evaluación de su trabajo. El nivel de compromiso de las administraciones públicas con el asunto quedaba establecido en el de *"prestarán una atención prioritaria a la cualificación y la formación del profesorado, a la mejora de las condiciones en que realiza su trabajo y al estímulo de una creciente consideración y reconocimiento social de la función docente"*. No aparecía ninguna referencia a otro elemento diferente de la propia docencia, como aspectos a tener en cuenta de cara a la evaluación y, tampoco se decantaba el texto legal por ninguna referencia a avanzar en otro tipo de promoción que no fuera la vertical.

Cuando el Partido Popular alcanzó el gobierno, una de sus prioridades era derogar la LOGSE y elaborar su propia ley de educación. Lo consiguió en el segundo periodo de su mandato cuando tenía mayoría absoluta en el parlamento. Esto supuso que la LOCE entrara en vigor con el exclusivo apoyo del partido en el gobierno y sin el visto bueno de los diferentes sectores de la comunidad educativa (sindicatos, asociaciones de padres y madres, asociaciones de estudiantes). Esta situación agudizó el distanciamiento del profesorado de las nuevas leyes educativas y su desconfianza hacia las reformas.

La nueva ley dedicaba a la función docente el título IV y explicitaba la necesidad de desarrollar medidas de valoración del desempeño y de apoyo a los docentes. Se comprometía a reformar la formación inicial a través del cambio de los cursos de especialización didáctica, que estarían obligados a hacer todos los docentes que pretendieran acceder a la carrera en la educación secundaria, y de los que quedarían excluidos los maestros. Además, se mencionaban el reconocimiento de la función tutorial y la reducción de jornadas de los mayores de cincuenta y cinco años como medidas de apoyo al profesorado. Se decantaba por una carrera profesional vertical que consistiría en el salto de un cuerpo a otro. Con la victoria electoral del partido socialista y el cambio de gobierno, esta ley, muy contestada desde amplios sectores del profesorado, no entró en vigor.

Podemos concluir, por tanto que las políticas educativas de los sucesivos gobiernos y las distintas leyes educativas no se han ocupado de adaptar al profesorado a los nuevos tiempos. Así, los programas de formación inicial han permanecido iguales: no se han ampliado los conocimientos de psicopedagogía, no se abordan las materias transversales que las instituciones pretenden que la escuela trate (interculturalidad, educación sexual, educación para la salud, educación vial, prevención de las drogodependencias, educación para la paz), y tampoco se desarrollan habilidades profesionales para dar respuesta a los problemas de convivencia, la resolución pacífica de conflictos, la formación afectiva, el desarrollo de habilidades sociales para la relación con el alumnado y sus familias, la inoculación y la formación ante el estrés. No se prepara a los futuros profesionales para el trabajo en equipo, la reflexión crítica, la investigación, la innovación.

Además, las condiciones laborales del profesorado no han cambiado de manera sustancial. Se siguen organizando los centros educativos en función de las horas lectivas sin considerar todas esas nuevas funciones que se han de realizar para dar respuesta a las nuevas demandas como tutoría, atención a familias, preparación de las actividades que va a realizar el alumnado según sus diferentes necesidades educativas, coordinación con los distintos miembros del equipo educativo, entre otras. Las administraciones educativas declaran la importancia del trabajo docente y su intención de prestigiarlo, pero no se toman medidas concretas para que el prestigio social del profesorado aumente y la profesión docente sea atractiva. Esta pérdida de prestigio, en España como en otros lugares, está sin duda, asociada a la expansión cuantitativa del colectivo así como a la feminización del mismo.

Actualmente nos encontramos en un momento de especial trascendencia. La nueva Ley educativa ha entrado en vigor recientemente. El titulo III de la misma se dedica al profesorado. En él aparecen algunos elementos novedosos que si finalmente se desarrollan pueden introducir a España en las tendencias del contexto europeo en cuanto al profesorado. Por un lado, lo que se refiere a la formación inicial debe confluir con los cambios que va a traer consigo el nuevo espacio europeo de la educación superior y su reforma de grados y posgrados. Por otro lado, se hace referencia explícita a tareas y funciones que van más allá de la docencia directa que formando, parte del trabajo del profesorado, han de ser reconocidas. Entre ellas se encuentran la función tutorial, la especial dedicación a los centros, la implantación de planes de innovación, o la impartición de materias en una lengua extranjera en centros bilingües.

Este hecho supone un reconocimiento implícito de que la carrera profesional de los docentes podría llegar a tener en España, como en otros países de su entorno, vías de progresión vertical, ampliando la obsoleta perspectiva de la antigüedad como casi exclusiva vía de progresión. Se contemplan también, como posibles medidas de apoyo al profesorado, la existencia de licencias retribuidas para estudio e investigación, o la reducción de jornada (con disminución de haberes) a los mayores de cincuenta y cinco años. La ley a través de sus adicionales 12 y 13 se compromete a la elaboración de un Estatuto Docente y a revisar el modelo de acceso a la función pública acercándolo más a la experiencia profesional.

Actualmente, se está negociando el futuro Estatuto Docente para el profesorado de los centros públicos, cuyo primer borrador tuvo que ser retirado bajo exigencia de las organizaciones sindicales porque se había presentado un texto unilateral por parte del gobierno sin la mínima participación de los agentes sociales. El reto es muy importante, además, de trascendente. Los grandes objetivos educativos y todas las leyes de la democracia se han puesto en marcha sin financiación, sin diagnóstico, sin el profesorado. La tensión es clara y la tendencia contundente: si las políticas educativas no llegan al aula no trasforman el nivel de la práctica educativa. Es preciso que el principal motor del cambio educativo se sienta implicado, comprometido. Este es, sin lugar a dudas, el profesorado. En la historia reciente española no ha habido coordinación entre el legislador y el profesorado que realiza su trabajo en las aula. Existe, incluso, una desconfianza hacia al legislador que induce a pensar que cada nuevo cambio es "más de lo mismo" y que de nuevo se deja "abandonado a su suerte" al profesorado de aula. Esta tendencia ha de cambiar.

Resistencias específicas del profesorado en España

En cualquier caso, y para poder exigir a los gobiernos políticas educativas que respeten y que reconozcan al profesorado, es preciso mirar hacia dentro de la comunidad educativa y analizar aquellos elementos que desde dentro dificultan el cambio, o incluso aquella "quinta columna" usando palabras de Mariano Fernández Enguita. En este sentido, Hay dos elementos que suponen especiales resistencias del profesorado español, y que son de especial trascendencia para el tema que nos ocupa, en las que merece la pena profundizar en alguna medida para buscar salidas, propuestas y soluciones. Esta dos "resistencias" específicas son el peso que tienen en la cultura profesional la reivindicación del "cuerpo único" y la oposición a la evaluación como instrumento de valoración del ejercicio de la profesión.

Sobre la primera, hay que mencionar que se trata de una reivindicación histórica del profesorado durante la transición y que quedó definitivamente abandonada en los años noventa, cuando la LOGSE se decanta por mantener los diferentes cuerpos de profesorado en función de la etapa en la que se trabaja. Sin embargo, se mantiene una resistencia, sobre todo en el profesorado de primaria, a toda aquella medida que ahonde más en la fragmentación del cuerpo profesional. Lo cierto es que la realidad va por otro lado y que estos reconocimientos se ha ido consolidando con los complementos que se reciben por el ejercicio de la dirección, las retribuciones a las jefaturas de departamento en secundaria, la retribución de la docencia en lengua extranjera o la coordinación de programas deportivos que se están realizando en algunas comunidades autónomas; todos estos complmentos son ejemplos de una realidad de diversificación del abanico salarial. Es especialmente llamativo que esta realidad pase desapercibida o sea asumida de menor o mayor grado y que, cuando se empieza a hablar de reconocer retributivamente, o a efectos de promoción, otras tareas de carácter "más horizontal", sea cuando se abre el debate y arrecia el rechazo. El tema tiene su complejidad y es preciso que todos los agentes implicados en el cambio de cultura profesional que esto supone (administración, organizaciones sindicales, movimientos de renovación pedagógica, asociaciones de profesores) cuenten con espacio y tiempo para debatir sobre causas, efectos y posibles soluciones al problema.

La resistencia a la evaluación es otro de los aspectos específicos de la realidad escolar española. Amplios sectores de la profesión no quieren ni oír hablar del tema. Parece necesario profundizar en aquellos aspectos que tienen que ver con la historia y hasta qué punto puede condicionar el imaginario colectivo una larga tradición de políticas educativas partidistas. Además, la historia condiciona también una falta de tradición democrática, un déficit de transparencia y de control social de lo que la administración puede hacer y hace. Desde este punto de vista, la resistencia a la evaluación es grande porque hay desconfianza acerca de los fines con los que se la hace, cómo se hace, quién la hace y qué usos se van a dar a los resultados. En un contexto de estas características, la tendencia es pensar que la evaluación se hace contra algo o contra alguien y no para mejorar algo.

Para romper esta inercia y cambiar la tendencia es preciso que las administraciones educativas se propongan un plan de actuación en el que el primer paso ha de ser buscar la participación de los sectores implicados. El profesorado debe participar a través de sus representantes (organizaciones sindicales) pero también han de buscarse vías para que el profesorado en los centros trabaje, reflexione y elabore sobre la necesidad de incorporar una cultura de evaluación en los centros. Los mecanismos de control deben ser por tanto consensuados y la evaluación del profesorado debe ser, en principio voluntaria, y quedar incluida en marcos de evaluación más amplios en los que todos los sectores implicados en el proceso educativo, también las administraciones, sean evaluados. Una evaluación para mejorar, así como para ajustar los objetivos, que no pierda en ningún caso el compromiso con la sociedad y lo que esta quiere de la educación, que se ancle en la educación como derecho fundamental y como servicio público.

3. Propuestas para el debate

Rearme moral y profesional del profesorado

Esto ha de suponer la recuperación, la apropiación de la naturaleza política de la educación. El para qué educamos, el qué (actitudes) y el cómo (metodología). Es preciso definir lo que somos y lo que no somos, lo que queda fuera de la escuela. En todo ello está la identidad docente. Es preciso luchar contra los que, usando palabras de Imbernon, suponen la anomia y hacen que la profesión sea tutelada. Por otra parte, es indispensable la actualización metodológica y científico-técnica. Este aspecto depende del anterior.

Promover la participación del profesorado en todos los procesos

Ha de generarse la corresponsabilización del profesorado en todos los procesos que suponen la puesta en marcha de las políticas educativas. Es preciso que los profesores y profesoras se comprometan en el nivel "macro" para que las reformas lleguen al nivel "micro" y cambien el aula. Es preciso generar una cultura de acuerdos en la solución de los conflictos y de las tensiones a través del diálogo.

Profundizar en las definiciones

Es necesario hacer un esfuerzo entre todos los sectores implicados (administración, sindicatos, movimientos de renovación pedagógica, asociaciones profesionales, patronales y propietarios de los centros privados) para profundizar en la definición del modelo profesional, de la función docente y de los puestos de trabajo. Definir las tareas y las funciones del profesorado más allá del trabajo lectivo (preparación de clases, selección y preparación de material, atención personalizada al alumnado, tutoría, coordinación con el equipo docente del centro, coordinación con otras instituciones y servicio de atención a las familia). De la misma manera, es preciso definir las funciones de los otros profesionales que trabajan en los centros y de otras instituciones que colaboran en el trabajo educativo con la escuela.

Desarrollar la autonomía profesional

Para mejorar la calidad de la enseñanza y el funcionamiento parece necesario profundizar en la autonomía del profesorado. La pregunta que cabe hacerse es sobre el tipo de autonomía ¿Cualquier autonomía? Por la demanda de los centros y las nuevas necesidades del alumnado y de sus familias parece que tendríamos que explorar las vías para alcanzar una autonomía regulada que rompa la fuerte inercia de la cultura profesional tradicional que lleva a el individualismo. Autonomía que implique intercambio de experiencias y trabajar en red. Una autonomía que se complemente con colegialidad, de tal manera que se profundice en las dinámicas colectivas en los centros. Ha de huirse de la idea de que un profesor o una profesora trabajando solos "pueden con todo", y hay que mejorar los recursos con los que el profesorado se enfrenta a las situaciones de aula. Para eso es de inestimable valor compartir las experiencias entre iguales, desarrollar lo que Tedesco ha denominado "el profesionalismo colectivo".

Análisis detallado de las condiciones laborales que influyen y determinan el modelo y el desarrollo profesional

En este sentido, hemos de considerar el empleo, los tiempos, todas las funciones que se realizan, más allá de las docentes. Las funciones se han de diversificar porque la sociedad demanda de los docentes tareas educativas, a veces, por encima de las académicas. Es preciso poder definir éstas (tutoría, coordinación horizontal, docencia, atención a familias, tutela de compañeros recién incorporados), para abordar el debate sobre cómo reconocer estas funciones y qué tipo de incentivos profesionales o económicos utilizar.

Además hemos de profundizar en la idea de "equipos docentes" vinculados a proyectos de centro. Esto, sin duda, va a suponer un reto para las organizaciones sindicales y los trabajadores en su conjunto, porque implica entrar en debates sobre acceso, permanencia, movilidad, o aspectos tan complejos como la definición de lo que puede ser materia de reconocimiento individual o colectivo.

Revisar la formación del profesorado

Romper la incercia que ha llevado reforma tras reforma a mantener planes de formación inicial del profesorado que nada tienen que ver con los contenidos de la reformas planteadas y, mucho menos, con las exigencias del desempeño profesional, con los problemas que los profesores y profesoras se encuentran en el aula y han de resolver. Se sigue dando más importancia a la formación académica sobre las otras competencias y habilidades que han de ponerse en práctica en el ejercicio de la profesión.

Desarrollar programas polivalentes, genéricos por un lado y específicos por otro, en los que se equilibren la teoría y la práctica, los contenidos científicos, los psicopedagógicos o los sociológicos con competencias de carácter más práctico (recursos metodológicos para las distintas situaciones, resolución de conflictos en el aula, atención a la diversidad en contextos heterogéneos y multiculturales, técnicas de evaluación, organización de los tiempos, elección de materiales curriculares), o con habilidades sociales que predispongan al trabajo en equipo, la coordinación. Todo ello para que los nuevos profesionales puedan dar los primeros pasos en la profesión partiendo de unos conocimientos suficientes "del oficio" como para poder dar respuesta a las situaciones que cotidianamente se producen en el aula desde el día en el que se empieza a dar clase.

Por otro lado, es imprescindible incorporar a los planes de formación los contenidos metodológicos que den instrumentos a los futuros profesores para la reflexión crítica sobre su trabajo, la investigación y la innovación.

Revisar los modelos de acceso

Los modelos de acceso deben tener en cuenta la práctica docente y la experiencia profesional. No se puede habilitar para la docencia mediante una prueba memorística o un ejercicio supuestamente práctico. Hay que poder evaluar las habilidades sociales, las metodologías en el aula, la predisposición a trabajar en equipo. Las discusiones sobre este tema advierten sobre la necesidad de evitar la adopción de un enfoque unidimensional en la definición de los criterios de reclutamiento. Es preciso tener en cuenta los conocimientos científicos, el dominio metodológico sobre la didáctica de la materia que se va a impartir, el conocimiento del alumno en sus rasgos psicológicos y de personalidad, las competencias y habilidades sociales para resolver los diferentes conflictos y situaciones que se puedan producir en las aulas así como la capacidad de empatía y trabajo en equipo. Parece necesario, como señala Esteves poner en marcha mecanismos para detectar las características de personalidad y las actitudes que el futuro profesor va a necesitar.

Desarrollo profesional vertical

Para romper las inercias dominantes en la profesión y mejorar la calidad del sistema, parece necesario poner en marcha actuaciones para que los docentes dejen de estar desorientados, pero también para que salgan de la desmotivación. Es preciso promover la valoración del trabajo de aula y que los mejores docentes permanezcan en ella y dejen de ver la huída de la misma como una de las pocas vías para el crecimiento profesional.

El desarrollo profesional vertical debe tener en cuenta la práctica docente, los méritos, la innovación, el lugar de desempeño, el tipo de alumnado, la formación permanente, la investigación, la elaboración de materiales didácticos, la coordinación y participación en programas de apertura de los centros al entorno, los procesos de investigación-acción y la innovación en el aula, así como la capacidad para tutorizar a los recién incorporados a la profesión en la formación continua de otros compañeros o en la colaboración con la universidad.

Este cambio de cultura profesional implica cambios en el sistema salarial actual, donde la variable fundamental para determinar la retribución es la antigüedad. Los cambios implicarían diversificar los criterios, introduciendo variables ligadas directamente a la acción educativa inmediata de las que deberían quedar claramente excluidas todo tipo de variables que pudieran ligar los complementos retributivos a resultados escolares. Para todo ello es preciso desarrollar un modelo de evaluación de la función docente que se ancle en el compromiso de la educación como servicio público, y sea democrático y participativo. Estamos hablando de cambios profundos en la profesión, por lo que no es posible hacerlos sin contar con el profesorado, fomentando su participación y buscando consensos.

Bibliografía

Apple, M.V. (1989), *Maestros y textos*, Madrid, Paidós.
Ball, S. J. (1989), *La micropolítica de la escuela*, Madrid, Paidós.
CC.OO.–Federación de Enseñanza (1993), *Encuesta al profesorado de primaria y secundaria de la enseñanza pública*, Madrid, CIDE.
─────── (2000), *La salud laboral docente en la enseñanza pública*, Madrid.
CC.OO.–Federación Regional de Enseñanza de Madrid (2002), *El desarrollo profesional docente. Un estudio para el debate*, Madrid, Monográfico TE.
Contretas, J. (1997), *La autonomia del profesorado*, Madrid, Morata.
Elliot, J. (2000), *El cambio educativo desde la investigación-acción*, Madrid, Morata.
Esteve, J. M. (1994), *El malestar docente*, Barcelona, Paidós Ibérica.
─────── (1995), *Los profesores ante el cambio social*, Barcelona, Antropos.
─────── (1997), *La formación inicial del profesorado de secundaria*, Barcelona, Ariel.
─────── (2000), *Un examen a la cultura escolar*, Barcelona, Octaedro.
─────── (2003), *La tercera revolución educativa*, Barcelona, Paidós.
Fernández Enguita, M. (2003), *Educar en los tiempos inciertos*, Morata, Madrid.
─────── (2002), *La profesión docente y la Comunidad Escolar. Historia de un desencuentro*, Madrid, Morata.
Gimeno Sacristán, J., (1991), *El currículo una reflexión sobre la práctica*, Madrid, Morata.
Giroux, H. A. (2001), *Cultura, política y práctica educativa*, Barcelona, Grao.
Imbernon, F. (2000), *La formación y el desarrollo profesional del profesorado*, Barcelona, Grao.
Hargreaves, A. (1996), *Profesorado, cultura y posmodernidad*, Morata, Madrid.
Harwey-Beavis, O. (2003), *Perfomance-bases rewards for teachers: a literature review-* París, OCDE.
─────── (1998), *Teacher for tomorrow's scholls*, OCDE, París, Education Policy Analysis.
─────── (2002), *Attracting, developing and retaining effective teachers*, París, OCDE.
─────── (2002), *The teachers workforce. Concerns and policy challengues*, París, OCDE, Education Policy Analysis.
─────── (2004), *The quality od the teaching workforce*, París, OCDE, Policy Brief.
Revista de Educación No. 285. Mec 1988. Monográfico profesión docente.
Tedesco, J. C. (1995), *El nuevo pacto educativo*, Madrid, Anaya.
Zubieta Irán, J. C. y Supinos Rada, T. (1992), *Las satisfacciones e insatisfacciones de los enseñantes*, Madrid, CIDE.

A modo de conclusión.
Una agenda de política para el sector docente[*]

Juan Carlos Tedesco

Introducción

La lectura de las ponencias presentadas en el seminario "La renovación del oficio del docente: Vocación, trabajo y profesión en el siglo XXI" y sus debates permiten sostener una conclusión obvia pero importante: estamos ante un tema de una enorme complejidad. Reconocer esa complejidad nos permite evitar caer en explicaciones simples, en intentos de resolver los problemas tocando sólo una variable y dejando todo lo demás intacto, y en recomendaciones o propuestas de acción muy rápidas pero poco sustentables en el tiempo. Si algo aprendimos durante el seminario, pero fundamentalmente por la experiencia política de las últimas décadas, es que la "cuestión docente" es compleja, difícil, y en ella es necesario avanzar gradualmente. Pero también sabemos que estamos viviendo un momento de gran incertidumbre, donde es inevitable que las políticas públicas tengan que asumir un alto grado de experimentación. En un contexto de ese tipo la única manera de saber cómo funcionan las cosas es haciéndolas, lo cual provoca una tensión muy fuerte entre audacia para avanzar y tomar decisiones, por un lado, y prudencia en cuanto a que no sabemos exactamente cuáles pueden ser las consecuencias de esas decisiones, por el otro.

---

[*] El presente texto es una versión revisada de la exposición efectuada en la sesión de clausura del Seminario Internacional, lo cual explica el tono a veces coloquial y la ausencia de referencias bibliográficas.

Para avanzar en la comprensión de estos fenómenos, comencemos por preguntarnos: ¿Cuáles son los factores que componen esta complejidad? El primero de ellos fue planteado por José M. Esteve y retomado luego por Inés Dussel y por los comentarios de Emilio Tenti Fanfani y del profesor Lang. Todos ellos sostuvieron que gran parte de lo que sucede en la escuela está afectando el desempeño docente tiene que ver con lo que ocurre fuera de ella. Los cambios económicos, políticos, sociales y culturales por los cuales estamos atravesando son de una enorme profundidad, y que no sólo modifican el escenario que está detrás del docente, sino que también alteran al alumno que está frente a él, al propio docente y las herramientas que utiliza para su tarea de enseñanza.

No sería posible hacer ahora un inventario exhaustivo de todos estos cambios, pero me parece que, por lo menos, cinco puntos están directamente vinculados a lo que estamos discutiendo.

Las transformaciones sociales del "nuevo capitalismo"

En primer lugar, es necesario mencionar la tendencia cultural del nuevo capitalismo a concentrar todo en el presente. Varios autores han analizado este problema (Laïdi, Sennett) mostrando que la globalización ha modificado profundamente no sólo el manejo de la dimensión espacial sino también la temporal. Desde este punto de vista, asistimos a fenómenos de ruptura con el pasado, ya que todo se presenta como nuevo y fundacional, pero por el otro lado, la experiencia con respecto al futuro nos enfrenta a ante lo incierto y lo amenazante. Si rompemos con el pasado y no sabemos hacia donde vamos, la tendencia es concentrar todo en el presente, todo en el corto plazo, todo en el aquí y ahora. Esta concentración en el presente tiene un efecto educativo profundo: elimina o diluye la separación entre jóvenes y adultos.

Este fenómeno se vincula con el segundo punto, reiteradamente mencionado en el seminario: la crisis de transmisión. La concentración en el presente erosiona tanto el contenido de lo que deberíamos transmitir como la autoridad de quién transmite. Al respecto, es necesario recordar que la transmisión implica autoridad. Esto no significa que el otro acepte lo que se transmite, sino que el contenido que se emite no se pone en discusión. Sin embargo, hoy todo parece estar en discusión. Las instituciones tradicionalmente responsables de la transmisión se han democratizado, y cuando se introduce democracia en el proceso de transmisión, deja de haber transmisión y comienza a producirse intercambio. El pasaje de la transmisión al intercambio implica gozar de grados mucho mayores de libertad, pero también supone mayores riesgos de anomia y de fragmentación por el déficit de criterios comunes o compartidos. En este contexto se produce un fenómeno paradójico: si bien valoramos positivamente los mayores grados de libertad, comenzamos a adoptar una mirada distinta sobre el valor de los vínculos de dependencia. Dependencia ya no es necesariamente lo opuesto a "liberación". La crisis del proceso de transmisión, el reconocimiento de la identidad personal y el estímulo a la construcción de dicha identidad, pueden traducirse socialmente en el deterioro de los vínculos de responsabilidad que tenemos con respecto a los otros: responsabilidad inter-generacional, social y política. La ironía de la historia es que los que están cortando los vínculos de dependencia son los que dicen: *"con el otro no tengo nada que ver y que se las arregle como pueda"*. En este sentido, me parece muy importante y necesario recuperar la idea de dependencia asociada a un vínculo de responsabilidad, particularmente en el proceso educativo y de transmisión cultural.

Así como damos hoy otro significado al concepto y al vínculo de dependencia, también tenemos que modificar nuestro concepto de cohesión. Recordemos que, hasta no hace mucho tiempo, la teoría crítica de la educación otorgaba un significado negativo al concepto de cohesión. En los años setenta, por ejemplo, se difundió ampliamente la hipótesis de Althusser, según la cual la educación era un aparato ideológico del Estado, porque actuaba como el "cemento" de la sociedad.

Una posición crítica frente al nuevo capitalismo no podría seguir sosteniendo la hipótesis de Althusser y sus consecuencias políticas. Hoy parece necesario reivindicar la importancia de los factores de cohesión y analizar el sentido de cada uno de ellos, tanto de los tradicionales como de los nuevos factores que será preciso identificar y potenciar.

No caben dudas acerca de la erosión de los factores tradicionales, tales como la nación y el trabajo. También existe una profunda discusión acerca de las nuevas formas de cohesión fundamentalista basadas en la exclusión del que piensa diferente, así como de las formas asociales que adquiere el individualismo contemporáneo. Al respecto, me parece que desde un punto de vista político, no deberíamos "regalar" el tema del desarrollo personal e individual a las corrientes de pensamiento que tienden a creer que todo es competencia y que el individuo *se construye contra el otro*. El individualismo asocial, del cual habla Touraine, es un producto del nuevo capitalismo, pero la respuesta no pasa por negar la importancia del desarrollo individual sino por recuperar su carácter de *sujeto*.

Por último, debemos considerar la centralidad de la información y el conocimiento en la sociedad. Este es un tema sobre el cual se ha hablado y escrito mucho y sería imposible resumir aquí sus múltiples dimensiones. Es obvio, sin embargo, que se ha modificado nuestra relación con el conocimiento y esto afecta tanto el desarrollo social como el desarrollo cognitivo de las personas. El impacto sobre la educación es muy profundo y todavía no advertimos con suficiente claridad sus consecuencias.

El punto sobre el cual creo que valdría la pena que reflexionemos es que uno de los principales rasgos de la cultura contemporánea es el déficit de sentido de todos estos cambios. No se aprecia hacia donde vamos o queremos ir. Pero el sentido de los cambios es algo que se discute y se define socialmente. Desde este punto de vista, el futuro no está escrito. Los cambios pueden dar lugar a sociedades con altos niveles de desigualdad, exclusión y marginalidad, o a sociedades más justas, inclusivas, que garanticen a todos sus ciudadanos el derecho a una vida digna. Estas opciones, lo repetimos muchas veces, no son técnicas sino políticas o éticas.

Si bien estas opiniones estuvieron presentes siempre en la historia de la humanidad, lo nuevo es el lugar que ocupa la educación en la definición de una u otra opción. Si bien la educación y el conocimiento siempre fueron importantes, en este nuevo capitalismo son cruciales. No hay posibilidades de inclusión plena sin acceso a una educación de calidad.

Profesionalismo docente y proyecto de sociedad justa

Así como en sus orígenes el sistema educativo estuvo asociado a la construcción del Estado Nación, hoy sería posible sostener que la educación tiene que estar asociada a la construcción de una sociedad justa, entendiendo por sociedad justa aquella que respeta la diversidad pero que elimina la desigualdad. En esta combinación de respeto a la diversidad y eliminación de la desigualdad es donde se define la idea de justicia. Pero lo novedoso, insisto, es que para construir una sociedad justa la educación es fundamental, porque una persona sin el dominio de los códigos básicos de la información y el conocimiento no tiene posibilidades de inclusión social. A partir de este postulado parece posible definir el profesionalismo docente y analizar lo que algunos panelistas de este seminario denominaron el "rearme moral". En pocas palabras, podría decirse que el sentido y la ética del trabajo docente hoy pueden estar apoyados en la convicción de que a través de la educación estamos construyendo una sociedad justa.

Esta definición del sentido puede permitir comprender las razones y asumir el compromiso de por qué tengo que enseñar bien, por qué tengo que tener responsabilidad por los resultados, por qué tengo que superar los determinismos sociales del aprendizaje. Desde esta perspectiva, también es posible identificar las demandas que podemos hacer al resto de las dimensiones de las políticas públicas, porque si bien la educación es la variable clave de la justicia social, no es menos cierto que la construcción de una sociedad justa no se puede apoyar exclusivamente en la educación. Ya vivimos, especialmente en la Argentina, la experiencia de modelos de exclusión social que reclamaban que la educación se hiciera cargo de promover la equidad social.

A partir de todas estas consideraciones es posible postular algunas bases de la identidad profesional del docente en el contexto social. Por un lado, parece evidente que uno de los pilares de la identidad docente está (o debería estar) basado en el compromiso con la equidad, con la igualdad de resultados, con el respeto al diferente y con la cohesión social, dimensiones centrales de la sociedad justa. Pero además de este compromiso con la equidad, el otro elemento de la identidad docente es el saber profesional. Para decirlo en forma directa, debemos asumir el problema de la debilidad de nuestro saber profesional. Esta debilidad produce un fenómeno mencionado por varios panelistas, según el cual la teoría educativa se está separando de la práctica. Tenemos teorías sin base empírica y tenemos trabajo empírico sin fundamento teórico. Los maestros suelen decir: "el que sabe soy yo, porque soy el que estoy haciendo las cosas", pero no tienen fundamento teórico para sistematizar y explicar lo que hacen y consideran la teoría como algo más bien negativo. Pero por el lado de la producción teórica, carecemos de apoyo empírico y elaboramos planteos teóricos alejados de lo que está pasando en el aula. En este contexto, me parece posible identificar dos vías para trabajar en el futuro el tema de la identidad docente: la vía ética, política o ideológica, basada en la idea de la justicia y en la función social del docente, y la vía teórica y científica, basada en la articulación con los problemas de la práctica docente.

Relacionado con estos temas, es necesario hacer referencia al vínculo entre factores técnicos y subjetivos, entre conocimientos y emociones. Muchos estudios recientes indican que una dimensión importante en el ejercicio profesional del docente tiene que ver con la dimensión afectiva. Estaríamos ante una situación en la cual los factores afectivos y emocionales adquieren tanta relevancia en los resultados del trabajo, que deberían ser considerados como factores técnicos. En la medida que asumen importancia técnica, se convierten en elementos que deben ser asumidos tanto en los procesos de formación como en la evaluación del desempeño. Ahora bien, ¿cuáles son esos factores personales tan importantes en el desempeño docente? Algunos de ellos ya han sido identificados. La confianza en la capacidad de aprendizaje de los alumnos es, probablemente, el más clásico. El compromiso y la responsabilidad por los resultados es otro. Pero, ¿cómo se promueve confianza? ¿Cómo se promueve compromiso? Creo que allí se ubica uno de los principales desafíos de las políticas de formación y desempeño docente.

El papel de los factores emocionales en el desempeño docente nos obliga a una reflexión profunda sobre el carácter profesional de nuestra actividad. Existe un alto consenso en reconocer que la actividad docente se ha complicado significativamente y que por lo tanto exige un nivel de profesionalismo muy alto. Sin embargo, me parece importante vincular la idea de profesionalismo con otro concepto muy discutido en el seminario: el concepto de lo "colectivo". El desempeño profesional de los docentes tiene una dimensión colectiva muy relevante, y así como hablamos de profesionalismo "democrático" para referirnos al compromiso social del docente, creo que tendríamos que pensar en la idea de profesionalismo "colectivo" para referirnos a la manera de ejercer la profesión. La responsabilidad deja de ser individual y empieza a ser institucional. Desde este punto de vista, tanto la autonomía como la responsabilidad dejan de ser individuales y empiezan a ser institucionales. Deberíamos salir de la idea del aula como unidad de desempeño para referirnos a la escuela, a la institución, como unidad de desempeño docente. Esto implica formar para el trabajo en equipo, evaluar al equipo, y concebir lo colectivo como un elemento importante del profesionalismo docente.

Algunas líneas y criterios de acción

En la inauguración del seminario, el ministro nos pidió recomendaciones para políticas educativas referidas al sector docente. El salto de la reflexión, del análisis y del diagnóstico a las recomendaciones políticas es un salto importante, pero no mecánico ni lineal. La dimensión política tiene su propia dinámica, su propia lógica y sus propias exigencias, que plantean problemas distintos a los de la investigación. Creo, sin embargo, que podemos señalar algunos criterios para tener en cuenta en el diseño de políticas.

El primero es la *integralidad*. No podemos pensar en políticas para los docentes que no sean integrales. No podemos seguir modificando una variable y dejar lo demás intacto.

El segundo criterio se refiere al *vínculo entre política y estrategia*. No es posible tomar medidas aisladas que no formen parte de una estrategia de acción. Elaborar una estrategia significa definir por dónde hay que comenzar y cómo se va a continuar. Definir secuencias de acción es muy importante y todos sabemos que no existen secuencias de validez universal, independientes del contexto. Hemos visto, por ejemplo, que no podemos comenzar por establecer incentivos o por evaluar desempeños si no existen condiciones mínimas para que esos instrumentos de política produzca los efectos deseados.

El tercer criterio se refiere a la articulación entre lo *micro y lo macro*. Si bien es cierto que todos los diagnósticos coinciden en que las reformas no llegan al aula, Isabel Galvin nos preguntaba lo inverso: ¿cómo llega lo micro, lo que sucede en el aula y en la escuela, a la política? Al respecto, es probable que mucho de lo que tiene importancia en la dimensión micro, no pueda ni deba ser objeto de la política. La política puede dirigirse a formar, capacitar y desarrollar profesionalmente a los docentes para que ellos decidan lo que hay que hacer en el aula y en la escuela. Porque si la política se ocupara de definir por decreto, por ejemplo, cómo se enseña una asignatura o qué método hay que aplicar para resolver tal o cual problema, estaríamos ante una situación de alto riesgo de desprofesionalización. En todo caso, este es un tema que debe ser discutido, porque si bien no podemos cambiar sólo la periferia del hecho educativo, tampoco podemos reglamentar todo lo que sucede en la escuela. En este sentido, las nuevas tecnologías aumentan el riesgo de desprofesionalización, ya que tienden a homogeneizar el trabajo docente y obligan a redefinir la autonomía y la creatividad.

El cuarto criterio para definir acciones es pensar en las *etapas a través de las cuales se construye un docente*: elección de la carrera, formación inicial, ingreso al mercado de trabajo, formación en servicio y carrera docente. En cada una de esas etapas podemos identificar acciones importantes, sin perder de vista el carácter integral que mencionamos antes. Con relación a la elección de la carrera, es necesario diseñar acciones que atraigan a la profesión a jóvenes talentosos. Con respecto a la formación inicial, se plantea la cuestión acerca del modelo institucional. El hecho de que la formación se ubique en la universidad no garantiza que tengamos docentes de mejor calidad. El modelo universitario para la formación docente resuelve algunos problemas y plantea otros, particularmente los referidos al prestigio de la enseñanza en la formación disciplinaria universitaria. Pero además, es preciso analizar quiénes son los formadores de docentes, y todo lo que se refiere a cómo se forman las cualidades subjetivas que aquí señalamos como importantes, así como la formación para el trabajo en equipo, para el manejo de las nuevas tecnologías y para una actualización permanente. Todos estos temas están hoy sin resolver en la formación inicial de maestros y profesores.

El ingreso a la carrera es fundamental en la definición de la identidad profesional. Si bien en ese período se define buena parte del estilo de trabajo futuro, ese paso está totalmente desregulado y los nuevos docentes comienzan su carrera en los puestos más difíciles. Parecería, pues, que la regulación del acceso a los primeros puestos de trabajo de los docentes es una política fundamental, y una manera de hacerlo sería incorporar los primeros años de desempeño como parte de la formación inicial.

Por último, con respecto a la formación en servicio, parecería que tenemos que pensar en aplicar una batería muy grande de modalidades que permitan enriquecerla, superando la idea según la cual capacitar consiste sólo en dar cursos.

Asimismo, será necesario diseñar una carrera docente que permita ascender sin dejar la sala de clase.

Todo esto lleva a una conclusión obvia: una estrategia de política docente exige muchos recursos financieros. El financiamiento no es condición suficiente pero es condición necesaria. Recursos financieros, y negociación con los sindicatos, son las condiciones fundamentales para que estas estrategias tengan alguna efectividad. Por eso es que el pacto, el acuerdo, la concertación o como se lo quiera llamar, es en sí misma una estrategia importante.

Al respecto, y como último comentario, retomo la pregunta del profesor Esteve sobre la comunicación. El tema de la comunicación parece ser central en la implementación de las políticas educativas. Antes no necesitábamos comunicar, no necesitábamos convencer. Hoy, en cambio, hay que convencer, que ganar adhesión al sentido que queremos darle a los cambios. La adhesión no está dada, hay que promoverla. Por lo tanto, el de la comunicación también es un tema que debería ser considerado en la definición de estrategias.

Estos comentarios, por supuesto, pueden ser ampliados, enriquecidos, desarrollados, pero no tenemos más tiempo. La hora está muy avanzada y mis últimas palabras son para valorar este espacio de discusión interdisciplinaria, comparativa y pluralista de los seminarios del IIPE–UNESCO Sede Regional Buenos Aires. Hemos creado un espacio muy valioso que estoy seguro, se va a mantener sin mi dirección. Quiero agradecerles a todos ustedes, a los panelistas y al personal de la Fundación OSDE por el apoyo que nos brindaron. Por último, quiero decirles que estoy muy orgulloso del equipo del IIPE y de lo que hemos hecho. A todos ellos también mi más profundo reconocimiento y estoy seguro de que nos volveremos a encontrar en esta larga lucha por una educación de buena calidad para todos.

Los autores

José Manuel Esteve: Doctor en Ciencias de la Educación por la Universidad Complutense de Madrid, en la que fue profesor durante ocho años. En la actualidad es Catedrático de Teoría de la Educación en la Universidad de Málaga. Entre sus numerosas publicaciones son particularmente conocidos los libros *El malestar docente*, *La tercera revolución educativa* y *La formación inicial de los profesores de secundaria*.

Vincent Lang: D.E.A. en Psicología y Ciencias de la Educación y Doctorado en la Universidad de Nantes. Se desempeña como docente e investigador en el Centro de Investigación en Educación de esa Universidad. Participa en el Programa de investigación sobre "Evolución actual del personal de la enseñanza primaria y secundaria en Canadá", dirigido por el profesor M. Tardif de la Universidad de Montreal. Es autor, entre otras publicaciones en Francia y el extranjero, del libro *La professionalisation des enseignants. Sens et enjeux d'une politique institutionnelle*.

Emilio Tenti Fanfani: Obtuvo el Diploma Superior de Estudios e Investigaciones Políticas (Fundación Nacional de Ciencias Políticas de París). Es investigador del CONICET y profesor titular ordinario de la Facultad de Ciencias Sociales de la Universidad de Buenos Aires y coordinador del área de Diagnóstico y Política Educativa del IIPE-UNESCO Sede Buenos Aires. Entre otros trabajos ha publicado *La condición docente. Análisis comparado de la Argentina, Brasil, Perú y Uruguay* (Siglo XXI, 2005).

Inés Dussel: Ph. D. en el Departamento de Curriculum e Instrucción, por la Universidad de Wisconsin. Es coordinadora del Área de Educación de la Facultad Latinoamericana de Ciencias Sociales (FLACSO), sede Argentina, directora de proyectos de investigación en esa institución y profesora asociada en la Escuela de Educación de la Universidad de San Andrés. Ha publicado libros y trabajos en medios argentinos e internacionales.

Gloria Calvo: Docente e investigadora de la Universidad Pedagógica Nacional (Bogotá, Colombia), con formación básica en Filosofía y Psicología de la Universidad Católica de Lovaina en Bélgica. Consultora de UNESCO en el Diagnóstico sobre la formación de docentes en Colombia. Su libro más reciente, *El aula reformada*, analiza las prácticas en el aula a la luz de los procesos de reforma educativa en Colombia.

Menga Lüdke: Licenciada en Filosofía y doctora en Sociología. Actualmente se desempeña como profesora titular del Departamento de Educación de la Pontificia Universidad Católica de Río de Janeiro. Es investigadora del Consejo Nacional de Investigación de Brasil. Es autora de varios libros y artículos sobre formación de los profesores, el docente y la investigación, y otros aspectos relevantes de la profesionalización de los docentes. Publicó recientemente el libro *O Professor e a pesquisa*.

Beatrice Avalos: Ph. D. en Educación, Filosofía e Historia, por la St. Louis University. Es Coordinadora de la Unidad de Curriculum y Evaluación del Ministerio de Educación de Chile. En la actualidad es profesora del Magíster en Políticas Educativas, Universidad Alberto Hurtado y de Métodos de Investigación Cualitativa en el Programa de Doctorado de la Universidad de Playa Ancha (Chile). Entre sus publicaciones más recientes pueden citarse *Profesores para Chile. Historia de un proyecto* y *La formación docente continua en Chile*.

Inés Aguerrondo: Licenciada en Sociología por la Universidad Católica Argentina y Diplomada en Políticas Sociales por la Universidad Nacional de San Martín. Fue Subsecretaria de Programación Educativa entre 1993 y 1999. Ha investigado sobre el tema docente en la Argentina y en el exterior. Entre sus últimos trabajos sobre el tema están "Las instituciones de formación docente como centros de innovación pedagógica", publicado con Paula Pogré, y "Escuelas del futuro en sistemas educativos del futuro. ¿Qué formación docente se requiere?", publicado con Cecilia Braslavsky.

Patricia Arregui: M.A. en Sociología y candidata a Ph.D. en la Universidad John Hopkins. Miembro del Consejo Directivo e Investigadora Asociada de Grupo de Análisis para el Desarrollo (GRADE) en Lima, Perú. Coordinadora del Grupo de Trabajo sobre Evaluación y Estándares para Latinoamérica del Programa de Promoción de la Reforma Educativa en América (PREAL) Es miembro del Consejo Directivo del Consejo Nacional de Educación del Perú. Ha publicado trabajos sobre evaluación y dimensiones sociales de la educación en el Perú.

Yael Duthilleul: Psicóloga y Doctora en Educación en Administración, Planificación y Política Social con concentración en educación internacional en la Universidad de Harvard. Es investigadora en el IIPE-UNESCO París en programas de estudio y asistencia técnica sobre políticas docentes. Participó como consultora en el proyecto de la Organisation for Economic Co-operation and Development (OECD) "Attracting, Developing and Retaining Effective Teachers" en el que participaron veinticinco países.

Alejandra Mizala: Ph.D. en Economía por la Universidad de California. Desde 1989 es investigadora y profesora asociada en el Departamento de Ingeniería Industrial, Facultad de Ciencias Física y Matemáticas de la Universidad de Chile. Es especialista en economía laboral y economía de la educación. Tiene numerosos trabajos publicados sobre éstos y otros temas en revistas internacionales.

Edgar Jiménez: Licenciado en Ciencias Jurídicas por la Universidad de Oruro, Magíster en Ciencia Política por la Universidad de

Chile, Doctor en Ciencias Políticas por la Universidad de Lovaina y Doctor en Economía por La Sorbona. Es presidente de la Fundación para la Cultura del Maestro A.C. y miembro de la Junta Directiva del Instituto Nacional para la Evaluación de la Educación de México y de otros organismos académicos en México y el extranjero. Ha sido docente e investigador en distintos programas de grado y posgrado de varios países de América Latina y ha publicado libros y estudios sobre diversos temas de análisis político.

Isabel Galvin: Miembro de la Comisión Ejecutiva de la Federación de Enseñanza de Madrid. Es miembro del Consejo Escolar de Madrid y secretaria de Política Educativa de la Federación Regional de Enseñanza de las Comisiones Obreras en esa ciudad.